山东省教育科学"十三五"规划2020年度重大（招标）课题"山东省高水平高职院校和高水平专业建设研究"成果（课题编号：2020VZ004）

山东省高水平高职学校和专业群建设研究

石 忠 李明月 陆宝成 著

北京理工大学出版社
BEIJING INSTITUTE OF TECHNOLOGY PRESS

内 容 简 介

本著作依托 2020 年山东省教育科学规划重大课题"山东省高水平职业院校和高水平专业建设研究"开展。

本书共分为六个章节、附录和一个院校建设方案,主要内容聚焦理论分析、国际比较、案例分析、建设路径、评价体系等 5 个方面,实证分析"双高"建设评价背景下山东省职业院校的表现,对山东省高水平院校和高水平专业(群)建设的动态遴选进行探索,为持续推进山东省高水平职业院校和高水平专业(群)建设动态调整提供参考;通过高水平职业院校和高水平专业(群)案例研究,呈现高水平职业院校和高水平专业群建设的典型实践范例,助推部省共建职教高地战略的实施。

版权专有　侵权必究

图书在版编目(CIP)数据

山东省高水平高职学校和专业群建设研究 / 石忠,李明月,陆宝成著. -- 北京:北京理工大学出版社,2022.12
　ISBN 978-7-5763-1979-8

Ⅰ. ①山… Ⅱ. ①石… ②李… ③陆… Ⅲ. ①高等职业教育-专业设置-学科建设-研究-山东 Ⅳ. ①G718.5

中国版本图书馆 CIP 数据核字(2022)第 255171 号

出版发行 / 北京理工大学出版社有限责任公司	
社　　址 / 北京市海淀区中关村南大街 5 号	
邮　　编 / 100081	
电　　话 / (010)68914775(总编室)	
(010)82562903(教材售后服务热线)	
(010)68944723(其他图书服务热线)	
网　　址 / http://www.bitpress.com.cn	
经　　销 / 全国各地新华书店	
印　　刷 / 唐山富达印务有限公司	
开　　本 / 787 毫米 × 1092 毫米　1/32	
印　　张 / 17.25	
彩　　插 / 1	责任编辑 / 李慧智
字　　数 / 328 千字	文案编辑 / 李慧智
版　　次 / 2022 年 12 月第 1 版　2022 年 12 月第 1 次印刷	责任校对 / 周瑞红
定　　价 / 76.00 元	责任印制 / 施胜娟

图书出现印装质量问题,请拨打售后服务热线,本社负责调换

山东省高水平职业院校和高水平专业建设研究课题组成员

石　忠　滨州职业学院院长、二级教授

李明月　滨州职业学院副院长、教授

陆宝成　滨州职业学院海洋学院副教授

王晨倩　滨州职业学院教务处讲师

田　雪　滨州职业学院（党委）院长办公室讲师

宗永刚　滨州职业学院海洋学院副教授

邹玉兰　滨州职业学院教务处副教授

王晶晶　滨州职业学院工商管理学院副教授

李培繁　滨州职业学院成人教育学院讲师

张　波　滨州职业学院马克思主义学院讲师

岳吉瑞　滨州职业学院教育学院助教

崔凯琦　滨州职业学院成人教育学院助教

高　月　滨州职业学院科研处助教

任亚楠　滨州职业学院教务处助教

序 言

近年来，教育部和山东省积极推动"中国特色高水平高职学校和专业建设计划"（以下简称"双高计划"），与职教高地建设一并谋划，鼓励双高院校聚焦高端产业和产业高端，创新人才培养模式，服务国家战略、融入区域发展、促进产业升级，实施高水平职业学校和专业群建设工程，意在建成中国特色、世界水平的高职学校和专业群。"起步成势、一年成式、两年成是、三年成事"，如今山东省职业教育驶入高质量发展"快车道"，培育了大批高素质技术技能人才，为构建现代职业教育体系提供了强劲动力。"双高计划"不仅是高职院校加快建设高质量教育体系的内在要求，也是回应社会对办好人民满意教育的美好期盼。

在"双高"建设背景下，滨州职业学院前院长石忠带领鲁彬之职教研究团队，初心如石十八载，坚持立德树人，明确办学定位，聚焦专业建设，对高水平高职院校进行深入考察、调研、分析，不断探索高水平高职院校建设的内涵逻辑、基本特征与行动方略，今采撷部分研究成果编著成书，以飨读者。

本书立足国内外双重视野，通过对国内外典型职业院校多个维度进行比较分析，发现"双高"院校建设中存在的现实问题，探索高水平职业院校和高水平专业群建设任务和建设路径，着力构建高水平职业院校评价指标和高水平专业群评价指标，并以典型"双高计划"建设院校（专业群）作为研究样本，提出高水平职业院校和高水平专业群建设的普适性举措。

本书具有一定的理论创新性。研究基于各国（地区）职业院校和专业建设的政策与举措，汲取高水平职业院校和专业群建设的有益经验，通过比较分析5所国际典型职业院校和滨州职业学院的主要特色、历史动因和经验教训，进一步丰富我国职业院校建设和专业发展的理论认知，不仅对深入剖析职业教育转型升级的实质和导向大有裨益，也能为构建"双高"院校绩效评价指标体系提供参考。

本书立足我国职业教育现实和发展需求，探寻山东省乃至全国高水平职业院校和专业群建设的转型发展之路，具有一定的实践应用价值；通过梳理高水平职业院校和高水平专业群建设的内涵及关键特征，获得对高水平职业院校和高水平专业群建设的理性认识，力求为后续行动提供价值取向和发展方向，为山东省高水平职业院校和高水平专业群建设提供政策思路和路径选择。

本书的研究内容具备一定的服务决策的优势，通过对我国职业教育与世界顶尖职业教育的比较，明确山东省乃至全国高水平职业院校的优势与不足，为进一步推进山东省高水平职业院校和高水平专业群建设提供参考；实证分析"双高"建设背景下山东省职业院校的现状，为持续推进山东省高水平职业院校和高水平专业群建设动态调整提供借鉴；通过高水平职业院校和高水平专业群案例研究，呈现高水平职业院校和高水平专业群建设的典型实践范例，助推部省共建职教高地战略的实施。

同时，此项研究立足当前我国"双高"建设实践，构建"双高"院校绩效评价指标体系，对提高职业教育吸引力、增强职业教育适应性、提升人才培养质量至关重要。期望本书的出版能对我省乃至我国职业教育发展与"双高"建设带来启发性思考，以此凝聚共识，合力推动职业教育改革创新，为深入实施科教兴国战略、人才强国战略、创新驱动发展战略提供有益的理论支撑。

目 录

第一章 引论 1
 一、研究背景 1
 二、研究内容与研究意义 4
 三、国内外研究综述 7
 四、研究目标与研究设计 21
第二章 概念界定与理论基础 24
 一、理论基础 24
 二、概念界定 29
第三章 中外典型职业院校和专业建设的比较研究 35
 一、国际典型职业院校和专业建设的经验启示 35
 二、国内典型职业院校和专业建设的经验启示 60
第四章 山东省高水平高职院校和高水平专业群建设任务和建设路径研究 ... 83
 一、高水平高职院校和高水平专业群建设的政策演进 83
 二、山东省高水平高职院校和高水平专业群的建设任务 ... 119
 三、山东省高水平高职院校和高水平专业群的建设路径 ... 122
第五章 山东省高水平高职院校和高水平专业群评价指标体系的构建 ... 137
 一、高水平职业院校和高水平专业群的评价理论基础 137
 二、高水平职业院校和高水平专业群的评价现状和存在的问题 ... 139
 三、高水平职业院校和高水平专业（群）评价指标的确定 ... 155
 四、反思与展望 166
第六章 山东省高水平职业院校和高水平专业群建设的政策建议 ... 167
 一、山东省高水平职业院校和高水平专业群案例研究对策建议 ... 167
 二、山东省高水平职业院校和高水平专业群建设路径政策建议 ... 169
 三、山东省高水平职业院校和高水平专业（群）建设评价政策建议 ... 172
附录一 高水平职业院校和高水平专业群评价指标体系（一般项目）各级评价指标
   相对重要性专家意见咨询表 174
附录二 滨州职业学院"双高"建设方案 189
参考文献 262

第一章 引 论

一、研究背景

2020年党的十九届五中全会的召开,绘就了我国未来5年乃至15年(到2035年)的宏伟蓝图。《中共中央关于制定国民经济和社会发展第十四个五年规划和二〇三五年远景目标的建议》(以下简称《建议》)中的核心要义体现为三个"新",即新发展阶段、新发展理念、新发展格局。伴随经济社会的快速发展和供给侧结构性改革,产业的技能需求迫切需要职业院校释放更多的人才培养红利。总书记在十九大报告中对职业教育寄予高期待,各项新型职业教育政策的出台,第一届职业技能大赛的开幕,等等,促使高职院校不断进行人才培养的升级,不断对院校建设和专业(群)建设进行改革。职业教育作为一种类型教育,密切关系当代经济社会发展,在新时代背景下打造高质量的职业教育体系势在必行。建设一批引领改革、支撑发展、中国特色、世界水平的中国特色高水平高职学校和专业,即"双高计划",作为新时代职业教育改革的顶层制度设计,其使命担当和价值追求就在于扎根中国大地,形成支撑高职教育高质量发展的政策、制度、标准体系,探索发展中国特色职业教育模式,引领我国职业教育有效服务现代化经济体系建设,助力建成高质量教育体系。

本书以"山东省高水平职业院校和专业群建设"为主题,能够填补这一研究空白,获得对高水平职业院校和高水平专业群建设的理性认识,以期为高水平职业院校和高水平专业群建设提供可借鉴的"高水平""中国特色"的"山东样板"。

(一)产业结构转型升级需技术技能人才支撑

《建议》中提出,"构建以国内大循环为主体、国内国际双循环相互促进的新发展格局"。近年来,我国经济增长动力逐步从过去依赖于较大规模的出口,即"出口导向型发展战略"转向以国内有效投资和消费为主,即"扩大内需战略"。从数据来看,国内需求对经济增长的贡献率7个年份超过100%,国内内需目前已经成为我国经济增长的稳定器。近两年新冠肺炎疫情带来广泛而深远的影响,全力打造育人体系,培养创新技术技能人才,构建新发展格局符合经济客观规律和发展形势所需。职业教育的功能性更加凸显,需要促进高职教育与社会、经济和创新发展的多向循环,打造新的教育体系,实现高等职业教育体系与科技体系、文化体系、产业体系、生态体系、社会体系等的有机衔接。现代高等职业教育必须准确把握新发展格局对增强教育服务能力提出的新要求,应当使之成为新发展格局的内生变量和优先要素,实现高等职业教育良性的国内国际双循环。

在新发展格局下,当前经济发展要切实转变发展方式,着力推动质量变革。以人工智能为代表的信息化浪潮推动产业、企业进入智能时代,现代产业体系发生了重大变化。在此背景下,大力发展高附加值传统产业,战略性新兴产业,积极发展生产性服务业,借助产业,以结构调整和转型升级为主线,通过集约、集聚、集成、集群式多向发展,不断增强产业核心竞争力和可持续发展能力,努力完善现代产业体系,着力推动新发展格局下的经济向更高质量、更有效率、更加公平、更为安全的方向发展。所以,工作过程去分工化、人才结构去分层化、技能操作高端化、工作方式研究化及服务与生产一体化,成为企业和技术新特征;分析问题与解决问题能力、跨学科和专业能力、对智能网络高度理解与运用能力,成为职业岗位新规格。统计显示,在制造业工人队伍的结构中,高级技术技能人才占比,德国高达50%、日本达40%;中国就业人员为7.7亿,技术工人为1.65亿,高技能人才为4 700多万,占比仅为28.5%,由此可见,高级技术技能人才需求大,占比少,新的技术总要体现在人力资本的形式中,如果要使用这些新技术,就必须积累相应的人力资本。从优化人才结构的角度出发,必须夯实人才知识和技术应用能力,必须高度重视高级技术技能人才的培养。因此,通过实施"双高计划",在技术技能人才培养、技术技能创新平台搭建、职业院校社会服务能力提升等方面发挥领头雁的作用,围绕国家重大战略和区域支柱产业树立建设标杆,建设起当地离不开、业内都认同、国际可交流的高水平学校和专业群,助力产业基础高级化和产业链现代化水平的提高,推动实现经济价值链的完整性和高端化。

(二) 新发展阶段急需增强职业教育适应性

习近平总书记指出:"进入新发展阶段,国内外环境的深刻变化既带来一系列新机遇,也带来一系列新挑战,是危机并存、危中有机、危可转机。"[1] 从国际看,当今世界正经历百年未有之大变局,国际经济、科技、文化、安全、政治等格局都在做着深刻调整,经济全球化成为各国发展的总目标。中国,要展现大国担当,必须从教育源头开始进行人才培养的转型升级。从国内看,全面建成小康社会是重中之重,中华民族伟大复兴进入关键时期,社会主要矛盾发生变化,发展不平衡不充分问题仍然突出,人民日益增长的美好生活需要明显提高,急需产业升级带来供给侧的结构性改革,由此,产业的发展促使职业院校释放更多人才红利[2]。在此基础之上,还要开启全面建设社会主义现代化国家新征程,各方面的任务仍然十分艰巨而繁重。我国经济已进入高质量发展阶段,必然要继续发展具有多方面的优势和条件,增强化危为机的意识和能力[3],要善于顺势而为,把优势转化为动力,更要勇于逆势而上,善于转危为机,于危机中育先机、在变局中开新局。

---

[1] 金佳绪. 习近平为我国"新发展阶段"定向 [J]. 理论导报, 2020 (8): 29 - 31.
[2] 陈毅生. 深刻认识和理解新时代中国社会主要矛盾的转化 [J]. 理论与当代, 2018 (1): 8 - 10.
[3] 习近平. 坚定不移走中国特色社会主义法治道路 为全面建设社会主义现代化国家提供有力法治保障 [J]. 实践(党的教育版), 2021 (3): 4 - 11.

随着步入高质量发展阶段,建设高质量教育体系成为"十四五"时期教育工作的重要任务。《建议》指出,"十四五"时期要"加大人力资本投入,增强职业技术教育适应性,深化职普融通、产教融合、校企合作,探索中国特色学徒制,大力培养技术技能人才"。职业教育的适应性特点,最终也是要适应新格局下循环经济发展的需要和满足人民群众对多样化、高质量职业教育的需要,扎根中国大地,面向中国实际,解决中国问题,服务中国发展。理解发展的重大变化,才能找准发展的具体方位,融入新发展格局,促使自身体制机制及制度格局更成型,专业结构更优化,产教融合协同创新贡献率更大。在国家技能形成的制度模式层面,提升高技能供给的均衡适应性;在产业结构转型升级层面,增强区域经济发展的服务适应性;在治理能力现代化层面,加强提质培优的效能与品牌适应性;在技能型人力资本增值层面,优化人才生态链的匹配适应性。基于此,我国实施"双高计划"建设,高职院校通过顶层设计、制度变革、特色培养模式确立以及文化培育等内在因素的改革,积极主动应对经济社会转型、科技进步、人口变化等外在环境因素的变化和影响,强化高职教育特色、提升高职教育办学质量以及重塑高职教育格局。

(三) 政策供给助推"双高"建设

伴随《国家职业教育改革实施方案》和《教育部 财政部关于实施中国特色高水平高职学校和专业建设计划的意见》的提出,启动了实施中国特色高水平高等职业学校和专业建设计划①。这两项文件的出台,为各类职业院校的发展提供了新的方向和建设路径与目标,对中国高职教育领域具有战略性的意义,标志着中国高等职业教育业已进入"提质增效"的发展阶段。其中,《国家职业教育改革实施方案》指出,到2022年,要"建设50所高水平高等职业学校和150个骨干专业(群)②",十九届五中全会明确了建设"高质量教育体系"的政策导向和重点要求。《职业教育提质培优行动计划(2020—2023年)》中又对职业教育高质量发展提出中国特色现代职业教育体系更加完备、制度更加健全、标准更加完善、条件更加充足、评价更加科学等建设目标③。《教育部 山东省人民政府关于整省推进提质培优建设职业教育创新发展高地的意见》也明确了山东省高水平职业院校和高水平专业建设的实施计划。

截至2019年12月,根据《教育部 财政部关于实施中国特色高水平高职学校和专业建设计划的意见》,山东省共有4所高职院校入选"双高计划"高水平学校建设单位,11个高职专业群入选高水平专业群建设单位。"双高计划"是引领高职教育高质量发展的重大战略举措,具有助推中国特色职教模式形成、引领区域经济社会发展技术走向、积聚中国职业教育国际竞争力、凸显技术技能人才教育前景的独特意蕴。为全面推动高水平学校建设及高水平专业建设,构建起"凸显类型特征,体现世界性、发展性和特色化"的职业教

---

① 周建松. 正确把握"双高计划"的站位和定位 [J]. 现代教育管理, 2020 (6): 91-95.
② 宋亚峰. 高职专业群的生态系统与进化机理研究 [J]. 高等工程教育研究, 2020 (6): 141-147, 200.
③ 任占营. 职业教育提质培优的现实意义、实践方略和效验表征 [J]. 中国职业技术教育, 2020 (33): 5-9.

育发展格局。

（四）新发展理念与现代职业教育体系构建

新时代新阶段的发展必须贯彻新发展理念，《建议》中强调把新发展理念贯彻到发展各领域和全过程，提出坚持创新在现代化建设全局中的核心地位①。"十四五"时期，新一轮科技革命和产业变革正在重构全球创新版图、重塑全球经济结构，只有更加依靠科技创新，才能不断拓展发展新空间，塑造新的发展优势。丹尼尔·贝尔在《后工业社会的来临》一书中指出，"后工业社会"的基本特征是有助于技术革新的理论性知识在社会中起着主导性作用；在所有职业中，专业技术人员阶层将处于主导地位。创新是发展的第一动力，在创新这一动力引领下，发展理念是发展行动的先导，协调成为内生特点，绿色成为普遍形态，开放成为必由之路，共享成为根本目的。新发展理念是新发展阶段转变发展方式、优化经济结构、转换增长动能的指导方针，也是应对百年未有之大变局的信心来源，具有很强的现实针对性和战略引领性②。

原教育部党组书记、部长陈宝生在传达学习党的十九届五中全会精神讲话中指出，"'十四五'规划建议从根本上讲是新发展理念的'规划版'，教育系统要把新发展理念具体化，从内涵、外延、工作措施等方面全面落实，重新书写职业教育高质量发展的生产函数"。在新发展理念下，职业教育作为一种类型教育决定了其发展模式、方法、路径与普通教育的差异性，只有准确把握新发展理念下职业教育类型特征的内涵意义，才能找到新时期职业教育高质量发展的适切路径。从人的全面发展和教育本质出发，新时代职业教育不应再是仅仅满足某个或者某类个体谋生需要的一种教育形态，而是应该通过发展高质量的职业教育，建立纵向贯通、横向融通的中国特色现代职业教育体系，成为满足当地经济社会发展和个体发展双重发展所需要的教育类型。基于此，职业教育要以创新理念构建服务科技强国的共生教育、以协调理念构建优质高效的均衡教育、以绿色理念形成因材施教的适切教育、以开放理念建成多元路径的融合教育、以共享理念建成面向人人的完整教育。"双高计划"在高质量发展的新时代背景下提出与实施，在新发展理念的引领下构建起更加有效的现代化职业教育体系和技术技能人才培养机制的重大决策。

二、研究内容与研究意义

（一）研究内容

第一，从政策层面，根据相关职教政策从理论上分析"双高计划"的必要性和迫切性，并从国家产业经济社会发展角度和职业教育服务社会创造价值以及新时代职业教育体系构建上进行了研究背景的分析，指出产业的快速发展需要职业院校发挥作用，为社会发展释放更多人才红利。并对高水平职业院校及高水平专业进行学术史梳理，系统探究高水

---

① 谭志敏. 中国创新驱动发展战略思想体系研究 [D]. 广州：华南理工大学，2018.
② 张占斌. 开启全面建设社会主义现代化国家新征程的战略谋划 [J]. 中国党政干部论坛，2020（11）：23-27.

平职业院校及高水平专业建设的内涵并对其特征进行提取，对"双高计划"进行了概念界定，并对"何为高水平"的问题进行了深入探讨与解释，即办学定位标准高，人才培养质量高，院校建设水平高。

第二，对国内外典型职业院校从多个维度进行比较分析。对于国际职业院校主要从人才培养模式、师资队伍建设、校企合作、科技创新、社会服务、学校治理、信息化建设以及国际交流8个方面对德国、日本、澳大利亚、美国等国家和中国台湾地区的典型院校进行分析，并得出了相关经验借鉴；对国内几所"双高"职业院校按照办学基础、建设举措、保障措施3个维度进行比较分析，并找出我国双高院校不断建设与发展中存在的问题。

第三，探索我国高水平职业院校和高水平专业群建设任务和建设路径。提出我国"双高"院校在建设过程中有六大任务，即以专业群建设为重点，打造高职院校创新高地；以"1+X"证书制度试点为契机，加快培养技术技能人才；以高水平实训基地建设为依托，搭建技能创新和技术服务平台[①]；以校企合作、产教融合为形式，增强高职院校发展活力；以教师队伍建设为重点，提高教师专业化水平；以本科层次职业教育为试点，开拓职业教育发展空间。并针对建设任务，结合我国职业院校发展的实际情况，提出七大建设路径，即战略导向：筑牢党建发展之基，夯实高水平职业院校建设之路；引领机制：完善内部治理机制，提升发展服务效能；提质增效：凝聚发展合力，以高水平专业群触发集聚效应；德技兼修：启动强基工程，优化"双师型"教师结构；内生动力：创新驱动，提升高水平高职院校建设的技术技能积累；内外联动：加快合作发展，推动高水平高职院校建设走向国际化；科技赋能：搭建技术支持，创设智慧育人环境等7条路径，以期能够建设更加具有中国特色的高水平职业院校和高水平专业（群）。

第四，采用德尔菲法和熵值赋权法，形成高水平职业院校评价指标和高水平专业（群）评价指标，对现阶段高水平职业院校和高水平专业群进行发展现状的评析，对指标权重进行分配深度解读，构建高水平职业院校和高水平专业（群）评价指标体系，并提出基于山东省高水平职业院校和高水平专业群建设的评价政策建议。

第五，基于山东省区位特征和职业教育发展现状，以一所典型的"双高计划"建设院校（专业群）作为研究样本，深度挖掘、整合和提炼以上成功案例中的共性特征和做法，形成中国高水平职业院校和高水平专业建设的普适性举措。

（二）研究意义

1. 理论意义

（1）有助于明晰"双高计划"建设内涵，为"双高"建设提供有力理论支撑。

"双高计划"不仅是示范、骨干、优质建设计划的延续，更是应对新时代技术变革提

---

① 郝天聪．中国特色高水平高职院校建设：必要性、内涵与重点任务——《国家职业教育改革实施方案》解读[J]．职教通讯，2019（3）：23-29．

出的新发展需求。基于人力资本理论、教育经济理论和高校战略管理理论剖析"双高计划"建设的必要性及内涵,有助于明确"双高计划"的工作任务,有助于丰富我国高等职业教育的发展理论。另外,梳理关于职业教育高质量发展的政策演进,有助于在对职业教育高质量发展政策进行客观描述的基础上,获得对职业教育发展规律的认识,从而进一步明晰高水平职业院校和高水平专业建设的内涵,为"双高计划"建设的任务及路径研究、评价与保障机制研究等提供逻辑框架和依据。

"双高计划"是实现职业教育高质量发展,引领职业教育新风尚的重要一环。本书立足当前我国高职院校发展实践和现实诉求,研究探讨关于高水平职业院校和高水平专业建设的理论和实践问题,对于提升高等职业教育质量、拓宽高职教育育人模式、丰富高等职业教育内涵、强化高职教育特色和重塑高职教育格局具有重要的理论价值和现实意义。

(2)有助于为"双高"建设任务清晰具体定位。

山东省高水平高职院校和高水平专业(群)建设是引领山东高等职业教育提质增效的重要战略部署。因此,面对高水平高职院校和高水平专业(群)建什么、如何建问题,我们有必要梳理我国和山东省职业院校和专业(群)建设的任务核心要素历史演进,分析和实证建设效果,吸取经验,以明确山东省高水平职业院校和高水平专业(群)建设任务和建设路径,为全国其他地区高水平高职院校和高水平专业(群)探索提供可以借鉴和使用的经验模式与发展路径。

(3)有助于厘清我国职业院校和专业(群)建设中存在的问题。

在面对"职业教育如何高质量发展"的问题时,我们有必要对其他国家和地区的高水平职业院校和专业发展的制度设计与改革动向开展研究,吸取经验,以明确我国在职业院校和专业建设方面存在的问题和面临的困境,推进我国职业教育转型升级。

本书在分析和评价各国(地区)的职业院校和专业建设政策与举措的基础上,比较分析其主要特色、历史动因和经验教训,对于丰富我国职业院校和专业发展的认知、深入剖析职业教育转型升级的实质和导向大有裨益。

(4)有助于为构建"双高"评价指标体系提供样本。

从评价维度、指标类型、数据获取等视角对职业院校排名评价的指标体系进行探讨与比较,丰富职业院校评价的理论基础;基于人才培育、服务区域经济、社会服务、国家交流等方面,构建山东省高水平职业院校和高水平专业(群)评价指标体系。这对开展高水平职业院校和专业建设具有重要的学术价值,为"双高"评价指标提供样本。

2. 实践意义

(1)提出"双高"建设升级的改革举措。

本书在横向比较和纵向比较的基础上,研究各国(地区)职业院校和专业发展转型升级的制度设计与改革举措,有助于我国立足本国现实和发展需求,探索中国特色高水平职业院校和专业群建设的转型发展,形成我国职业院校发展的模式、道路和特色。

(2) 制定"双高"建设方案，为山东省"双高"建设提供范式。

类型教育既是中国职业教育的创新发展，也是"双高计划"的新起点、新课题和新路径。职业教育作为一种类型教育，"双高计划"为中国职业教育高水平专业群的建设提出了具体目标，因此，通过理论与政策梳理高水平职业院校和高水平专业建设的内涵及关键特征，获得对"高水平""中国特色""山东样板"的高水平职业院校和高水平专业建设的理性认识，为后续行动研究提供确定的价值取向和发展方向，为山东省高水平职业院校和高水平专业建设指明方向，避免"走弯路"。

研究我国和山东省职业院校和专业群建设任务核心要素历史演进，实证建设成效，立足山东省现实和发展需求，能够更加明晰山东省高水平职业院校和高水平专业群建设的任务和路径，有助于推动部省共建国家职业教育创新发展高地建设，由点及面，将山东省高水平职业院校和高水平专业群建设经验推广到全国，让"山东模式"辐射全国。

(3) 推动共建职教战略高地。

通过对我国职业教育与世界顶尖职业教育的比较，明确山东省高水平职业院校的优势与不足，为进一步推进山东省高水平职业院校和高水平专业群建设提供参考；实证分析"双高"建设评价背景下山东省一所典型职业院校的表现，对山东省高水平职业院校和高水平专业群建设的动态遴选进行探索，为持续推进山东省高水平职业院校和高水平专业群建设动态调整提供参考，在此基础上，助推部省共建职教高地战略的实施，具有重大的应用价值。

三、国内外研究综述

(一) 高水平职业院校和高水平专业群的研究综述

近年来，随着我国对高水平高职教育更加重视以及高职教育的不断发展，很多学者对高水平高职教育的研究如雨后春笋，从现有研究来看，研究重心多集中在"双高"院校与专业群建设的重要意义、必要条件、内涵、特征及建设路径与实施意见等方面。下文基于课题研究的角度，着重分析一下关于高水平职业院校和高水平专业群的内涵及特征研究。

1. 关于高水平职业院校和高水平专业群的内涵研究

大多数学者对高水平职业院校的看法一致，借鉴建设世界一流大学和一流学科的做法和2006年以来国家示范性高职院校和国家骨干高职院校建设的经验，当前高职领域迫切需要实施一个重大计划进行内涵推动。"双高"建设计划，比较贴切地指出职业院校高职教育高水平学校建设和高水平专业建设，为内涵建设和职业教育发展提供了思路。

其一，部分学者开展"双一流"和"双高计划"比较研究，凸显了"双高计划"对职业教育的重要性。"双高计划"与大学"双一流"词义相对应，容易理解，便于记忆，更为重要的是，它有利于引导和鼓励部分高水平高职院校安于定位、办出特色、办出水平，并发挥对高职教育乃至整个职业教育的示范引领作用①。赵居礼、龚小涛等认为高水平高职院校建设，旨在打造一批具有高水平的人才培养、高水平的专业建设、高水平的师资队伍、高水平的社会服务、高水平的内部管理、高水平的校园文化的高职院校，形成与国家重大发展战略同频共振，相对于国家重点发展产业适度超前的职业教育发展格局，构建高水平高职院校"宏、中、微"三位一体的内涵体系。几个"高水平"凸显了"双高计划"的高度和对职业教育发展的重要意义。

其二，很多学者从内涵理念方面对"双高计划"进行了分析，从"双高计划"建设的多维度进行了综合探讨，诠释了"双高计划"高水平院校和高水平专业的内涵。郝天聪②在《中国特色高水平高职院校建设：必要性、内涵与重点任务——〈国家职业教育改革实施方案〉解读》一文中认为，中国特色高水平高职院校建设的内涵体现在"类型"和"特色性"两个方面。高水平专业群建设应作为高水平职业院校建设的核心任务。陈正江③认为，"双高计划"的核心任务是打造高水平专业群，即面向区域或行业重点产业，依托优势特色专业，健全对接产业、动态调整、自我完善的专业群建设发展机制，促进专业资源整合和结构优化，发挥专业群的集聚效应和服务功能，实现人才培养供给侧和产业需求侧结构要素的全方位融合。高水平职业院校和高水平专业群最大的内涵特点就是要突出其"高水平性"。基于此，有学者认为，"双高计划"中的高职院校，要达到的高度不是以全国高职院校为参照，而是以世界同类院校为参照，瞄准的是世界一流。也就是说，办学水平要足够高，全世界同类学校都公认，才是真正的高水平。"地方龙头，行业顶尖，国际一流"，这才是高水平学校的应有内涵④。不同学者根据自己的研究领域对"双高"的内涵进行了不同解释，为建设"双高"提供了标准。

2. 关于高水平职业院校和高水平专业群的特征研究

为了促成"双高"建设目标，明晰高水平职业院校和高水平专业群的建设路径，很多学者对其特征展开了研究。有学者认为，中国特色高水平高职院校建设具有四大特征，具体表现为：

第一，以标准作为"双高建设"的基石，树立标准化办学意识，积极参加国家标准和行业标准开发，致力于开展标准的国际化；第二，以制度作为"双高建设"的核心，建立"1+X"证书、专业集群发展、治理体系及治理能力提升等制度体系；第三，以队伍作为"双高建设"的关键，打造高水平"双师"教学创新团队、高层次专业带头人队伍、高技

---

① 周建松. 高等职业教育需要正确合理定位 [J]. 高等职业教育（天津职业大学学报），2017，26（4）：3-9.
② 郝天聪. 中国特色高水平高职院校建设：必要性、内涵与重点任务——《国家职业教育改革实施方案》解读 [J]. 职教通讯，2019（3）：23-29.
③ 陈正江. 高职教育创建"和谐建设典范学校"的探索与实践：基于浙江金融职业学院的案例研究 [J]. 职教发展研究，2020（3）：84-93.
④ 李洪渠，彭振宇. 供给侧结构性改革背景下高职院校发展观 [J]. 中国职业技术教育，2016（30）：52-55.

艺"工匠之师";第四,以平台作为"双高建设"的载体,提高产教平台的高端性、拓展产教平台的新路径、形成产教平台的共同体①。

赵永胜②认为,高职院校高水平专业应具有产业发展需求的高契合度、人才培养质量的高认可度、专业建设思路的清晰性、专业办学条件的高标准、人才培养环节的衔接性、社会服务能力的高质量、人才培养视野的国际化、专业管理文化的优越性等评判标准。张丹丹提出"十个坚持":坚持以立德树人为政治方向,坚持以品牌特色打造一流专业(群)③,坚持以"双高"名师建设"双师"团队,坚持以德技并修培育大国工匠,坚持以协同育人深化校企合作,坚持以高效和谐提升治理水平,坚持以面向世界对接国际标准,坚持以打造平台创新融合发展,坚持以文化人营造一流文化,坚持以保障到位创造一流条件。杨建新④提出了不同的见解,认为"双高建设"人才培养模式改革呈现新特征:职业技能养成是其落脚点;教育教学规律是其基本遵循;更高质量产教融合是其突破口;完善课程体系是其关键点;加强教学管理是其基本保障;教师队伍建设是其基础工作。

综上所述,学术界对于中国特色高水平高职院校建设的内涵和特征从不同的角度进行了深入的分析论证,展现了"双高建设"的多角度发展,为今后"双高建设"提供了广阔的理论视野。但是,大多数研究多基于高水平职业院校的特征展开分析,对于高水平专业的内涵特征涉及较少,建设举措及路径研究涉及较多。另外,《国家职业教育改革实施方案》明确指出,职业教育与普通教育是两个不同的类型,具有同等重要地位,经过5～10年的努力⑤,要实现3个根本转变,其中十分重要的是要实现职业教育向真正的类型特色转变,因此,必须明确什么是职业教育的类型特色。基于此,应该加强关于高职类型特色的开拓性研究,在"双高计划"研究过程中,通过建设引领职业教育高质量发展,形成中国特色职业教育发展模式,探索类型特色发挥积极的引领作用。"双高计划"为高职院校自身的发展也提供了广阔的平台,有利于高职院校内涵式发展,但是若想展现"中国特色",应该在保持自身特性的基础上,拓宽视野,加强国际方面的比较研究,为全球高职教育科学有效发展提供中国方案,以不断增强中国教育的国际影响力和文化软实力。

(二)职业院校与专业建设的国际国内比较研究综述

本部分通过对各国(地区)典型职业院校建设经验以及国内高水平职业院校与专业(课程)建设开展比较研究,能够进一步厘清我国在职业院校和专业建设转型升级中存在

---

① 梁克东,成军.中国特色高水平高职院校建设的逻辑、特征与行动方略 [J].教育与职业,2019 (13):9 - 16.
② 赵永胜.高职院校工匠型人才培养问题研究 [J].山东商业职业技术学院学报,2019,19 (4):18 - 24.
③ 张丹丹.中国特色高水平高职院校建设研究现状与未来展望 [J].宁波职业技术学院学报,2019,23 (6):5 - 9.
④ 杨建新.全面发展理念:高水平高职院校建设的人才培养模式新特征 [J].中国职业技术教育,2019 (5):11 - 14,19.
⑤ 周建松.正确把握"双高计划"的站位和定位 [J].现代教育管理,2020 (6):91 - 95.

的问题和困境，明确我国职业教育发展的目标和任务，能够以先进创新的制度设计和改革导向推进我国职业教育转型升级。

1. 关于各国（地区）职业院校政策推动研究

受历史发展与社会理念的影响，国外职业教育开始时间较早，国家对职业教育改革发展的重视程度较高，多次制定政策来推动职业院校和专业建设的转型升级。

德国的"双元制"教学模式，制定了一整套课程与教学内容丰富、级别相互衔接、课程与教学便于操作的职业教育法律体系，主要包含《职业培养条例》《高等学校总纲法》《标准考试条例》《联邦职业教育法》《职业教育促进法》等政策文件来保障本国职业教育的平稳发展[①]。德国最先于1969年颁布《联邦职业教育法》，最近的一次修改是在2019年，最新版本的《联邦职业教育法》明确了职业教育的目的，阐明了职业教育的概念，规范了"双元制"职业教育实施的各个环节[②]。1970年德国教育审议会颁布《教育结构计划》，提出了实行教育机会均等、实现教育民主化、进行以科学为目标的课程改革、建立平等的师生关系和人道主义的教育环境。

澳大利亚TAFE学院大家比较熟知，这也归功于澳大利亚职业教育相关政策的不断演进与升级创新，由此带来的职业教育政策成果也十分显著。自20世纪90年代以来，澳大利亚职业技术教育发展更加成熟，为了制定一个全国性的职业教育框架，澳大利亚提出两项发展战略：《澳大利亚职业教育国家战略：建设一个高技能的澳大利亚》和《澳大利亚职业教育国家战略：通往未来的桥梁》[③]。董仁忠与杨丽波[④]归纳了澳大利亚自独立以来，职业教育与培训系统发展的4个重要阶段，以及职业教育与培训系统呈现出的不同阶段性特征[⑤]。

美国职业教育的发展多从立法的层面保障职业教育的发展，发展历史悠久，已经发展出较为完善的法律保障体系和比较典型的高水平职业院校。以从政策体系建设角度来看，从1984年开始，美国以《卡尔·D.帕金斯职业教育法案》为依据，对职业教育进行了改革[⑥]。孙凤敏和沈亚强[⑦]，从立法思想的角度分析了19世纪60年代至20世纪50年代两次工业革命影响下，功利主义催生了美国政府对职业教育的关注，加速了美国职业教育的发展速度，多个州政府政策的出台，帮助美国职业教育实现了创新发展。

---

① 王璐. 德国"双元制"职业教育法律法规研究 [D]. 天津：天津大学，2009.
② 陈媛，祁占勇. 国外职业教育立法的实践探索及其启示 [J]. 武汉职业技术学院学报，2019，18（6）：40-45.
③ 咨方冉，裴一蕾. 借鉴国外先进职业教育政策，提升我国教育事业：以《国家战略》为例 [J]. 价值工程，2018，37（11）：240-242.
④ 董仁忠，杨丽波. 澳大利亚职业教育与培训系统演变：基于政策的分析 [J]. 外国教育研究，2015，42（2）：108-116.
⑤ 江彬，董鸿安. 澳大利亚职业教育与培训的制度设计及启示 [J]. 成人教育，2016，36（7）：89-94.
⑥ 王新林. 美国卡尔·D.帕金斯教育法案的变迁研究 [D]. 上海：华东师范大学，2018.
⑦ 孙凤敏，沈亚强. 从功利到人本：美国职业教育立法思想的历史演变及启示 [J]. 教育与职业，2017（13）：45-50.

2. 关于各国（地区）校企合作办学特点研究

合作教育的研究起始于高等教育的领域。在 Timpane 和 McNeill 的研究中，对于 20 世纪的美国高校的校企合作进行梳理并总结了校企合作的基本模式特征[①]。与德国"双元制"不同，美国校企合作以学校为主体、企业共同参与的合作方式，合作双方通过企业参与职业教育的项目进行交流，分为直接参与和非直接参与，就是企业提供相对长期的、有形的参与方式，表现形式为提供工作本位的学习项目；非直接参与，企业利用捐赠资源、技术支持等形式提高学校本位学习项目的质量及效率，主要集中在合作的制度、教学模式和法规方面。

澳大利亚 TAFE 学院之所以能够在世界高等职业教育之林独树一帜，归功于澳大利亚独具特色的校企合作办学特点[②]。莫罗（Anthony Morrow）在"Different TAFE Institute Running Mode Research"中指出：TAFE 学院在办学模式上，主要以行业需求为引导，充分体现了 TAFE 学院的办学特色。在国内外，澳大利亚的高等职业教育都获得了认可。澳大利亚 TAFE 学院的发展特点可以概括为：职业教育的规模化、产业化，注重培养目标和专业设置面向市场需求和产业发展。李敏从制度建构、经济补贴、道德奖励 3 个方面分析了澳大利亚行业企业对职业教育的参与[③]。

德国应用技术大学与企业紧密相连，形成了共生共赢的深度合作关系，制定了工学结合的人才培养方案。学生到企业实训、实习的时间不能少于 1 年，学校负责预实习、学术旅行、理论课、实验课和项目制作等内容，通过专门企业负责培训的人员进行专门的沟通和协调，保证学生的企业实践教学和大学课堂理论教学有机结合起来；由企业负责提供培训场地，制定实习的考核标准和方法。

莫翼翔结合台湾的产教结合办学，对工学结合教育理论基础、内涵、发展脉络进行了探索，分析了当前大陆高等职业教育工学结合的现状及影响因素，横向比较了国内外工学结合的基本模式，由系统论的视角构建工学结合模式体系[④]，提出实施工学结合的实践策略模式。

陈乃林主编的《高等职业教育理论与实践》第四章第三节中研究了我国高等职业学校产学结合的途径和模式，如常州工业技术学校的"3+1"模式、湖北汽车工业学院的"预分配、两段式、产学结合，厂校共同培养"教学模式、本溪冶金高等专科学校"工学交替"教学模式、南京机械专科学校开展校内外产学研合作教育模式[⑤]。

3. 关于各国（地区）师资队伍建设研究

徐朔通过对不同时期德国职业教育师资培养特点的分析，对德国职业院校教师的发展

---

① 何珊珊. 台湾地区高等技职教育产学合作研究 [D]. 广州：华南理工大学，2014.
② 韩冰. 澳大利亚 TAFE 学院教师培训项目研究 [D]. 大庆：东北石油大学，2019.
③ 李敏. 澳大利亚行业企业参与职业教育与培训的政策和机制 [J]. 中国职业技术教育，2009（24）：51-54.
④ 莫翼翔. 高职教育工学结合培养模式的实践与思考 [J]. 职业时空，2007（23）：62-63.
⑤ 陈乃林. 高等职业教育理论与实践 [M]. 南京：南京师范大学出版社，1996.

历程，师资培训的模式、特点等进行了总结。刘立超研究了德国职业学校教师的培养培训体系，其职教师资培养的典型方式是：中等教育毕业→6个月的企业实习经历→大学职教师资专业（4年）→大学毕业→第一次国家考试→教师预备实习（2年）→第二次国家考试→担任职校教师→在职培训。陈祝林、徐朔等编著的《职教师资培养的国际比较》，石伟平主编的《国际视野下的职业教育师资培养》分别介绍了德国职教师资的职前培养、职后发展[①]。徐朔通过对不同时期德国职业教育师资培养特点的分析，勾勒出德国职业教育师资培养的历史进程，总结职教师资培养的主要模式、特点。德国的教师队伍建设体系已经比较完善，形成了一条比较专业化的教师队伍建设路径。

澳大利亚 TAFE 学院师资队伍建设及教师发展研究彰显了 TAFE 学院的价值和特色。王纪安、吕一中等指出，职业教育要办出特色，对教师的要求和培训是十分重要的一环。TAFE 学院在选聘专任教师时，严格把握两个基本要求。一是关于应聘者的教师职业能力方面，二是关于应聘者相关专业能力方面，并且注重教师职业能力的培养和相关专业能力的发展，也为教师上岗后的职后培养和校本教师培训制定了相应的标准和政策。

美国的教师管理体制为分权制，20 世纪的最后 20 年是美国教师教育改革的重要阶段之一，这一阶段的改革呈现出以专业化为方向的发展趋势，促进教师的专业发展与水平提高是其主要目标。美国制定的很多教师队伍建设法令中，更多是为敦促美国各州为教师专业发展提供资源等，以改善当前的学校状况。当然也给出了优质教师的实现办法，例如，革新教学标准与严格教师资格审查或者帮助教师掌握现代教育技术技能等。

4. 关于各国（地区）课程体系研究

课程管理研究在国内外都是一个有待开拓的领域。台湾地区的技职教育是世界教育的典范，其一贯课程、实务导向课程、校本课程（系所本位课程）、丰富多彩的通识课程，直接对接岗位的"最后1英里"（1英里约为1 609米）学程都是台湾技职教育课程的亮点。李红卫[②]指出，台湾技职教育一贯课程改变了先前分层设计课程模式，将各级职业技术院校视为一个系统，按职业群规划、设计各类各级学校一贯课程。梁艳阐述了台湾地区高等技职教育本科层次课程目标的实用化，多方参与课程发展与改善的机制；课程体系的能力进阶性和相关通识课程的多样化；跨专业领域特色学程和"最后1英里"与产业密切结合的课程形式。部分学者从技术实践层面进行论述，如学者许德仰、刘国买提到台湾地区的技职一贯课程，旨在通过课程的统整形成衔接各层次技职教育的核心课程，给科技大学和技术学院留下很大的弹性空间来发展校本位课程，说明其重视课程的实用性、前瞻性与弹性。

董丽娇[③]在其硕士论文《美国职业教育课程模式演进研究》中，详述了从北美殖民地

---

① 白智童. 英国高等职业院校教师培养对我国高职"双师型"教师培养的启示 [D]. 长春：东北师范大学，2008.
② 李红卫. 台湾跨世纪技职教育一贯课程改革及启示 [J]. 职业技术教育，2006（4）：34-37.
③ 董丽娇. 美国职业教育课程模式演进研究 [D]. 秦皇岛：河北科技师范学院，2016.

到美国现行职业教育课程模式的演变历程，其中具体分析了早期职业教育的课程种类，分为技艺取向、工作体系、生产逻辑、制品评价四大类课程对日后美国职业教育课程体系的影响。张琼的硕士论文《美国公立高中职业生涯技术教育课程设置及实施研究》中，对美国公立高中开设的职业教育课程发展与具体实施进行了深入的分析。

TAFE 是澳大利亚第三类高校，该学校把部分普通教育、技校、中专和大专融为一体，以就业前和在职培训为主，形成了澳大利亚的院校主要培养体系。该模式下学生没有年龄限制，学制多种多样，课程设置与本地各行各业的发展需要紧密联系。20 世纪 90 年代后期是澳大利亚职业教育改革成果涌现的高峰期。吕红指出，这个阶段澳大利亚在现有学徒制的基础上实施了新学徒制培训方案，提出了高中阶段应当开设职业教育课程，建立了国家培训框架体系，包括资格认证制度和培训包。现阶段澳大利亚的职业教育形成了"需求导向型"的课程体系，贯彻着行业引领的课程理念。

5. 各国（地区）专业设置研究

白锦表[①]在《两岸高等职业教育专业设置比较研究》中对大陆与台湾高等职业教育专业设置诸方面进行比较，并试图获取可以借鉴的思路。作者就两岸高等职业教育专业设置的原则、调整程序及其逻辑起点等进行了横向比较并进行了分析。

王天行、傅松涛、张景雷、王军红、张山起[②]在《中美高职教育专业设置主体比较研究》中对中美两国高等职业教育专业设置主体进行了分析，详细说明了专业设置主体在专业设置过程中的重要程度，认为两国高等职业教育专业设置的特点有很大差异。屠君锋在《高职教育专业设置的比较研究》中讲到了美国的专业设置情况，美国高职专业设置的特点是专业种类繁多，遍及第一产业、第二产业、第三产业领域，涉及面可谓非常之广。同时专业设置的口径宽窄并存。英国高职院校专业设置遍及第一、二、三产业，但是专业种类少，专业设置以宽口径为主，因此大多数专业的针对性不强。

姜大源[③]编著的《职业教育学研究新论》第二章中对职业教育专业进行了专门的论述，包括职业教育专业建设的影响因素、职业教育专业建设的理论模式、职业教育专业建设的方法策略、职业教育专业建设的思考建设；此外，书中还介绍了国外专业设置的实施模式。

6. 国内"双高"院校研究

张玲通过分析 32 个省级行政区推荐院校和专业（群）的数量占比、申报院校各类型数量分布等数据和不同类型职业院校案例，综述了中国特色高水平学校和高水平专业（群）建设基本情况，倡导"认真领会政策文件精神，精准描绘学校发展蓝图"，紧抓产教融合发展主线。

---

① 白锦表. 两岸高等职业教育专业设置比较研究 [J]. 中国药业，2012，21（12）：10-11.
② 王天行，傅松涛，张景雷，等. 中美高职教育专业设置主体比较研究 [J]. 职业教育，2005（36）：61-64.
③ 姜大源. 职业教育学研究新论 [M]. 北京：教育科学出版社，2006.

在《国家职业教育改革实施方案》和《关于实施中国特色高水平高职学校和专业建设计划的意见》的指引下，不少高职院校结合区域社会经济发展，通过一系列创新性举措探索出强化内涵建设的新路径。朱爱胜等[①]以无锡职业技术学院为例，坚持立德树人，把握社会主义办学方向，发挥特色优势，服务区域行业发展需求，深化产教融合，打造协同创新服务平台，强化师资力量，建设卓越"双师型"教师队伍，突出服务能力，提升社会影响力，逐步形成中国特色高水平职业学校建设的无锡路径。龚方红[②]围绕聚力创新，聚焦质量，把握技术、标准、机制、项目等关键要素，提出中国特色高水平学校和高水平专业（群）内涵式发展框架。刘悦以商科类院校为例，从构建多融合人才培养与培训体系，完善专业群课程体系，实施专业群教师职业能力提升工程，加强实训基地内涵，构建"五位一体"专业群评价机制等方面提出中国特色高水平学校和高水平专业（群）建设要素。深圳职业技术学院主动在科学的技术化和技术的产业化链条上寻找位置，坚持以应用技术研发为导向，为中小微企业提供技术支撑，打造智能时代基础技能人才培养高地，成立职业教育研究院，加强对国内外职业教育的研究，凝练出职业教育的"深圳模式"。金华职业技术学校提出产教融合高端平台建设，产教融合管理出行机制模式，阐述深化产教融合、立足地方、精准对接的成功经验。

（三）高水平职业院校和高水平专业群建设任务和建设路径研究综述

自 2006 年以来，我国启动了三轮高水平高职院校建设，包括"示范校""骨干""优质校""一流""卓越""双高""高水平"院校等建设。第一轮为 2006 年开始的"示范性"高职院校（以下简称"示范校"）建设，第二轮为 2015 年开始的优质高职院校（以下简称"优质校"）建设，第三轮为 2019 年开始的中国特色高水平高职学校和专业建设。国务院 2019 年 1 月印发的《国家职业教育改革实施方案》（以下简称《方案》）明确提出启动实施中国特色高水平高等职业学校和专业建设计划，建设一批引领改革、支撑发展、中国特色、世界水平的高等职业学校和骨干专业（群）。自职业教育"双高计划"实施以来，众多学者对高水平职业院校和高水平专业（群）的建设研究也如雨后春笋。高水平院校和高水平专业（群）的建设任务是什么？应该如何建设？很多学者对这些问题进行了不同程度的探讨。

1. 高水平职业院校建设任务和建设路径的研究

第一，高水平职业院校建设要素的研究。

自"双高计划"实施以来，一部分研究学者认为，要在国家政策导向下加快现代职业

---

① 朱爱胜，承剑芬，奚小网，等. 高职院校文化育人体系构建与实施路径：以无锡职业技术学院为例 [J]. 无锡职业技术学院学报，2018，17（1）：1-5.

② 龚方红. 并跑产业发展 推进"双高计划"学校高质量发展 [J]. 中国职业技术教育，2020（1）：31-34，50.

教育体系建设，强化理论支撑，推进高水平职业学校建设。郝天聪[①]指出中国特色高职院校建设的重点任务，一方面，以"1+X"证书制度试点为抓手，打造高端技术技能人才培养基地；另一方面，以高水平实训基地建设为依托，搭建技能创新和技术服务平台。张玲、魏丽萍、马宁认为结合相关政策文件，从构建校企"命运共同体"、创新人才培养模式、探索智慧教育新形态、打造"一体化"教师团队等路径建设高水平职业院校。刘鹏认为实现中国特色高水平高职学校和专业的建设发展目标，高职院校要着力采取多元化战略，包括高峰师资战略、专业群建设战略、产教深度融合战略、文化引领战略和国际化发展战略，推动高职院校建设再上新台阶，再结新成果，向中国特色高水平纵深发展。李洪渠指出，需要在立德树人、品牌特色、双高名师、德技并修、协同育人、以文化人等方面解读中国特色水平专业群建设要点。结合高（水平）专业（群）建设的重点任务，重点加强专业结构、课程体系结构、实践教学基地、教学团队、创新服务平台、可持续发展机制等方面建设（吴升刚）。周建松通过创新性研究形成中国特色高职教育范式，强调中国特色高水平学校和高水平专业（群）建设应从加强高职类型特色的开拓性研究、高职多元办学的基础性研究、高职内涵建设的引领性研究、高职制度标准的实践性研究、高职提质增效的应用研究等方面展开。

第二，基于不同视角高水平职业院校建设任务和建设路径的研究。

一部分学者从区域和行业、产业转型升级等不同视角开展研究，提高高水平职业院校建设任务和建设路径实践研究。朱爱胜指出高职院校肩负着推动区域经济发展的重要使命，需要坚持立德树人，把握社会主义办学方向；发挥特色优势，服务区域行业发展需求。杨芬、冯峰认为产业转型升级将对区域内中国特色高水平高职学校建设发展产生明显影响，中国特色高水平高职学校专业建设必须积极主动快速做出反应。对标区域产业转型升级，中国特色高水平高职学校要保持其发展的相对优势和特色，增强服务区域经济的能力。

第三，基于不同研究方法高水平职业院校建设任务和建设路径的研究。

部分学者使用不同研究方法开展研究，提高了研究的多样性。戴文静、周金城使用数据包络分析方法开展实证研究，表明立项建设"示范""优质"等高职院校在校企合作、社会培训、生源等方面形成强大的品牌和资源聚集效应，非立项建设院校与立项建设院校的发展水平差距越来越大。蓝洁、刘钰珊借鉴麦克唐纳和莫埃尔的分类方法，建立政策杠杆，中国特色高水平高职学校建设需要把握阶段性重点任务，避免低水平重复建设，理性促进区域均衡发展，在高水平发展的同时切实承担起促进社会公平的社会责任。

从目前的研究来看，第一，研究比较全面，不仅涉及国家也涉及企业、学校；第二，

---

① 郝天聪. 中国特色高水平高职院校建设：必要性、内涵与重点任务——《国家职业教育改革实施方案》解读[J]. 职教通讯，2019（3）：23–29.

研究的视角、方法广泛，学者对于中国特色高水平高职院校建设路径进行了深入的分析论证，展现了"双高建设"的多角度发展，为今后"双高建设"提供了广阔的理论视野。从现有的研究成果看，一是高水平职业院校建设任务有了国家最低标准，省域、院校的特色研究还在探索中，尤其是具备山东特色的高水平高职院校建设任务路径还尚未开展研究；二是高水平职业院校建设正在实施中，具备示范引领、推广复制功能的高水平职业院校建设任务和建设路径也处于摸索阶段。

2. 高水平专业（群）建设任务和路径的研究

进入新世纪后，在教育行政部门发布的专业建设相关文件中，示范专业、重点专业、优势专业、特色专业、品牌专业、中央财政重点支持专业、一流专业、骨干专业、重点建设专业（群）、特色专业（群）、品牌专业（群）等提法不一而足，但建设一批代表和反映我国高职院校办学实力和水平的专业和专业群是政策的共同指向，开展高水平专业建设，不仅是高职院校内涵建设之需，更是高职院校创新发展之路。

第一，高水平专业（群）建设任务和路径的理论研究。

学者们剖析了高水平专业（群）建设存在的问题，从理论角度开展了高水平专业（群）建设任务和路径可行性、目标、实施路径的研究。钏助仁、张涛认为高水平专业（群）建设坚持以骨干专业群建设为基本载体，以人才培养质量提高为发展动力，以产教融合、校企合作为实践主线。在严格遵循行动逻辑的基础上，树立科学的办学方向，保障品质内涵，坚持创新驱动和合作发展，提升技术技能积累，推动高水平高职院校建设走向国际化。郭福春、许嘉扬、玉龙指出在厘清"双高计划"项目源起逻辑的基础上，从区域分布、产业布点、绩效评价、人才培养等视角，对中国特色高水平高职学校和专业建设项目进行全面的数据统计分析。潘海生从中国特色高水平专业群建设的核心任务与总体路径、治理结构、"双师型"教师队伍建设以及高职学校信息化建设等多个角度畅谈"双高计划"引领下的高职教育现代化之路。还有的学者关注到院校建设的质量文化，如周应中认为，在推进高水平建设过程中，高职学校需要继承发扬良好的质量文化传统，优化培育与生成策略：理实研究一体，系统规划校本质量文化；价值向度交融，凸显质量文化人本理念；技术文化并济，侧重挖掘隐性心理要素；行动逻辑耦合，持续推进内部质量诊改。

第二，高水平专业（群）建设任务和路径的实践研究。

一方面有学者从专业设置、专业群建设、特色专业建设以及产教融合等角度进行了研究。胡俊平、钱晓忠、顾京提出凝聚专业集群优势，提升专业服务产业能力，在此基础上，提出以"双标同步、三集统筹"为特色的专业集群建设策略。张红认为建设高水平专业群应从提升集成发展能力、综合改革能力、适应需求能力、协同创新能力等方面选择建设路径，并建立与专业群发展相适应的管理机制与质量保证体系。郑留伟、孟宪明认为高水平专业（群）建设是新时期促进教育链、人才链与产业链、创新链有机衔接，推进人力资源供给侧结构性改革的重要举措。李国庆认为建设高水平专业，可从树立引领经济"新常态"下产业发展的办学理念、推进产教深度融合、建立高水平教学团队、提供较高质量的科研技术服务、深入开展创新创业教育人才培养模式改革、建立多元化动态人才培养质量评价体系等维度开展。梁克东强调中国特色高水平学校和高水平专业（群）建设核心在于深刻把握标准、制度、队伍等平台四个实质内涵，建设的关键在于高水平师资队伍建设，即打造专业化、结构化的高水平"双师"教学创新团队，打造专家型、领军式的高层次专业带头人队伍，培养精技善教、行业顶尖的高技艺"工匠之师"。张森认为以强化科技服务为高水平学校和高水平专业（群）建设的着力点，突出以应用型科研为基础的产学研用融合发展导向。

从上述现有研究成果看，第一，专业（群）建设研究比较全面，涵盖了组建策略、建设内容、培养体系模式以及诊改措施。第二，专业（群）建设研究比较系统，包括可行性分析、建设目标建立、路径实施和评价。但同时我们也可以认识现有成果的局限性：第一，高水平专业（群）建设任务和路径理论上的研究比较多，实践探索比较少。第二，具备山东特色的高水平高职院校建设任务路径还尚无研究。

（四）高等职业教育评价研究综述

通过文献检索发现，目前国内外关于高等职业教育评价的研究主要有3个方面：一是关于高等职业教育评估的研究；二是关于高等教育第三方评价的研究；三是国际职业教育评价指标体系的比较研究。下面将梳理学术史和研究动态。

1. 关于高等职业教育评估的研究

我国高等职业教育评估是在普通高等教育评估的基础上发展起来的，发展历程较短。第一次有关高教评估的官方表述出现于1985年《关于教育体制改革的决定》中，此后，国务院发布的《第七个五年计划的报告》以及由原国家教委于1990年11月颁布的《普通高校教育评估暂行规定》和《教育督导暂行规定》为我国高等职业教育的评估工作奠定了基础，后续的2004年教育部的高职高专院校人才培养工作水平评估工作、2015年教育部职业院校教学工作诊断与改进工作等都强调了高等职业教育评价的必要性。

高职教育是我国教育领域独有的一个特色概念。因而，国外与之相对应的则是职业教育评估的相关研究。Charles O. Hopkins 就对确保职业教育评估的客观性所需的资料来源及其应用问题进行了研究，并提出了职业教育35项评价指标。Donald R. Brannon 对职业教育评估中涉及的4个关键问题进行了研究。Bettina Lankard Brown 试图将普遍应用于工商业和服务业领域的质量管理体系应用到职业教育评估领域。Rodney L. Custer 等人提出了在职业教育评估中采用真实性评估的主张，通过对真实性评估（Authentic Assessment）的概念、理论基础的系统分析，就如何将真实性评估应用于职业教育领域进行了探讨。Ida M. Halas 对美国以往职业教育的评估实践进行了评价。Grubb W. Norton 和 Paul Ryan 在其文章 *The Roles of Evaluation for Vocational Education and Training: Plain Talk on the Field of Dreams* 中对职业教育评估领域中的诸多问题提出了质疑，做出了反思。

国内高职教育质量评估的研究成果相对比较丰富，研究的视角比较多元，方法比较多样，关于高等职业教育评估的研究主要有以下几个方面：一方面认为当前我国高等职业教育评价存在很严重的问题，从理论的角度提出了优化高等职业教育评估的措施或构建了全新的评价指标体系，如王永林等认为教育评估应以人的发展为支点，促进学校在服从国家、社会的发展需求与坚守自身发展的逻辑规律两个维度上协调运转，高职教育评估的价值取向应坚持工具理性与价值理性的统一，加强对与教育质量密切相关的隐性要素的考查，提升院校参与评估的内在动力，促进"管、办、评"分离，实现教育质量监控的常态化、持续化、动态化；王向红认为目前我国高等职业教育评估在主体、指标体系、结果、信息、机构与人员等方面存在着较严重的问题，导致评估质量不高；孔志华一方面认为学生和家长、用人单位、政府部门都是教育消费者，将相关利益群体的需求作为评价活动的输入来源，在重视顾客评价的基础上积极构建校内外质量保障机制，全面完善了高等职业教育的评估指标体系；另一方面认为我国高等职业教育评价受多种因素影响，研究了高等职业教育评估的影响因素，如盛亚男从高职教育的"界说"理念出发，指出目前我国高等教育发展过程中，作为其中一部分的高等职业教育处于什么样的地位，由此展开积极探讨，对有哪些因素会影响高职教学质量进行全面分析，教学质量的评估是提高管理水平和保证教学质量的有效途径；孙翠香分析了我国高等职业教育评估存在的问题，并提出了调整评估价值取向，构建多元化、动态生成的高等职业教育评估体系框架，培育积极健康的高等职业教育评估文化；还认为教育评估应以人的发展为支点，促进学校在服从国家、社会的发展需求与坚守自身发展的逻辑规律两个维度上协调运转，提出了高等职业教育评估的价值取向，如王永林从实然和应然两个方面研究了高等职业教育评估的价值取向；孙翠香提出了高等职业教育质量评估应坚持的基本价值取向包括"以人为本"的价值取向、"教育公平"的价值取向以及"可持续发展"的价值取向。

综上所述，高等职业教育评估的研究开始比较早，已经有了很多成果，但是大部分成果仅仅停留在对政策环境等外部因素的研究上，多数成果都是总结国家层面评价的优劣、经验做法、价值取向等，在原有基础上完善高等职业教育的评价体系，未见基于职业教育类型教育背景下构建新的评价指标体系。

2. 关于高等职业教育第三方评价的研究

从国际上来看，中国高等职业教育评估发展的时间很短，是在高等教育评估的基础上发展起来的。将第三方评价应用到高等职业教育评价的研究和实践时间并不长。

关于高等职业教育的第三方评价研究主要有以下几方面：一是关于高等职业教育质量第三方评价特征的研究，如梁卿认为高等职业教育第三方评价最大的特征应是独立性，第三方评价的独立就是指第三方评价机构独立于政府和学校而存在；蔡正涛（2015）指出高等职业教育第三方评价最大的特征就是专业性和信息化；目前学界关于高等职业教育第三方评价的特征比较一致的看法是，高等职业教育第三方评价最主要的特征是公正性和独立性。二是关于高等职业教育质量第三方评价的评价指标体系的研究，如陆春阳认为高等职业教育质量第三方评价最核心的标准应该是用人单位的反馈；即需求方的反馈。耿金岭指出，也要注意评价指标的可选择性，即除核心评价指标外，也要设置一部分可选指标；在此基础上，张宏亮构建了包括培养方案、培养过程、培养质量和资源配置在内的指标体系。三是关于高等职业教育质量第三方评价的实施策略的研究，关于第三方评价具体实施方式的研究，如张志坚提出，在第三方评价还不是很成熟的时候，要选择骨干院校和示范院校作为评估试点，然后再逐步推广，关于第三方评价具体操作程序的研究，如陈智述等把第三方评价的操作流程概括为"七环节四阶段"模式，7个环节主要包括目标设定、组建机构、确定指标、信息反馈等，4个阶段任务主要包括体系构建、数据采集、产生结果和运用。吕中华指出，高等职业教育第三方评价的实施应遵循系统化等原则，并不断创新实施形式，充分应用互联网、移动设备等技术和工具提高评价的效率。

综上所述，我国高等职业教育第三方评价研究成果较多，也形成了较多的评价指标体系，但第三方评价存在脱离高等职业教育实践的问题，仅仅强调评价的公正性和独立性，同时部分第三方评价与高等职业教育的政策导向脱节。

3. 职业教育政策引导项目建设遴选评价指标变迁

2006年11月3日，教育部和财政部正式启动了"国家示范性高等职业院校建设计划"，主要从教育教学改革、人才培养模式、高水平专兼结合专业教学团队、社会服务能力和办学特色等方面进行遴选评价，示范建设院校在探索校企合作办学体制机制、工学结合人才培养模式、单独招生试点、增强社会服务能力、跨区域共享优质教育资源等方面取得了显著成效，引领了全国高职院校的改革与发展方向。2010年11月23日，教育部和财政部联合下发了《关于进一步推进"国家示范性高等职业院校建设计划"实施工作的通知》，在原有已建设100所国家示范性高等职业院校的基础上，新增100所左右国家骨干高职院校，主要从校企合作体制机制建设、政策支持与投入环境建设、专业建设与人才培养模式改革、师资队伍与领导能力建设和社会服务能力建设方面进行遴选评价。

2018年教育部职成教司发布《关于开展〈高等职业教育创新发展行动计划〉（2015—2018年）》，遴选200所高等职业院校为优质专科高等职业院校，主要从体制机制创新、一流专业建设、高水平师资队伍建设、技术技能积累与社会服务、信息化建设与应用、国际合作与交流、质量管理与保证体系建设、特色文化建设方面进行建设遴选评价。

2019年4月1日，教育部、财政部发布《关于实施中国特色高水平高职学校和专业建设计划的意见》，着力培育发展一批高水平职业院校和品牌专业，主要从党的建设、技术技能人才培养高地建设、技术技能创新服务平台、高水平专业群、高水平双师队伍、校企合作水平、服务发展水平、学校治理水平、信息化水平、国际化水平10个方面进行遴选评价。

许云川构建了示范校建设中高职院校绩效预算评价体系，何世松等对高水平优质学校如何立项遴选和对建设成效评价进行了研究，林春树构建了职业教育"双高计划"项目绩效评价指标体系，李梦卿等（2020）研究了"双高计划"背景下高等职业教育评价的原则。

综上所述，可以看出传统的政策引导项目主要注重建设遴选指标的建设和绩效的评价，对于职业院校和专业建设成效以及社会效益的评价指标较少，评价指标体系不够全面，不能全面反映职业院校和专业的建设水平，急需构建高水平职业院校和专业（群）的评价指标体系。

4. 国际职业教育评价指标体系的比较研究

从文献分布来看，当前国内学者对国际职业教育评价的研究较多，如杨文明对英国职业教育的评估体系进行了研究；崔瑞锋对美国能力本位职业教育评估模式进行了研究；韩秋莹等对澳大利亚职业教育进行了研究；侯新华对欧盟职业教育质量评估制度进行了研究；杨广俊对欧盟职业教育同行评估进行了研究。以上学者最终都总结了研究国际职业教育评价的经验，并进行了合理借鉴。

综上所述，对国家职业教育评价的研究较多，但基本上是基于某一国的职业教育评价制度进行评价、借鉴，缺少多国职业教育评价制度对比工作，更缺少对产业发展环境的对比分析。

（五）对现有研究的评析

1. 理论研究有待深入

"双高计划"为高职院校自身的发展提供了广阔的平台，有利于高职院校内涵式发展，但是若想展现"中国特色"，应该在保持自身特性的基础上，拓宽视野、加强国际方面的比较研究，为全球高职教育科学有效发展提供中国方案，以不断增强中国教育的国际影响力和文化软实力。在现有研究文献中，无论是国内还是国外都不乏进行理论研究的学者，并取得了一定的成果。但对于职业教育发展过程中一些事关职业教育高质量发展的重要政策内容研究还未穷原竟委，有待深入探索。因此，在新的经济产业结构、政治、文化背景下，结合中国国情，深入、准确地理解"高等职业教育高质量发展"这一概念的内涵、外延和特征，特别是重视实践与理论的对话，从实践中提升理论，将理论导向实践，不但具有教育理论上的价值，而且对于办学实践具有重要的指导意义。

2. 国外比较研究探讨不够深入

在现有研究文献中，无论是国内还是国外都不乏进行国外比较研究的学者，并取得了一定的成果。但从现有成果看，对各国（地区）职业院校的研究大多停留在现状描述、特色总结、模式分析等层面的静态描述，没有真正把各国（地区）职业院校发展的特点与背后的制度政策导向联系到一起，缺乏完善的制度研究，对各国（地区）的研究多是针对某个国家的宏观分析，缺乏对各国（地区）综合性的比较，尚未研究国际职业院校和专业建设的共性和差异。因此，如何在国外职业教育高质量发展研究的基础上，从我国实际出发进行具有中国特色的高水平职业院校和高水平专业的相关研究显得尤为重要。

3. 建设实践研究不够系统

国内外学者对于中国特色高水平高职院校建设路径从不同的角度进行了深入的分析论证，展现了"双高建设"的多角度发展，为今后"双高建设"提供了广阔的理论视野。但是没有系统地进行路径建设的描述，缺少职业院校服务区域经济、与产业对接、突出特色的特点。在专业群组建和优化、结构化师资队伍、创新性师资队伍建设方面研究不够深入、系统。目前，虽有部分学者对建设任务内容进行了一定程度的探讨，但多集中在个别案例的阐述上，未能形成具有普遍适用性的模式，这为后期的研究留下了空白。因此，需要系统研究高水平职业院校和高水平专业群的建设任务，在实践中多维度探索符合中国产业发展趋势的高水平职业院校和高水平专业群的建设路径，通过行动研究，进一步强化本课题研究的应用价值。

4. 评价标准不够全面

在现有研究文献中，无论是国内还是国外都不乏对职业教育（职业院校）进行评价研究的学者，并取得了一定的成果。但对高等职业教育评估的大部分成果仅仅停留在对政策环境等外部因素的研究上，多数成果都是总结国家层面评价的优劣、经验做法、价值取向等，在原有基础上完善高等职业教育的评价体系，未见基于职业教育类型教育背景构建全面的评价指标体系。第三方评价体系成果虽然很多，但是大部分成果脱离高等职业教育实践的问题，与高等职业教育的政策导向脱节，仅仅强调评价的公正性和独立性。而高水平职业院校和高水平专业群的建设是否有成效，必须要依据一定的标准进行衡量，否则就是"无的放矢"。就现有国内外研究现状来看，对高水平职业院校和高水平专业群的遴选标准、建设成效和社会效益全面进行系统评价的研究尚不多见。

总之，国内外相关研究成果为本书的相关研究提供了宝贵的视角和理论指导，同时也为探索高水平职业院校和高水平专业群的建设路径提供了重要的视野和经验。

四、研究目标与研究设计

（一）研究目标

1. 理论创新方面

本书在职业教育理论指导下剖析"双高计划"建设的必要性及内涵，有助于丰富我国高等职业教育的发展理论；梳理关于职业教育高质量发展的政策演进，有助于在对职业教育高质量发展政策进行客观描述的基础上，获得对职业教育发展规律的认识，从而进一步明晰高水平职业院校和高水平专业建设的内涵。

2. 实践应用方面

本书立足我国职业教育现状和发展需求，探索山东省高水平职业院校和专业群建设的转型发展，通过理论与政策梳理高水平职业院校和高水平专业群建设的内涵及关键特征，获得对"高水平""中国特色""山东样板"的高水平职业院校和高水平专业群建设的理性认识，为后续研究提供确定的价值取向和发展方向，为山东省高水平职业院校和高水平专业群建设指明方向，避免"走弯路"。

3. 服务决策方面

通过对我国职业教育与世界顶尖职业教育的比较，明确山东省高水平职业院校的优势与不足，为进一步推进山东省高水平职业院校和高水平专业群建设提供参考；实证分析"双高"建设评价背景下山东省职业院校的表现，对山东省高水平院校和高水平专业群建设的动态遴选进行探索，为持续推进山东省高水平职业院校和高水平专业群建设动态调整提供参考；通过高水平职业院校和高水平专业群案例研究，呈现高水平职业院校和高水平专业群建设的典型实践范例，助推部省共建职教高地战略的实施。

(二) 主要研究方法

1. 文献分析法

该方法主要用于国际职业院校与专业建设的比较研究、山东省高水平职业院校和专业建设的内涵厘清等，用以丰富其理论基础，从而形成本书的概念体系。同时，充分收集相关文献，梳理当前中外关于职业教育相关改革的政策文本，明确职业教育改革发展中的方向思路，述评中国特色高水平职业院校和高水平专业建设项目建设基本情况，界定中国高水平职业院校和高水平专业建设的核心要素。

2. 比较研究法

利用国际比较研究，在充分分析各国职业院校办学模式和专业设置的基础上，在政策推动、办学特点、师资队伍以及课程体系、专业设置方面分析各国典型职业院校的建设发展。通过政策演变纵向比较，明确各国对于职业院校提出的推动政策及扶持重点，明确不同时期高水平职业院校建设重点，提炼中国特色高水平职业院校及专业建设的关键特征，提出山东省高水平职业院校和高水平专业群建设任务，确定影响建设的因素。

3. 案例分析法

首先，从 5 个不同维度，对典型职业院校德国应用技术大学、日本技术科学大学、澳大利亚 TAFE 学院、美国社区学院、中国台湾典范科技大学等 5 个国家和地区职业教育的发展进行分析和经验借鉴。并以滨州职业学院这一典型"双高计划"建设院校（专业群）作为典型案例，深入分析其建设举措。

4. 调查研究法

综合运用实地调查法和访谈法从人才培养、产教融合、师资队伍建设、创新服务平台、体制机制保障等层面对所选取的典型"双高计划"建设院校（专业群）开展调研，了解其建设中国特色高水平职业院校和高水平专业的经验做法。

5. 德尔菲法

通过书面形式广泛征询职业教育领域专家意见,以判断中国特色高水平高职院校及专业建设应需的社会条件、现实的社会条件,分析其内涵特征。

(三) 研究路线与逻辑结构

本书依据政治引领和现实产业需求两方面进行分析,从概念界定、理论基础分析、高水平职业院校和高水平专业建设的比较研究分析、建设路径和建设任务分析及评价指标体系的建设等方面来构思和撰写,并给出一所"双高"院校研究样本,以期为职业院校的高水平发展提供借鉴。

本书以人力资本理论、教育经济理论和高校战略管理理论为基础,分析中国特色高水平高职院校及高水平专业群建设的内涵与关键特征,从实践比较分析国际典型职业教育改革发展的制度设计与改革动向,探索我国高水平职业院校和专业群建设的制度框架与应然导向。在此基础上,从院校和专业两个角度选取山东省入选国家"双高"建设项目的院校和专业,以建设任务为指标进行实证研究,科学提出山东省高水平职业院校和高水平专业群建设路径;形成高水平职业院校评价指标和高水平专业群评价指标;选取典型的"双高计划"建设院校(专业群)成功案例进行分析,形成中国高水平职业院校和高水平专业群建设的普适性举措。本书的研究技术路线如图1-1所示。

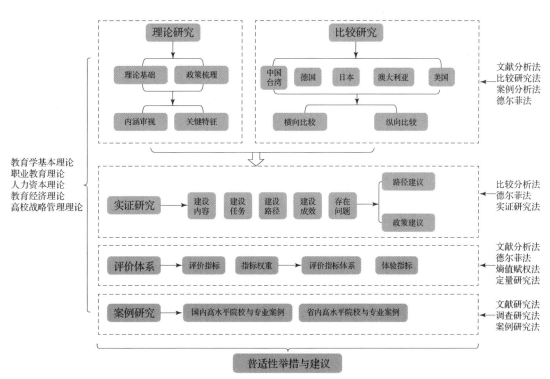

图1-1 研究技术路线

第二章　概念界定与理论基础

一、理论基础

(一) 人力资本理论

1. 人力资本理论及其发展

人力资本理论自 19 世纪 50 年代末人力资本思想萌芽开始，于 19 世纪 60 年代特定历史条件下人力资本应运而生，再到如今的蓬勃发展，经过 60 多年的理论研究与实践探索而不断充实与完善，对社会经济、教育改革以及人的发展都产生了重要影响。在人力资本理论的主张与督促下，教育的重要作用愈加凸显，从先前被视为个人和社会发展的积极因素转向被视为个人和社会财富的核心[1]。西方国家在经历第一次工业革命后，如英国、法国等发达国家的经济学家都曾明确地指出人在创造财富活动中的重要作用。

19 世纪 60 年代初，现代人力资本理论诞生。"人力资本之父"西奥多·舒尔茨 (Theodore W. Schultz) 在其系列著作中阐述了人力资本理论的基本理论框架：①人力资本体现在人的身上，表现为人知识、技能、经验等方面的能力和素质；②人力资本是人力投资而形成的资本，所以是投资的结果；③对人力的投资会产生投资收益，人力资本是提高劳动者收入的源泉；④人力资本积累是社会经济增长的源泉；⑤人力资本的投资包括学校教育、企业培训、营养和医疗保健、择业和迁移成本等渠道[2]。另一位对人力资本理论的形成和发展起到关键性作用的学者是美国的经济学家贝克尔 (Gary S. Becker)，他主张重视正规教育和职业培训投资的重要性，认为人们对于自己或孩子的教育投资是形成人力资本的重要因素[3]。他在解释年龄-收入曲线中提出一个重要论点，即高技能与高学历人群的年龄收入之所以更陡峭，是因为人力资本投资随着年龄的增长会大幅度提高收入水平[4]，因此，如果一个人能够拥有较高的学历和技能，那么他可能会获得更好的发展。

在人力资本理论不断发展的过程之中，国外的众多经济学研究者都逐渐投身于人力资本理论的研究中，其中美国著名的经济学家丹尼森 (Edward Denison) 为人力资本理论的向前发展做出了较为突出的贡献。他的主要贡献在于对影响经济增长的诸多因素进行了详

---

[1] 徐峰, 崔宇馨. 本科层次职业教育的作用机理与优化效用：基于人力资本理论视角的分析 [J]. 现代教育管理, 2021 (2)：105-111.
[2] 舒尔茨. 人力资本投资：教育和研究的作用 [M]. 蒋斌, 张蘅, 译. 北京：商务印书馆, 1990.
[3] BECKER G. Human capital [M]. New York: Columbia University Press, 1975.
[4] 杜育红. 人力资本理论：演变过程与未来发展 [J]. 北京大学教育评论, 2020, 18 (1)：90-100.

细分析,包括教育年限和知识增进等因素对经济增长的作用。他提出,通过增加教育年限和促进受教育者的知识增进,即提高劳动者的受教育程度,不仅可以促进当下经济的高速发展,也会对未来经济社会的发展起到持续性和长足性的影响①。他的实证研究与重要观点对后续各个国家教育体制和政策制度的设立具有重要的参考价值。美国另一位著名的经济学家赫克曼(James J. Heckman)也是一位人力资本理论发展历程中里程碑式的人物,他提出了著名的全生命周期动态人力资本收益率曲线,从人力资本投资收益率的水平来看,从高到低依次是学前教育项目、学校教育、离校后的在职培训②。鉴于以上的理论,如果及早地进行人力资本投资,可能会获得较大的效益。

纵观人力资本理论的发展历程,不同的专家学者从不同角度探讨了这一理论,同时人力资本理论的内涵也在社会发展中不断深化,不断完善。当然,万变不离其宗,人力资本理论的根源就在于通过对人力进行有目的的投资而获得更大的未来收益。

2. 人力资本理论对"双高计划"的解释力

人力资本理论的核心思想总结如下:首先,生产增长的一个重要来源是人力因素,是具有经济价值的一种资本。其次,人力资本的基本属性在于它是人的一部分,人们不可能分开自己及其所具有的人力资本。再次,人力资本可以由投资的方式产生。这种投资为的是获得一种具有生产能力的潜力,它蕴藏在人体内,会在将来做出贡献③。

在人力资本投资开发过程中,教育投资是最为重要和最为核心的。在整个人力资源市场上,社会对于低技能的、纯体力劳动者需求减少,对于高技能的脑力劳动者需求增多,同时,目前我国处于高质量发展阶段,急需大量的高素质高技能型人才。而且随着产业结构转型升级带来的工作岗位去过程化,工作技能精细化,这些技术技能人才的工作内容也将越来越集中在创新和决策的领域,而且他们能够给社会发展带来较高的人力资本收益。由此可知,中国特色高水平高职学校会培养出人力资源市场上大量需要的高素质技术技能人才。同时,我国是人口大国,应充分发挥人力资源优势,把人口大国变为人口强国,大力发展高水平的职业教育,因为教育的社会经济价值在于它形成资本,并且这种资本具有外部溢出效用,最终成为推动国民经济增长的强大动力,以此培养更多的技能型人才,成为技能社会建设的人才支撑和智力支持。

(二)教育经济理论

教育学和经济学组成了教育经济学这门交叉边缘学科。它主要对教育与经济之间的关系以及教育领域里的经济现象和发展规律进行相应的研究。其研究重点在于教育资源的投入与产出,也就是研究教育如何促进经济增长与发展,经济增长与发展如何反作用于教

---

① DENISON E F. The Sources of economic growth in the united states and the alternatives before us [M]. New York: Literary Licensing, LLC., 1962.
② 杜育红. 人力资本理论:演变过程与未来发展 [J]. 北京大学教育评论, 2020, 18 (1): 90 – 100.
③ 程宇. 中国职业教育与经济发展互动效应研究 [D]. 长春:吉林大学, 2020.

育,教育如何通过生产劳动能力来提高劳动生产率等相关内容。

1. 教育经济学的形成与发展

20 世纪 20 年代,苏联学者开始了关于教育经济学的相关研究,直到 20 世纪 60 年代在以舒尔茨为代表所创立的人力资本理论的基础上,教育经济学的理论才逐渐形成。随后经济危机爆发,现有的人力资本理论遭到了质疑与挑战,人们普遍认为就业率没有因为教育的发展而提高,教育公平也没有促进人们的收入平均化。在此背景下,人们通过转换思维方式寻找教育的经济价值,导致了一些新理论出现,同时也促进了教育经济学的发展。

第一,反主流教育经济主义。这一流派运用制度主义学派观点,触及教育与社会经济的关系,包括社会化理论、劳动力市场划分理论和筛选假设理论①。

(1) 社会化理论(Socialization Theory of Education)。这一理论认为,教育具有传播文化和培育个人社会性的功能。在教育的经济价值与社会功能关系的探讨方面,教育的经济功能从属于社会功能,而且其社会功能要比教育提高认知技能对经济的影响重要。社会化理论试图从结构和功能方面,解说教育与社会经济之间的关系。教育通过培养出不同的学生,以满足社会经济发展的需要。

(2) 劳动力市场划分理论(Labor Market Segmentation)。这一理论认为,教育能够把人分配到不同的劳动力市场中,而且教育与劳动工资收入具有不同关系。

(3) 筛选假设理论(Screening Hypothesis),该理论认为,教育作为一种信号,其经济价值就是通过对人们进行筛选从而把他们分配到不同的职业岗位上,从而促使经济正常运行。迈克尔·史潘斯(1973)发表的《筛选假设——就业市场信号》一文,列举了这样一个例子:业主挑选雇员时"面临着一个选择问题:假定雇主难以准确地预测就业申请者未来的表现,那么,他就总想把教育资格作为一种筛选手段,以便按照能力、进取动机,可能还有家庭出身等来识别新人"②。教育被用来作为区别个人能力的一种手段,提供一种"市场信号",但个人的生产能力是信号不能改变的属性。

综上,虽然这三种观点的着眼点不同,但是也有相似的地方:市场和各种制度因素能够决定教育的社会经济价值,教育未必能提高生产率,扩张教育无助于经济的增长;"过度"教育使得雇员之间的就业竞争更趋激烈,使得失业问题更趋严重。

第二,马克思主义教育经济学派。依据马克思主义政治经济学的观点对教育经济学开展研究,1924 年,苏联经济学家斯特鲁米林利用马克思的劳动价值理论和社会再生产理论,在《国民教育的经济意义》中对教育的经济价值进行了探讨,并提出三个论断:第一,学历与劳动生产率的提高成正比;第二,复杂劳动对经济贡献大,而学历高的人往往从事复杂劳动,所以学历应与工资收入成正比;第三,教育虽然需要经费,但是发展教育又可以节约生产成本,它的经济收益比修建大型建设项目的收益还要高。马克思教育经济

---

① 王金星,米洪义. 教育经济源流、价值与职业教育探微 [J]. 职教论坛,2010 (5):4 - 7.
② 马克·布劳格. 人力资本的验证:一种略带偏见的评述 [J]. 经济文献杂志,1976 (14).

学派在指导社会主义国家教育改革方面发挥了重要的指导作用。

2. 教育经济学为职业教育战略规划指明了方向

教育经济学理论很好地揭示了教育与经济的关系，教育投资能够带来经济效益，同时为我国职业教育发展战略提供了动力支持。职业教育的发展，离不开政府的大力支持与投入，所以政府的投入为职业教育的发展提供了必要的物质基础。《教育部 财政部关于实施中国特色高水平高职学校和专业建设计划的意见》（教职成〔2019〕5号）提出"各地新增教育经费向职业教育倾斜，对'双高计划'学校给予重点支持。中央财政通过现代职业教育质量提升计划专项资金对'双高计划'给予奖补支持，发挥引导作用。有关部门和行业企业以共建、共培等方式积极参与项目建设"。教育的经济效益在市场的交换中直接体现出来是非常困难的，但是这种经济效益却在社会经济发展中真实存在。实践也证明，职业教育的发展单靠政府投资很难实现，需要多元化的投资，以不断适应市场经济下的多元化经济发展格局。从目前的职业教育发展现状看，投资的经济效益比较好，所以，以政府投资为主导，不断融合民间资本和社会资本进入职业教育投资领域中，提高职业教育的经济效益是切实可行的。

此外，教育的经济价值还体现在通过技术及知识创新推动经济社会的发展，教育通过知识传授提升劳动者素质，从而提高劳动生产率。同样地，职业教育作为与经济社会联系最为密切的教育类型，所培养的技术技能人才能够满足技能型社会建设的要求，同时也带来不可替代的教育功能和经济效用。所以，重视职业教育的发展，应该以社会经济结构发展的需求为起点，不断对职业教育资源进行优化配置，为社会的发展带来更大的经济效益。职业教育所培养的技术技能人才走上工作岗位后极大地提高了生产效率，促进了经济发展。因此，我国应重视发挥职业教育为社会经济服务的功能，大力发展职业教育，提升学生的职业素质和职业技能，以满足我国经济社会发展对技术技能人才的需求，同时也使职业教育的经济功能实现最大化效益。

（三）高校战略管理理论

1. 高校战略管理理论缘起

20世纪六七十年代，西方在企业管理过程中率先引入了战略管理理论，随后，战略研究作为研究未来发展及发展决策的理论也在学校、政府机构中应用起来。20世纪70年代，受经济危机的影响导致国家对高等教育的投入及控制力减少，大学也开始引入战略管理理论来谋求自身发展。从1972年开始，以美国学者申达尔和哈顿发表的《战略计划高等教育：概念、问题和机会》为标志，美国人率先将战略管理理论引入大学管理中[1]。随后又不断有新的研究成果面世，如霍里斯出版的《学术战略》，而乔治·凯勒著的《大学

---

[1] 包水梅. 大学发展战略规划的逻辑研究 [J]. 国家教育行政学院学报, 2013 (2): 43–47.

战略与规划——美国高等教育管理革命》更是将大学战略管理研究推向了高潮①。随后，英国、日本、荷兰等国家也在高等教育管理中运用战略管理理论且成效显著。

20世纪90年代，我国社会主义市场经济体制刚刚确立，我国高校的发展环境变化很大，高等教育管理体制也不得不进行改革，大学战略管理理论得以应用。1999年《中华人民共和国高等教育法》颁布实施，该法规定了高校可以拥有自主办学权。基于此，大学办学自主权得以扩大，同时，随着高校办学规模的不断扩大，管理水平也随之提高。在这种背景下，高校的生源市场、毕业生市场如何扩大提质，科研及社会服务水平如何提高等问题接踵而来，而且办好这些事情事关高校的生存问题。另外，高校的办学理念、办学模式、院校合并的困扰促使学校不得不做出规划和改变。高校战略管理理论就是在这种背景下给学校注入了新的发展活力。当前，战略管理理论已经成为我国高水平大学发展规划制订之必需，尤其是制订学校未来五年乃至十年的发展规划。由此可知，高校战略管理理论在我国也越来越受到重视和推崇。

2. 高校战略管理理论与职业教育高质量发展

高校战略管理是指"高校为了长期的生存与发展，在充分分析高校外部环境和内部条件的基础上，确定和选择高校战略目标，并针对目标的落实和实现进行谋划，进而依靠组织内部能力将这种谋划和决策付诸实施，以及在实施过程中进行评估与控制的动态管理过程"②。在实施该理论过程中应注意高校战略的制定与实施两部分。其中，战略制定包括确定目标和制定方案。在这一阶段中要充分分析高校的发展优劣势及所处的机遇与挑战，以此明晰学校未来的发展理念及所能够达成的目标期望。然后基于上部分的分析找出最有利于学校发展的战略方案。在战略实施阶段，这是最重要也是最关键的阶段，其主要的任务是把已经制定好的战略方案付诸实践，并且对整个战略实施过程进行控制和反馈，通过战略实施后的实际效果不断调整、修订原有的战略，完成综合平衡和协调工作，确保整个战略目标顺利实现。

综上，以战略管理理论和高校战略管理理论为指导，随着《"双高计划"意见》《项目遴选管理办法（试行）》《项目申报通知》等政策文件的颁布，其实也经历了较长时间的酝酿和准备，在本着质量为先、改革导向、扶优扶强的原则下，体现了项目遴选的科学性和规范性，在基本条件中明确了学校设置标准、工作成效、标志性成果等条件，强调基础、注重成效。基于此，中国特色高水平高职学校要深刻理解本校发展战略的内涵，明确确立发展战略的重要性，在认真分析自身具有的优势、劣势和面临的机会、威胁的基础上，确立自己作为"双高"院校应有的战略定位，确立今后的战略目标、战略重点、战略核心，采取相应的战略措施。总之，要加强战略制定的管理、战略实施的管理，努力实现国家对于"双高计划"的要求。

---

① 李春醒. 国家示范性高等职业院校发展战略研究 [D]. 桂林：广西师范大学，2008.
② 李春醒. 国家示范性高等职业院校发展战略研究 [D]. 桂林：广西师范大学，2008.

二、概念界定

(一)"双高计划"

1. "双高计划"的内涵

关于高水平职业院校和高水平专业群的内涵,在 2019 年 4 月 1 日,教育部、财政部发布《关于实施中国特色高水平高职学校和专业建设计划的意见》后,学者们即开始对"双高计划"的内涵展开研究。

部分学者对"双一流"和"双高计划"开展比较研究,以凸显"双高计划"对职业教育的重要性。有学者认为,"双高"与大学"双一流"相对应,容易理解,便于记忆,更为重要的是,它有利于引导和鼓励部分高水平高职院校安于定位、办出特色、办出水平,并发挥对高职教育乃至整个职业教育的示范引领作用;关于高水平高职院校建设,有学者认为,高水平高职院校建设旨在打造高水平的人才培养、高水平的专业建设、高水平的师资队伍、高水平的社会服务、高水平的内部管理、高水平的校园文化,形成与国家重大发展战略同频共振,相对于国家重点发展产业适度超前的职业教育发展格局,构建高水平高职院校"宏、中、微"三位一体的内涵体系;有学者对"双高计划"建设进行了综合分析,认为中国特色高水平高职院校建设的内涵体现在"类型性"和"特色性"两个方面,而高水平专业群应作为高水平职业院校建设的核心任务。

因此,中国特色高水平高职学校和专业建设计划,简称"双高计划",是新时代党中央、国务院推进中国职业教育现代化,引领职业教育促进产业升级、融入区域发展、服务国家战略。"双高计划"以新时期加强党对职业院校的集中统一领导为核心,围绕技术技能人才培养、高水平专业群建设、高水平师资队伍建设、创新服务平台搭建等方面加强建设,打造质量并举的高水平高职学校和高水平专业。同时,在校企合作、社会服务、学校治理、信息化建设、国际化发展等方面也要着力提升,在全国范围内启动建设引领改革、支撑发展、中国特色、世界水平的高等职业学校和骨干专业(群)重大决策建设工程,引领新时代职业教育实现高质量发展。

2. "双高计划"的特征分析

高水平职业院校和高水平专业群最大的内涵特点就是要突出其"中国特色"和"高水平性"。我国"双高计划"建设的"中国特色"和"高水平性"的整体特征有以下几方面:

(1) 更加强调"中国特色"。

"双高计划"建设作为推进中国教育现代化的重要决策,如何在"双高计划"建设进程中体现"中国特色",是我们必须回答好的重大课题。

首先,"双高计划"坚持社会主义办学方向。

根植于中国特色社会主义伟大实践,坚持在中国共产党领导下,全面贯彻党的教育方针,培养中国特色社会主义建设者和接班人,确保社会主义办学方向不动摇不偏航。

其次,"双高计划"建设聚力落实立德树人根本任务。

古语云:"才者,德之资也;德者,才之帅也。"立德树人就是要培养一代又一代拥护中国共产党领导、能够服务改革开放和社会主义现代化建设、与民族复兴同向同行、立志为巩固和发展中国特色社会主义奋斗终身的有用人才。"双高计划"建设坚持建立健全德技并修、工学结合的育人机制,深入推进习近平新时代中国特色社会主义思想进教材、进课堂、进头脑,把培养德智体美劳全面发展的建设者和接班人作为根本任务,满足不同类型、不同渠道人才培养需求,服务新时代经济高质量发展,为中国产业走向全球产业中高端提供高素质技术技能人才支撑,以更好体现"中国特色"。

(2) 更加突出职业教育类型性特征。

2019 年,国务院印发的《国家职业教育改革实施方案》中明确提出"职业教育与普通教育是两种不同教育类型,具有同等重要地位"的重要论述。这一科学论断体现了我国教育理念的重大变革,更是党和国家把握教育发展规律、职业教育办学规律、人的全面发展规律的重大判断,深刻揭示了职业教育的本质属性。

当前"双高计划"建设时期,坚持依据职业教育发展规律举办职业教育,从职业教育的功能上,更强调服务区域经济社会发展,专业设置和专业人才培养目标紧密结合当地行业、产业发展需要,增强职业教育适应性,同时更加突出职业教育终身性特征,既要提供全日制教育,也要提供非全日制教育和职业培训,做到"育训并重";从人才培养目标上,更加突出技术技能人才培养,培养能工巧匠和大国工匠,更加注重"产教融合、校企合作、工学结合、知行合一",推动实施"1+X"证书制度,构建国家职业资历框架、建立学分银行;从教育教学内容体系上,更加强调教学内容以职业知识和技术知识为主,按照工作体系构建课程体系,把握"做中学"基本教学规律,构建以实践为主的教学实施体系;从办学条件上,"双高计划"更加强调行业、企业等主体多元化办学,教师不仅要有良好的教学能力,更要具备实践能力,成为"双师型"教师,教学场所要求将学习内容与岗位工作进行对接。

(3) 更加注重建设"高水平"。

"双高计划"建设定位于"当地离不开、业内都认同、国际可交流",从高标准办学定位、高质量人才培养、高水平院校建设 3 个方面体现建设的"高水平"。

首先,办学定位标准高——当地离不开。

为明确"双高计划"建设定位,国务院印发的《国家职业教育改革实施方案》中明确提出:职业院校应主动与当地企业在人才培养、技术创新、就业创业、社会服务、文化传承等方面开展合作;职业院校应积极为当地企业提供所需的课程、师资等资源要素,参与校企合作,促进人力资源开发。

当地离不开是就"双高计划"建设的适应性、服务性而言的。要真正让当地离不开,职业教育要提高办学定位标准,对接国家和区域主导产业、支柱产业和战略性新兴产业重点领域，提高服务地方经济社会发展、服务当地企业和产业的能力，紧密围绕当地政府，依托产业布局和经济发展重点，成为地方企业的技术研发中心、咨询服务中心，同时为当地区域经济建设和社会发展培养、培训高技术技能人才，真正解决当地企业实际问题，为企业培养、培训、输送高技术技能人才。这样职业院校在当地企业和当地政府的地位才更加重要，才会真正"离不开"，才能促进构建政府、企业、学校成长共同体。

其次，人才培养质量高——业内都认同。

要提升职业教育社会认可度，根本途径是提高人才培养质量。"双高计划"建设的重要任务就是要解决我国目前高素质、多技能的复合型人才供给不足，单一技能型人才供给过剩，"用工荒"与"就业难"并存，高技能人才需求缺口大，供需结构性矛盾凸显的人才供给现状，以加快构建现代职业教育体系，打破校企合作"学校热、企业冷"的状态，深化产教融合，增强职业教育适应性；深化人才培养模式改革，健全人才培养体系，加强高水平职业院校和专业建设，完善质量监控体系，强化育人环境改善，提升办学水平，培养高素质技术技能人才、能工巧匠、大国工匠，增强业内认可度，提高职业院校技术技能人才社会地位。

最后，院校建设水平高——国际可交流。

"双高计划"建设不是简单地关起门来发展我们的职业教育，而是要对标国际化，加强高水平职业院校建设，培养的人才能够走向世界，使中国培养的高素质技术技能人才能够在世界范围之内自由流动，与全球的技能人才共舞。

《关于实施中国特色高水平高职学校和专业建设计划的意见》中对"双高计划"建设"国际可交流"规定了远景目标，即"到2035年，一批高职学校和专业群达到国际先进水平，引领职业教育实现现代化，为促进经济社会发展和提高国家竞争力提供优质人才资源支撑。职业教育高质量发展的政策、制度、标准体系更加成熟完善，形成中国特色职业教育发展模式"。

"国际可交流"要求职业院校在创建双高院校中要放眼世界，扩展建设视野，积极参与国际职业教育标准制定，通过对国际优质职教资源开放性的借鉴、消化与创新，改革、重构、完善具有国际影响力的高质量专业标准、课程标准、教学资源，打造中国职业教育国际品牌。

（二）中国特色高水平职业院校的内涵

中国特色高水平高职院校是指在"双高计划"建设时期，根据党中央、国务院出台的相关文件要求，在坚持以质量为先、改革导向、扶优扶强的原则基础上，面向独立设置的专科高职学校遴选出的以培养高水平人才，建设高水平专业、师资队伍、社会服务、内部管理、校园文化等内容为核心，与国家重大发展战略同频共振，相对于国家重点发展产业适度超前的高水平高职院校。

宏观层面，中国特色高水平高职院校坚持"中国特色"的社会主义办学方向，坚持立德树人，支撑国家战略，为人类发展提供"中国方案"打下坚实技术技能人才基础。

中观层面，中国特色高水平高职院校明确了建设以深化产教融合、校企合作、工学结合为主线，以人才培养、科技创新、专业建设与产业融合发展为特征，以规律、专业、人才、资源、制度与文化为要素的高水平高职院校建设方向，对于提高职业技术教育适应性意义重大。

微观层面，中国特色高水平高职院校聚焦办学基础条件改善，紧跟国家重大发展和支柱产业相关专业建设，提升学院社会服务能力，支持和鼓励企业发挥育人主体作用，优化和完善工学结合人才培养模式，深入推进理论和实践一体化课程开发。

2019年，山东省入选中国特色高水平高职院校建设单位名单的有第一类A档的山东商业职业技术学院，第二类B档的日照职业技术学院、淄博职业学院，第三类C档的滨州职业学院。本书以山东省高水平职业院校建设为研究对象，研究中充分考察2019年4家入选中国特色高水平高职院校建设单位名单的高等职业院校办学条件、办学特色等情况，为本书提供了重要的实践基础。

（三）中国特色高水平专业（群）的内涵

1. 高水平专业（群）的内涵

要明确中国特色高水平专业（群）的内涵，首先需要了解专业的概念。关于"专业"，《现代汉语词典》的解释是"高等学校的一个系里或中等专业学校里，根据科学分工或生产部门的分工把学业分成的门类。产业部门中根据产品生产的不同过程而分成的各业务部门"；《教育大辞典》里"专业"一词的定义译自俄文，指"中国、苏联等国高等教育培养学生的各个专门领域，大体相当于《国际教育标准分类》的课程计划（Program）或美国高等学校的主修"；厦门大学出版的《高等教育学》一书中对"专业"一词的解释是"课程的一种组织形式"，其中把"专业"界定为专门职业教育或专长教育等，这些内容是"专业"概念的形式内涵，无论是专门教育、专长教育或定义为其他教育，培养目标的实现必须依靠课程的有效组合。"专业"的本质就是课程的组合，通过课程的科学组合实现培养目标。有学者认为"专业就是课程""专业就是高等学校培养高级专门人才的基本教育单位，由特定的专业培养目标和相应的课程体系组成"；很多学者都认为专业是指任何有声望的职业。"从事专业的人需要具有系统的理论知识和长期的学术训练。"

综合上述观点，本书认为，专业是指高等学校或中等专业学校根据社会分工需要，根据职业岗位对劳动者的素质和技术要求而划分的学业门类，建构满足岗位需求的综合能力的课程群。

关于专业群概念的界定，到目前为止，可以归纳为两种观点：第一种观点，专业群是指由一些或工程对象相同，或技术基础相同，或学科基础相近的若干个相近相关专业或专业方向共同组成的专业集群。这种观点强调群专业的相近性，并把专业的相近性（即是否拥有共同的基础）作为划分专业群的依据。第二种观点认为专业群"应该是两个或两个以上跨二级类的专业，通过核心专业的带动和专业之间的依赖和促进，形成合力，以提高整个专业群的教学水平、提高学生的职业能力和提高高等职业院校服务经济社会的能力为目的而组成的专业集合"。这种观点强调合力，强调建设专业群的目的和意义。

2013年，《山东省教育厅 山东省财政厅关于实施高等职业学校品牌专业群建设项目的通知》（鲁教职发〔2013〕7号）指出，专业群是指由若干个相近相关的专业或专业方向共同组成的专业集群，是与区域产业链对接的人才培养综合体系。相关学校应根据学校实际和自身特色优势，结合全省经济社会发展特别是战略性新兴产业、支柱产业和特色产业需求，确定办学理念先进、产学研结合紧密、特色鲜明、就业率高的一个专业群进行重点建设；专业群中牵头专业应为省级及以上特色专业，且各专业之间具有共同专业技术基础课程和基本技术能力要求；专业群中的各专业或专业方向，应面向企业中的岗位链，各专业间能够实现资源共享，在同一个实训体系中完成实践性教学。

综合上述两种观点，课题组认为，专业群是指由一些或工程对象相同，或技术基础相同，或学科基础相近的若干个相近、相关专业（方向）共同组成的群体，通过该群体中核心专业的带动和专业之间的依赖和促进，从而形成合力，以提高整个专业群的教学水平，提高学生的职业能力和高等职业院校服务经济社会发展能力为目的而组成的专业集合。这种专业集合是面向行业产业链以及企业中的岗位链而设置的，达到资源有效配置的若干相关专业的集合。

关于高等职业教育高水平专业群的概念，教育部、财政部《关于实施中国特色高水平高职学校和专业建设计划的意见》中，对高水平高职学校和专业群有四个建设定位，第一是能够引领职业教育改革，第二是能够支撑职业教育发展，第三是凸显中国特色，第四是能够达到世界水平。这明确了高水平专业群的建设内涵，"引领改革"是基本定位，"支撑发展"是效益要求，"中国特色"是根本属性，"世界水平"是质量标准，这四个方面有机结合、相互支撑，指引高水平专业群的建设方向。专业群更加强调三个及以上专业或专门化方向基础上的专业基础相通、技术领域相近、工作岗位相关、教学资源共享，更加注重专业之间的内在联系和集体合力。本书将研究目标和内容指向确定为高水平专业群建设，将主要研究山东省高职教育高水平专业群建设情况，并结合学院高水平专业群建设实践，把握高水平专业群建设的内在要求、建设内容、发展策略、验收评价、管理机制等，为山东省教育厅推进高职院校高水平专业群建设提供决策参考和政策支持。

2. 高水平专业群的构建逻辑

高水平专业群紧紧围绕产业链、职业岗位群、核心专业，以服务区域经济社会发展、扶优扶强、突出专业特色和发展优势为原则，坚持重点突破与整体提升相结合，集成优化与一体化建设相结合，充分把握专业群建设规律及内在要求，提升专业群社会服务能力和国际化水平。

产业链专业群构建逻辑。职业教育是为区域经济社会发展服务的，专业群的建设首先应该以聚焦区域内具有发展潜力和行业影响力的现代服务业、先进制造业、现代农业、战略新兴产业等高端产业为依托，详细分析产业链条，结合院校实际情况组建专业群。在专业群建设中,专业的增减应根据该专业群所对应的产业链对人才需求结构变化情况来决定。

职业岗位群构建逻辑。职业教育的专业设置与职业有着紧密的联系,专业群建设应针对区域内高端产业职业岗位设置,并尽可能多地覆盖行业岗位群,专业群的人才培养方案、专业核心课程应根据工作岗位需要掌握的核心知识、技术技能来设置,以实现学校人才培养与企业岗位需求的一致性。

以核心专业为基础的专业群构建逻辑。专业群的构建以一门或两门核心专业为骨干,以核心课程群、核心技能群、师资队伍群、共享实训基地为基础,以专业方向适应社会行业人才需求变化为方式来设置专业群。一所院校专业群建设要在原有核心专业或重点专业基础上,利用核心专业已有的课程、师资、实训等教学资源优势带动与其相关、相近的专业发展,形成专业群。这样设置的专业群为学生职业迁移能力的提高提供了一个平台,为学生提供了共同的知识和技能训练,使学生获得一定行业范围内的职业迁移能力。

2019 年,山东省入选高水平专业群建设单位 A、B、C 三档的专业群共 11 个,其中 A 档 1 个,即山东科技职业学院服装设计与工艺专业群;B 档 7 个,即济南职业学院机电一体化技术专业群、青岛职业技术学院服装与服饰设计专业群、山东畜牧兽医职业学院畜牧兽医专业群、山东交通职业学院汽车运用与维修技术专业群、威海职业学院建筑工程技术专业群、潍坊职业学院电气自动化技术群、烟台职业学院模具设计与制造专业群;C 档 3 个,即东营职业学院石油化工技术专业群、青岛酒店管理职业技术学院酒店管理专业群、山东职业学院城市轨道交通车辆技术专业群。本书以山东省高水平专业群建设为研究对象,充分调研 11 家入选中国特色高水平专业群建设高职院校高水平专业群的建设情况,充实了本书内容,也为本书研究提供了有益借鉴。

第三章 中外典型职业院校和专业建设的比较研究

在西方国家，职业教育被喻为"使社会走向博雅的杠杆"。此比喻充分看到了职业教育在社会发展进步过程中的重要性和必要性，是为社会输送高技能人才的重要平台。毋庸置疑，各国因社会经济发展水平、产业结构不同，其职业教育的顶层设计与内部体系也有显著差异。差异背后又离不开各国的历史渊源与文化背景。故要切实改革我国的高等职业教育，需要立足我国的经济社会发展以及劳动就业市场对人才需求的变化，不仅要适应社会发展，更要努力走在社会经济发展的前列，积极承担高职教育的自身使命，通过一系列改革，将潜在生产力转化为现实生产力。要走在前列，攻他山之"石"为"玉"显得极为必要。因此，本章以德国应用技术大学、美国社区学院、日本技术科学大学、澳大利亚TAFE学院等国际典型职业院校为例，通过分析其人才培养、师资队伍、校企合作、科技创新、社会服务、学校治理、信息化建设、国际化进程等八个方面的鲜明特色和亮点，为我国高水平职业院校和专业群建设提供经验启示。

一、国际典型职业院校和专业建设的经验启示

（一）国际典型职业院校人才培养模式的经验启示

各国因国情、发展水平和实际需求不同形成了各具特色的人才培养目标和培养模式，但总体上这些典型的职业院校都是以培养符合行业要求的应用型、实践型人才为目标，并以市场需求为导向形成专业、课程设置以及培养模式。下面主要以德国应用技术大学为例进行介绍，以期给我国职业教育的人才培养带来一定的借鉴与启发。

1. 以实践能力为重心的培养目标

随着工业化深入和高等教育大众化，在此双重背景下，德国应用技术大学随之产生。因此，其培养目标的制定立足于企业和市场需求，以学生未来就业岗位为依据和导向，开展经济社会发展变化研究，随时关注形势变化，旨在培养既有扎实专业理论又善于将理论灵活熟练地运用于实践、动手能力强的中高级专业技术人才。这部分人才能将实在的技术知识转化为技术能力，从而创造价值与财富[①]。与传统大学相较，其更侧重于人才培养专业性和实践应用性。从学生毕业后从事的工作来看，也印证了这一点。德国应用技术大学的毕业生涵盖了产品开发、设计生产、质量检测、装配维修、核算、营销等多种技能工作

---

① 王治江，何冀，谷双. 德国应用型人才培养模式在中外合作办学项目中的应用[J]. 华北理工大学学报（社会科学版），2017，17（6）：68-72.

领域,在企业中的定位是管理者及技术骨干①。

在实践应用人才的培养上,德国应用科技大学与日本技术科学大学在不言中达成了一系列共识。日本技术科学大学的创办初衷和办学理念就是围绕培养能够开发新技术、自觉进行科学技术研究的工程管理指导型技术人才。培养的人才既要有广博的知识、乐于接受新学问,又要极具创造力、工程应用能力和实践行动力,还要能够为社会发展做贡献。在培养目标的指导下,日本技术科学大学基于社会需求实行本硕贯通分层培养的方式为产业和社会培养工程类的学士、硕士和博士。基于上述办学理念和培养目标,"工程复合能力"成为日本技术科学大学最为看重的能力。工程复合能力包括三个方面:其一是工程理论能力。在这方面的培养上,日本技术科学大学区别于其他学校的地方在于不仅重视学生的基础理论学习,还注重高深专业知识的获得。日本丰桥技术科学大学就很好地践行了这一点,其本科理论课程学分占总学分的比例超过8/10,而研究生阶段理论课程学分占总学分的比例高达9/10。其二是工程实践能力。技术科学大学传承了日本职业教育的优良传统,注重培养学生的工程实践能力,这一点在丰桥技术科学大学和长冈技术科学大学都得到了很好的体现,与一般普通院校数周的企业研修不同,其学生在本科第四学年设有集中且长时间的实习期。其三是工程研究能力。大三阶段,学校会根据学生的能力特点将工程专业的学生划分安排到各自的专业研究室,帮助研究人员开展相关课题研究,在此过程中逐渐增长课题研究经验并找到自己感兴趣的研究方向。基于上述人才培养目标和培养模式,日本技术科学大学的毕业生受到用人单位的青睐且备受好评。即使就业竞争激烈,日本技术科学大学的毕业生凭借其扎实的工程理论基础知识、较强的工程实践应用能力和创新研发能力在日本就业市场上脱颖而出,多年来就业率始终稳居各高校前列②。

2. 以市场需求为导向的专业与课程设置

在课程设置的出发点上,德国应用技术大学的课程更具市场针对性和实际应用性。不难理解,德国应用技术大学具有超前的市场洞察力,始终关注市场前沿变化和用人单位的人才需求变化,适时调整现有专业与市场企业相对接并增设新兴跨学科专业。不论是普通课程还是跨学科课程,其相应的教学计划和教学内容也展现出了与时俱进、与市俱进、与企俱进,为学生能得到好的就业岗位和未来发展而服务。为了切实保证课程实际操作中的针对性和应用性,促进学生的理论学习和实践操作能力,德国应用技术大学的教学计划均采用模块化方式和布局。以任务为导向,根据学科知识具体问题具体分析,把知识体系分解组成模块,保证学生的学习效果③。在课程体系的构建上,德国的高等教育理论界认为课程体系是各学科有机结合的整体,课程体系的整体性程度直接影响课程设置的有效程度。所以,德国应用技术大学基于培养应用型高技术人才的培养目标,其课程设置本着课

---

① 龙飞. 德国应用技术大学(FH)对我国新建本科高校转型的启示[D]. 重庆:西南大学,2015.
② 叶磊. 日本技术科学大学的办学特色及其经验启示[J]. 职教论坛,2014(16):84-87.
③ 王治江,何冀,谷双. 德国应用型人才培养模式在中外合作办学项目中的应用[J]. 华北理工大学学报(社会科学版),2017,17(6):68-72.

程体系的整体性，更加注重人才知识结构兼具实用性和基础性。基于此，德国应用技术大学将整个课程体系由浅入深划分为三类。首先是基础课程，与我国高等教育的公共基础课属同种性质，如高数、大学物理等；其次是专业基础课程，这类课程因不同专业会侧重不同方面；最后是专业深化课程，这类课程是在学生对专业基础课打牢基础之上进一步深化的专业学习。

在专业设置与发展方面，初创时期的德国应用技术大学仅有工程技术类专业为基础的 1~2 个专业，专业非常单一。随着发展，慢慢增加了社会工作、商学等社会科学专业。20 世纪 80 年代，随着计算机技术的发展，计算机专业在德国应用技术大学兴起。进入 20 世纪 90 年代，出现了一些新兴职业与岗位需求，社会对劳动者的综合要求也逐渐提高，应用技术大学顺应这一发展趋势，增设经济管理学、经济法学、生物工程、工程管理等多种跨学科专业，以及非医师性质的健康护理及护理管理类专业。到现在，德国应用技术大学基于社会需求将应用性专业涵盖到各行各业，其中不乏电子技术、能源、环境保护等新兴专业与学科。不仅如此，有些学校还开设了偏应用方向的自然科学类专业及人文社科领域的专业。从近十年来看，德国应用技术大学的经济、法律和社会类专业最受学生欢迎，招生人数逐年增加，在校生人数也最多，其次当属工程技术类专业[1]。

与时俱进、针对性强是德国应用技术大学区别于其他普通大学的特色，但是科学技术的快速发展使得产业、企业的需求及设备也迅速变化，在此背景下专业知识也需要及时更新与淘汰，这时通用基础知识的作用就日益凸显。因此，应用技术大学主要通过在部分专业领域下设专业方向及用宽泛专业来吸纳发展较窄的专业，从而不断调整专业设置，使其既具有专业针对性，又具有知识普适性，帮助学生在未来就业时更加得心应手，迅速适应工作岗位。比如，德国慕尼黑应用技术大学在其建筑工程专业下面又设立了公共建筑工程和建筑实施两个专业方向。除此以外，德国应用技术大学的专业设置还兼具地方特色和区域服务性。这与德国教育审批权的设置有关，各州享有自主决定的专业设置审批权，因此，各州各级政府着眼于实际调整专业设置。为了保护环境，合理利用当地资源培养实用人才，位于萨克森州的汉诺威应用技术大学就凭借其当地地势平坦、河流多和植被茂密等特点，基于当地资源开设专业，设立了建筑学和规划建造等专业[2]。

综上，德国应用技术大学在其超过半个世纪的发展阶段中，本着贴近就业市场的原则，其专业设置不断增设变化，但其对专业的应用性坚持是始终不变的。与此相同，课程体系也是随政府政策、社会发展、市场变化和知识的更新淘汰与时俱进，及时更新修订的。总体而言，德国应用技术大学课程设置以专业为主线，以职业应用为导向，兼具针对性、实用性和基础性。学校为学生在夯实基础知识阶段就提供了接触专业领域的机会。到以专业学习为主的时期，依然进行基础知识的训练，夯实学生的基础知识储备，以便学生

---

[1] 秦琳. 以应用性人才培养促进区域经济发展和国家竞争力提升：德国应用技术大学的经验[J]. 大学（学术版），2013（9）：60-66.

[2] 龙飞. 德国应用技术大学（FH）对我国新建本科高校转型的启示[D]. 重庆：西南大学，2015.

能够更好地应对就业市场更新变化，迅速适应工作岗位。

3. 双元制订单式培养的教学模式

德国职业教育以其有效的双元制培养模式而闻名，其职业教育居于世界领先地位。应用技术大学有高水平的发展得益于德国富有特色的职业教育模式，而且始终围绕着职业教育发展的实践教育目标，实现理论与实践的融合贯通。所谓双元制，是指校企合作共同育人的一种人才培养模式，注重将理论应用于实践，偏向于实践应用型人才的培养。上述的人才培养目标需要以经济社会发展为依托，教学内容由校企双主体决定，在校时间学习理论知识，去企业学习实践操作，充分肯定了企业在人才培养中发挥的重要作用。一般来说，校企合作的跨企业培训中心在德国大型企业中轻易可见，也就是培养企业后备军的实训车间。学生在企业学习的阶段，企业对培训内容、培训方法、场地、资金全程负责且全程监控，在这阶段企业占据主导地位，因此学生在企业的学习内容具有就业针对性。在这样的发展趋势下，应用技术大学和德国的企业产生了紧密联系，从而形成了产学研一体的校企合作模式。产学研合作建立在生产的基础上，换句话说，就是企业需要什么人才，当地产业需要什么人才，学校就要培养什么样的人才，并据此调整教学组织形式[1]。

具体来说，双元制的内涵包括以下几点：①校企联办体现了培训主体的双重性。②学校和企业的两个培训点反映了培训地点的双重性。③政府和企业联合投资反映了资金来源的双重性。④联邦和州政府两级的法律保障体系反映了法律监督的双重性。⑤专业理论教学和实践技能培训两套教学内容体现了教学内容的双重性。⑥在企业实施实践技能培训的教师和在学校教授基础课程和专业课程的教师共同实施培训，体现了教学团队的双重性。⑦学员在"学徒"企业的实际生产岗位接受职业技能培训，在学校接受基础和专业理论教育，体现了学员的双重身份。⑧企业的职业技能培训由行业协会根据相关法律进行管理和监督，学校的组织和管理由各州的教育部负责，体现了管理机构的双重身份。⑨学生通过参加资格考试和技能考试分别获得学历证书和职业资格证书，体现了考试和证书类型的双重性[2]。

在学制与教学上，早期的德国应用技术大学为三年学制。随着社会对毕业生知识技能要求的提高，在部分州的试点下纷纷加入了两个实习学期，相当于变成了四年学制，巴登符腾堡州和巴伐利亚州就属于最早进行这项改革的州。随后，德国以法律的形式明确规定了一般应用技术大学学制为四年学制。四年学习包括8个学期，分为基础学习阶段（前2~4学期，主要学习基础必修课程。学完后有中期测验，通过后进入下一阶段）和专业学习阶段（分专业方向学习选修课）。各州领导下的应用技术大学具体的学习教学安排不同，但实习学期的设置是其职业教育的重要组成部分。有的州要求应用技术大学设置一个

---

[1] 靳玉乐，廖婧茜. 我国大学卓越应用技术型人才培养的改革探索：基于德国应用技术型人才培养经验的探索[J]. 西南大学学报（社会科学版），2017，43（6）：60-66，194.

[2] 龙飞. 德国应用技术大学（FH）对我国新建本科高校转型的启示[D]. 重庆：西南大学，2015.

实习学期，有的州则规定两个实习学期。这种差异不仅体现在各州，还表现在不同学校和不同专业上，有的将实习学期分散到几个学期，有的学校将第3和第6学期作为实习期，有的专业则将实习期安排在第5、第8学期。因此，实习学期的设置是德国应用技术大学的特色，为了帮助学生提前理解工作岗位，帮助学生将理论应用于实践，切实做到了培养技术人才。学生在实习学期，可以学到在理论学习阶段学不到的解决实际工作问题、适应工作环境的思维方式、工作方法及沟通能力等。

（二）国际典型职业院校师资队伍建设的经验启示

通过对各国典型职业院校的比较发现，在师资队伍建设方面，美国、德国和澳大利亚典型的职业院校都具有以下共同之处：其一，拥有专兼结合的优质师资结构，且兼职教师队伍庞大；其二，高标准的任职资格要求及严格的聘任制度；其三，规范全面的教师考核制度；其四，不懈的教师继续教育及深入企业的进修模式。各国职业院校在探索发展过程中积累了宝贵的师资建设经验，这些经验在典型职业院校腾飞的实践中不断被证实，具有普遍性和推广性，给我国高水平职业院校的师资建设带来了很好的借鉴与启示。

1. 专兼结合的优质师资结构，庞大的兼职教师队伍

通过各国的师资结构比较，发现各国典型职业院校的师资结构及类型主要有两类或三类组成部分，虽有细微不同，但存在更为明显的共同之处，即都拥有专兼结合的优质师资结构以及庞大的兼职教师队伍。下面主要介绍对比德国应用技术大学、澳大利亚TAFE学院和美国社区学院三类职业学院师资队伍的构成情况。

德国应用技术大学的师资主要由三类人员构成，即教授、兼职教师和教学专业人员。应用科技大学的教授一般为C2、C3级，仅C3级教授就占一半，只有极少数教授为最高级C4级。除教授之外，应用技术大学的专职教师还包括其他教学专业人员，占教授人数的1/9。但实际上专职的教授与教学人员占总师资的2/5，兼职教师占到3/5。兼职教师中，普通教学人员是兼职教师的主要组成部分，教授的比例则相对较少。除此之外，还有部分承担教学或科研等辅助工作的助教。

澳大利亚TAFE学院的教师队伍可以划分为专任教师和兼职教师两大主要部分，其比例大约为1∶3，即相对于专任教师，兼职教师占了TAFE学院师资的绝大部分。其中，大多兼职教师都是各行各业的技术骨干，不仅自身拥有过硬的专业技术，而且对所在行业的市场发展前景具有超前的敏感性，对实践教学更有心得，能更好地开展教学指导。而专任教师长期在学院教学一线，专业理论和教学经验是其优势所在，是全天教学的中坚力量，因此专任教师成为TAFE学院最为稳定可靠的教师资源，为"双师型"教师队伍的建设奠定了坚实的师资基础。另外，TAFE学院大力支持专任教师加入行业协会，专业教师可以与行业产生密切的联系，第一时间为学生传递行业企业的发展态势，适时更新知识进而改进教学。

美国社区学院的教师结构和澳大利亚TAFE学院类似，分为专职教师和兼职教师两部

分。其中，由于专职教师工作稳定，有丰富的教学经验，熟悉社区学院的一系列规章制度和学校文化，对课程内容与学生学情把握更准确，学校会让其承担更为基础与核心的教学任务，聘用专职教师也会更谨慎。此外，部分专职教师还会兼顾社区学院的教学与管理，就像有的教师还负责专业招生、教师聘用等行政事务。专职教师对学校教学发展与日常运行都至关重要，在职业教育办学和教学运行中发挥基础作用。美国社区学院的兼职教师数量是极为庞大的，占教师总数的60%，比专职教师多1/5①。这些教师大多具有硕士及以上学位，其中博士学位占其总数的16%。兼职教师队伍吸纳了各行各业的专业人才，其中不乏教授、知名企业家、行业专家、管理人才和企业一线的技工，授课内容偏针对性和实用性。这种专技专教的教学模式使学校获得一线的人才需求信息，使教师增加职业收入与经验，让学生学到更为适应就业市场的内容，三方受益。

2. 高标准的资格要求及严格的聘任制度

德国应用技术大学对教师要求很高，有着严格的准入条件，尤其是实践能力方面，至少有5年的实际研究工作经历。一般高等学校的毕业生若想来应用技术大学应聘，要求四年制学习中必须有半年时间到工厂、企业实习的经历，且参加国家组织的二次职业技术教师资格考试，得到岗位资格证书，而兼职教师则由具有丰富实践经验的行业、企业技术专家担任。在德国应用技术大学，教师若想评教授职称需要满足两个条件中的一个，要么具有博士学位（不包括艺术类专业），要么在科研上有突出成绩。想要应聘终身教授，年龄不能超过50周岁。德国《高等教育总法》对应用科技大学教授聘任条件的规定包括：①高校毕业；②具有教学才能；③具有从事科研工作的能力（一般通过博士学位加以证明），具有从事艺术工作的特殊能力；④具有至少5年工作经历，这里面还必须要有在高校以外至少3年的工作经历，并有相应的成果。综合以上聘任条件，应用技术大学的教授需要兼具高水平的理论知识和丰富的实践经验，也就是理论联系实际（企业、市场动向）的能力。事实上，这与大多数应用技术大学聘任教授的标准相吻合。

美国虽然拥有多元化的教师任职资格标准，但是社区学院对教师专业与实践技能要求异常严格。一般来说，拥有高学位和企业实践经验的教师会被优先考虑。兼职教师大多来自美国企业，拥有专业技术或管理才能的人才，有丰富的实践经验，在培养学生的实践应用能力方面发挥着重要作用。据官方统计，美国社区学院的专兼职教师队伍大多数都是由拥有博、硕士学位的人才担任，教师职称可分为教授、副教授、助理教授和讲师四类，教学工作是其首要和主要任务②。总之，不论专职教师或兼职教师，都需要具备高学历，高学历是基本条件。

澳大利亚TAFE学院在教师聘用上提出了多方面要求，其中包括学历、技能证书、工作能力、实践经验的具体规定，形成了相对严格且明确的教师聘用制度。首先，在招聘及

---

① 彭跃刚. 美国社区学院发展与变革研究 [D]. 上海：华东师范大学，2017.
② 蔡明威. 高职院校办学特点的比较研究 [D]. 厦门：厦门大学，2017.

聘任要求方面，与德国应用技术大学、美国社区学院不同，TAFE 学院招聘并不面向高校毕业生，而是面向具有丰富实践经历的专业技术人才，具体要求如下：想要成为专职教师首先必须在学校任兼职教师 5 年，具备扎实的教学能力。TAFE 学院也非常注重兼职教师的选聘、培养和管理，符合要求的兼职教师一般兼具专业教学能力和技能训练指导能力。兼职教师必须同时具有任教专业领域 5 年以上的工作经验和双证书（职业资格证书以及教师资格证书)[①]。除了按要求完成日常教学，TAFE 学院教师还要深入相关企业进修和进行技能训练提升，这是教师的权利也是必须履行的义务。为了使上课内容紧贴企业发展，与时俱进，教师还需要参加专业协会活动。其次，在教师聘用标准方面，所有 TAFE 学院的教师必须完成培训所规定的教学任务。TAFE 学院专业教师的聘用标准相对更高，专职教师须具备以下条件：①大学本科以上学历；②专业教师资格证书；③专业四级以上技能等级证书；④拥有 5 年以上相关专业的实际工作经历。兼职教师大多是接受过至少 1 年的正规师范教育，拿到教师资格证书的行业技术骨干。专门教文化课的教师与兼职教师聘用标准类似，都需要接受过至少 1 年的正规师范教育，持有教师资格证书，但却对学历有更高的要求，需要硕士研究生以上学历[②]。最后，在聘用执行方面，为了以上一系列教师聘用标准能够按照规定切实执行，并且保证教师招聘能够达到标准化、合理化、公平化，TAFE 学院还专门成立了教师聘用委员会，该委员会由学院各个科系、人力资源部、行业的代表三方共同负责，三方起着相互监督、相互促进的作用。不仅在聘用上有严格的监督和审查流程，在聘用后，学生综合评价、毕业生就业情况以及学生的技能考核效果等都是能否正式聘用老师或继续聘用的重要参考依据，若发现教师不能满足 TAFE 学院的教师聘用标准，对学院教学水平的提升毫无裨益，学院有权通过人力资源部门申请，解聘该教师。

3. 规范的教师考核制度

澳大利亚 TAFE 学院构建采用了独具特色的 5A 教师评价体系，将学员评价（权重占 30%，包括知识与技能的掌握、教学态度、专业基础、教学手段、互动交流等方面）、TAFE 学院专家评价（权重占 20%，包括课程实施的效果评价、学员就业率、公开教学质量评价等方面）、行业专家评价（权重占 20%，包括教师专业技能、教师的专业发展是否符合行业发展需要、教师在参加行业组织的技能培训中的综合表现等方面）、学院内部评价（权重占 20%，包括教学工作完成情况、获得的各项成果及奖励等方面）及其他方面（权重占 10%，包括教学工作以外的日常表现、职业道德表现、社会评价）作为教师评价的主要内容，同时注重定量考评与定性考评相结合，从各个方面综合评价 TAFE 学院教师。

美国社区学院因其自身公共性的办学特点，与其他应用技术大学不同，其教师的主要

[①] 任梦，蔡晓棠，槐福乐. 澳大利亚 TAFE 发展历程、特点及启示 [J]. 职教通讯，2021（1）：122-127.
[②] 纪夏楠. 澳大利亚 TAFE 学院办学模式研究及对我国高职教育的启示 [D]. 南昌：江西科技师范大学，2014.

任务是教学而不是科研，且不强调科研，因此美国社区学院对教师的科研能力没有另外要求。教学工作是社区学院最基础、最核心的工作，因此教师是否做好了教学工作是衡量社区学院办学水平高低最重要的因素。每个社区学院都有其自身的管理制度，因此教师考核的方法也不尽相同。一般来说，社区学院的教师考核规范程度与学院规模成正比，即规模越大的社区学院往往拥有更加规范的教师考核标准。受办学性质影响，美国社区学院对教师的考核也是围绕教学进行的。在教师考核方面，位于美国得克萨斯州的奥斯汀社区学院就是美国社区学院教师考核的代表。此学院制定的考核制度明确规定了教工评价办法，且规定通过教学理念、教学材料、教学巡查、教师间互评、学生评教的收集整理，对任课教师进行一年一评。这就需要教师在上课时保留过程性资料或教学材料，作为评教时的支撑材料。这种规范的教师考核制度既可以及时发现教师的授课问题，对教师授课进行规范性的引导，保证教学质量，又可以和教师招聘和后期培养相辅相成，方便人力资源管理[1]。

4. 不懈的教师继续教育，深入企业的进修模式

德国高等职业教育通过立法的形式对专职教师继续教育和专业培训进行了规定，作为技术大学的教师必须参加继续培训。在政策引导下，各应用技术大学也为教师提供了多种多样不同水平的进修活动。甚至有许多学校设有专门供自己学校教师提高的培训和进修机构，安贝格-魏登应用科技大学就是典型案例，这所学校在校内专门为教师设置了继续教育培训中心，而且规定教授除参加校内培训外，还需要定期参加校外的进修活动。有些学校还设置了由上到下的四级教师进修网络，由州到州辖行政区，再到其下属教育局，最后到本校内部培训[2]。德国应用技术大学的教授需要始终与企业保持紧密合作，保证知识结构与科学研究始终与科技发展、生产实际同步，教授如果有意以脱产的形式来了解专业领域的最新实践状况，可以申请到公司工作一个学期，但这种进修机会非常宝贵，4 年仅有一次，有的联邦对此还发布了明确的规定，即每 4 年可以申请半年的学术假前往企业[3]。与教师切身利益联系最密切的就是晋升，德国进一步通过完善督学制度，各教育局每 4 年进行一次考核，将督学考核结果与教师晋升挂钩，而进修占考核成绩的很大权重，从而激励教师去参加进修。在此制度下，德国的职业院校也纷纷成立了本校的教师继续教育管理小组，来监督教师继续教育的参与度和实际效果。应用技术大学对其他教学人员的要求则没有分外的强制规定，具有一定的自主性，教学人员可以根据自身情况确定学习内容和学习方式，主要有参加会议和发表论文两种进修方式。

美国社区学院每年会固定拨付专门的经费给专职教师，鼓励他们参加教学研讨、课程培训、外出访学等活动，使其专业和技能发展能够与时俱进。具体分为以下三条途径：①与普通高等大学合作开设进修项目，安排具有针对性的实用课程，完成后还可以获得相

---

[1] 彭跃刚. 美国社区学院发展与变革研究 [D]. 上海：华东师范大学，2017.
[2] 汪文婷. 我国应用技术大学双师型师资队伍建设研究 [D]. 哈尔滨：哈尔滨理工大学，2015.
[3] 杨丽红. 高职本科旅游管理专业"双师"队伍建设研究 [D]. 昆明：云南师范大学，2017.

应的证书和学位。②企业研修。深入相关企业相关部门考察学习。③组建学习共同体，开展教学研讨，以研促研，以研促技。社区学院的教学中心会根据专业有针对性地安排相应教学与培训课程①。兼职教师往往采用在职培训，而不是脱产进修。除教师外，社区学院的管理者、助教等人员也必须通过社区学院设置的专业发展日参与集中培训。

澳大利亚 TAFE 学院主要从三方面进行继续教育，即提升学历、教学能力和综合素质。第一，在教师的学历提升方面，出于为突出贡献的教师提供提升学历的便捷途径和促使教师自我激励的双重目的，TAFE 学院积极与澳大利亚的普通高等院校谋求合作，双方建立长效合作机制。TAFE 学院的教师首先需要拿到本校校长的推荐书，其次还需要获得澳大利亚大学招生考试委员会的许可证明，满足以上两条，才可以进入合作大学攻读学士学位。这些教师需要一次通过合作高校专门为其准备的自主命题考试才能毕业。教师在拿到学士学位后，也依然可以选择继续读硕士和博士。第二，在教师教学能力的培养方面，TAFE 学院坚持"能力本位"的人才培养目标，切实提升职教师资的整体素质，特别注重教师教学能力的培养，其中包括专业理论知识的讲解、指导实践、熟练使用教学工具以及处理突发情况的能力等。为协调日常教学与培训的时间冲突，不耽误教师教学与培训，TAFE 学院还专门制定了教学与培训的轮换制度，如果教师因为教学没有办法进行培训，则会启用这个机制，通过轮换安排解决时间冲突。此外，TAFE 学院也非常重视实践教学能力培养。TAFE 学院不仅与各行业都建立了长效合作机制，还与许多优秀知名企业建立了人员互访机制，鼓励专任教师到企业中参与实践技能培训，培训时间至少 200 小时，而作为交换，企业可以派遣相同人数的在职人员到 TAFE 学院进行深造，也可以为企业在职人员提供获得学历文凭的条件；第三，在教师个人综合素养的提升方面，TAFE 学院一方面派遣本学院教师到澳大利亚著名大学进行短期进修，获得与知名大学教授长期交流互动的机会，来拓宽 TAFE 学院教师的学术视野与知识层面，并在 TAFE 学院与澳大利亚普通高校之间建立紧密的联系。另一方面邀请各个行业的优秀代表定期到 TAFE 学院为教师做报告，讲述行业发展的前景、如何克服实际工作中遇到的技术难题，传授实际工作经验等，重点提升 TAFE 学院专任教师在专业技术与实际工作方面的素质。此外，TAFE 学院还重视师德培养，定期举行师德教育，组织年度师德模范评选活动，并将师德考评作为教师评价的重要内容。

（三）国际典型职业院校校企合作的经验启示

校企合作是指高等职业院校与相关企业在制定人才目标、课程设置、技术创新等诸多领域进行合作，共同培养专业人才的行为。高职院校作为培养技术技能人才的主要基地，实施校企合作不仅有利于提高人才培养质量，而且有利于满足就业需要，实现学校、企业、学生的三方共赢，促进区域经济发展。2014 年国务院发布的《关于加快发展现代职业教育的决定》指出，要深化产教融合，鼓励行业和企业举办或参与举办职业教育，发挥

---

① 蔡明威. 高职院校办学特点的比较研究 [D]. 厦门：厦门大学，2017.

企业重要办学主体作用,强调了校企合作在高职教育中的重要地位①。国外开始校企合作较早,对校企合作的研究也更深入,更广泛,更成熟。虽然各个国家所采取的校企合作模式不尽相同,但积累的很多宝贵经验值得我们学习借鉴。如德国的"双元制"模式、美国的"合作教育"模式、日本的"官产学"模式等。

1. 构建政府主导、多方参与的管理机制

"双元制"指的是职业院校和企业进行合作,共同实施人才培养的过程,它是德国职业教育取得巨大成功的主要武器。"双元制"所进行的校企合作,表现出政府主导,学校、企业、行会共同参与的突出特征。其中德国政府主要在政策和财政上给予支持,如成立了产业合作委员会,专门负责调控与监督校企合作的相关工作,并为积极开展校企合作的学校拨款和给予企业补偿。为了促进学校与企业之间形成良好稳定的合作关系,德国联邦教育与科研部还设立了专门的资助项目推动学校开展校企合作项目。而学校和企业主要在人才培养、师资队伍建设、科学研究和教育管理四个方面开展合作,其中行业协会在"双元制"校企合作中发挥着重要的中介和桥梁作用,学生参加职业资格考试、获取技能等级证书、在企业实习乃至今后就业都需要行业协会的参与及协助。

社区学院作为美国职业教育体系的中坚力量,在围绕社区需求培养职业人才、服务区域经济发展等方面取得了巨大成功,其中重视实践教学,采取合作教育模式是美国社区学院办学的突出特色。在合作教育模式下,美国联邦政府通过校企合作的专项资金、税收减免、财政补贴等形式开展校企合作,向主动积极参与校企合作项目的企业实行免除课税等优惠政策,从而激励越来越多的美国企业参与到校企合作的队伍中去。州政府负责事务管理,学院董事会和院长则负责具体的工作。同时,为了更好地推进合作教育,美国政府成立了各种专门机构,沟通与协调学校与企业之间的关系。如1962年成立了国家合作教育委员会,1963年成立了美国合作教育协会,委员会与协会共同负责协调全美1 000多所院校的合作教育工作。

产学结合是日本高等职业教育的显著特点,因为在产学结合模式下,政府起到了主导作用,所以日本的产学合作模式往往又被称为"官产学"模式。日本"官产学"模式类似于我国的"产学研合作",其中"官"指的是政府机构及其相关部门,"产"指的是企业、行业,"学"指的是各个高校与科研机构。在"官产学"模式下,政府负责制定相关政策,对产学合作进行宏观调控和提供财政经费支持,行业协会、科技协会和学术协会负责具体工作的管理与执行,并通过创办中介机构——"产学恳谈会"积极促进"官产学"三方合作;企业为学生提供实习实训的地点,帮助学生积累在企业工作的经验,了解所在行业最新的科学技术知识,并为科研项目提供必要的经费资助,促进科研成果转化;学校和科研机构则根据企业岗位需求,提供必备的师资、人员、设施设备等,培养所需的高层

---

① 中华人民共和国国务院. 关于加快发展现代职业教育的决定:(国发〔2014〕19号)[A/OL]. (2014-05-02)[2021-03-04]. http://www.gov.cn/zhengce/xxgkzl.htm,2014-06-22/2014-08-16.

次技术技能人才。政府、企业、学校三方权责统一，分工明确，使校企合作的运行组织规范、管理有序。

2. 形成联合培养、多方共赢的育人模式

德国应用技术大学为德国经济社会发展提供了源源不断的人才资源保障，被喻为"德国工程师的摇篮"。卡尔斯鲁厄应用技术大学作为德国最有代表性的应用科技大学，其"双元制"的校企合作育人模式为我国当前高等职业院校发展提供了许多可借鉴之处。在教学方式上，卡尔斯鲁厄应用技术大学通常采用项目教学法，让学生能参与企业生产经营中的实际工程项目，使学生真实体验到项目工作中遇到的实际问题和困难，帮助学生提高解决复杂实际问题的能力。在教学内容上，学生在入学前会先与企业签订合同，根据岗位到相应的职业学校学习普通文化知识和专业理论知识，根据实习安排接受相关技能培训。因此学生拥有学生与职工的双重身份，他们要同时兼顾在校学习和企业生产实践两方面的内容，并且实践教学内容占到了全部教学内容的40%以上。在实习实践中，应用技术大学学士的学制一般为3~4年，并且要求学生在企业实习的时间不能少于1年。如卡尔斯鲁厄应用技术大学，实习期间学校会依据人才培养方案制订学生的实习计划，并建立专门的联络机构与企业负责培训的人员进行沟通和协调，企业则会为学生提供相应的工作环境、岗位以及专业技术指导。实习结束之后由学校和企业的指导教师共同进行考核，确定学生的实习成绩。在毕业设计中，应用技术大学的学生通常会在实习学期中完成毕业设计，学生根据实际工作中遇到的问题来确定选题，并且由学校教师和企业的技术专家共同进行指导。据了解，有超过一半的卡尔斯鲁厄应用技术大学学生是在实习企业中完成自己的毕业设计或毕业论文的。学生通过实习不仅明确了自己毕业论文与设计的方向与主题，而且在企业真实的环境中积累了实际的工作经验，为日后真正走上工作岗位奠定了基础。

合作教育是把课堂学习和与学生专业或职业目标相关领域内的有报酬的、生产性的（有成效的）工作经验结合起来的一种教育计划[①]，它贯穿美国社区学院"招生、教学、实习、就业"的全过程，通过校企协同育人，培养综合型的素质人才。在培养方案上，以为学生提供真实的工作环境为目标，以学生现实发展情况为出发点，以激发学生兴趣为重点，校企共同制定并监督人才培养方案的实施。在课程设置上，注重贴近企业实际需求，会聘请当地与社区各个部门保持密切联系的著名人士担当课程顾问，听取他们对课程设置、课程内容、教学编排等方面的意见和建议。在教学方式上，学生一部分时间在校学习，一部分时间在企业劳动，有时学院会邀请企业的相关人员来讲课，提供与岗位发展密切相关的新知识、新技术等内容。这种模式不仅提高了学生的实践技能，为毕业后更好地适应工作要求打下了坚实的基础，而且有助于教师掌握企业最新发展动态，并且为企业选拔优秀员工创造了条件。

---

① 徐平. 美国合作教育的基本模式[J]. 外国教育研究，2003 (8): 1.

在"官产学"合作模式的引领下,日本高职教育的校企合作模式主要分为以下四种:一是高校与企业共同设置人才培养计划,联合培养高层次人才。如 2005 年由产业界和大学共同建立协会,在全国 36 个地区开展的"制造业骨干人才培育事业"计划,不仅为企业技术人员传授最新研究动态、知识和技能,而且为大学研究生提供一系列技术研究与市场相结合的项目以及实习场所和机会①。二是由日本大学与产业界建立"共同研究中心"培养专门人才。三是由政府主导,产业界、教育界和社会联合培养创业人才。四是企业委托各类高校或社会机构培养所需的各类人才。由此可以看出,日本"官产学"合作模式的范围之广、涉及对象之多,培养了大批复合型高层次人才,发挥了巨大的人才培养效能。

3. 搭建法律为基、政策引导的制度体系

德国历来重视依法治教,在高等职业教育方面,德国政府也通过制定一系列法律政策保障校企合作的有效实施。1969 年,德国政府颁布《职业教育法》,对职业教育培训中双方的权利与义务、培训者的资格、培训的内容及组织等做了详细的规定,之后颁布的《职业教育条例》成为企业组织参与职业初级教育教学的直接依据②。1972 年德国政府颁布《联邦政府与州文化部长就职业教育领域教育条例和框架教学计划协商程序的协议》,这是第一个以校企合作为规范对象的专项协议,成为联邦和各州协商职业教育基本问题的重要手段③。1981 年颁布、1986 年修订的《联邦职业教育促进法》,细化了职业教育中的企业、学校及政府的职责、权利和义务。1996 年,德国科学委员会通过《对应用技术大学双轨制改革的建议》,明确了学校进行校企合作、学生在企业中学习实践的重要性。除此之外,相关行业和主管部门还共同制定了针对本行业职业教育的具体实施办法和条例,规定的内容涵盖职业教育中各方的关系、权利义务、培训机构的设置、培训教师的资质,以及本行业职业教育的培养目标、专业设置、学制与管理等④。一系列内容丰富、可操作性强的法律体系为德国高校校企合作的发展"保驾护航",促使双方形成了共生共赢的深度合作关系。

美国联邦政府通过颁布一系列政策法规明确校企合作的目标与方向,为校企合作的顺利进行提供有力的法律依据。1862 年,《莫雷尔法案》颁布,美国政府在法律层面上规定高等院校要为社会生产服务。1914 年,美国在颁布《促进职业教育法》后成立了专门委员会研究职业教育的需求、联邦拨款、联邦法律资助等。20 世纪 70 年代,在激烈的市场竞争背景下,美国企业要求劳动者应具备过硬的实践能力和专业的理论知识,促进了学校与企业的合作。1984 年美国政府颁布《伯金斯职业教育法案》,规定联邦政府可以通过拨款推动政府和私人企业在职业教育领域开展合作,鼓励行业企业和学校及相关教育机构建

---

① 宋姝婷,吴绍棠. 日本官产学合作促进人才开发机制及启示 [J]. 科技进步与对策,2013,30 (9):144.
② 黄华. 对德国"双元制"职业教育的考察与思考 [J]. 教育探索,2010 (3):152.
③ 涂宝军,丁三青,季晶晶,等. 德国应用技术大学校企合作机制及其启示 [J]. 江苏高教,2018 (4):105.
④ 马铮. 德、日、澳职业教育产教结合、校企合作的比较研究 [J]. 教育与职业,2012 (33):21.

立密切的合作关系，共同制定培训项目和培训课程①。1994年5月，时任美国总统克林顿签署《学校至职场机会法案》，细化了校企合作模式，强调了在校企合作中各角色应承担的工作和任务，同时以法律的形式把校企之间的合作固定下来，使职业教育的发展与法律法规的制定与完善同向同行。

政策法规为日本校企合作的发展奠定了坚实的基础。"二战"后，面对愈演愈烈的国际竞争态势，日本认识到增强自主创新力，大力发展科技才是国家富强、经济发展的核心要义。1947年3月，日本颁布《教育基本法》，明确地提出了把职业训练作为教育内容。同年4月，日本颁布《劳动基准法》和《职业安定法》，明确规定了劳动者接受职业教育的目的和必要性，强调职业教育是劳动者的基本权利和雇主的义务，职业教育应遵守相关法律，即企业必须让从业者接受劳动教育，这为今后日本企业广泛开展企业内职业教育奠定了法律基础②。1958年，日本颁布《职业训练法》，后经1969年、1978年、1985年三次修订，基本明确了职业培训与学校教育的关系，并规定了培训人员的资格、教材的选择、培训科目、培训时间及技能鉴定等③。1960年日本出台《国民收入倍增计划》，提出今后更重要的是推进产学合作，这标志着日本产学合作教育制度的最终确立。1968年，日本大学生因抗议学费上涨引发了"学园纷争"，使得日本大学与企业的合作几近停滞。1995年日本政府正式通过《科学技术基本法》，确立了科技兴国的基本方针，校企合作重新被提上日程。2000年4月，日本颁布《产业技术力量强化法》，明确了国家、地方、学校及其他社会机构在加强校企合作，提高产业技术竞争力中应履行的义务和承担的责任，破除了之前日本在校企合作中所遇到的阻碍，为促进产学结合疏通道路。2006年日本颁布《中小型企业劳动力确保法》，鼓励中小型企业积极参与职业教育，推动职业教育的发展。2008年日本公布《教育振兴基本计划》，针对当前及今后一段时期日本所面临的教育问题，提出了"教育立国"的具体方针和措施，围绕培养高素质技能人才强调要大力推进职业教育，加强学校与产业界、地区社会共同参与国家的人才培养，推进了校企合作的实施。"二战"后，日本及时认识到校企合作在服务经济发展、提高职业教育质量方面的重要性，通过一系列政策法规大力支持校企合作的发展，使日本经济快速恢复，在世界经济范围内占据领先位置。

（四）国际典型职业院校科技创新的经验启示

2019年，教育部等九部门印发《职业教育提质培优行动计划（2020—2023年）》，提出要加快推进职业教育现代化，促进职业教育服务科学技术创新发展，更好地支撑经济社

---

① 尹金金. 德、美、日职业教育校企合作制度比较研究：基于历史视角与特征的分析［J］. 职业技术教育，2011，32（19）：87.
② 马铮. 德、日、澳职业教育产教结合、校企合作的比较研究［J］. 教育与职业，2012（33）：21.
③ 马铮. 德、日、澳职业教育产教结合、校企合作的比较研究［J］. 教育与职业，2012（33）：21.

会持续健康发展①。随着高职院校内涵式发展的不断推进，高职院校的科技创新功能逐渐被放到了重要位置。其中，德国应用技术大学深受洪堡大学"教学与研究相结合"的教育理念影响，在科技创新上为我国职业教育的高质量发展提供了优秀的经验借鉴。

1. 服务区域发展

在德国，高等学校、非营利性科研组织、国家研究所和私营部门科研组织是德国四个主要的科研部门，其中高等院校作为国家科研体系的重要组成部分之一，主要依靠开展应用性研究提升国家科研能力，促进国家经济社会发展，提高国家综合实力。德国应用科技大学通过联邦政府实施的"创新型区域发展核心""创新能力中心"等计划，积极与地方政府、基金会等开展合作，建设本区域的知名科研中心，使学校的科研工作融入以企业为主体的区域经济发展之中，不仅解决了区域经济发展过程中所遇到的重大现实问题，而且对增强学校影响力，推动区域经济发展起到了一定的积极作用。

2. 团队实力雄厚

德国应用技术大学十分重视科研团队建设，形成了结构合理、分工明确、实力雄厚的科研团队。在团队结构上，应用技术大学形成了包含教授、高级助教、大学讲师、学术助教和专职特聘教师等在内的科研团队，并且打破传统年龄限制，创新青年教授制度，尝试为青年人才提供更多的发展机遇。在团队分工上，应用技术大学实行教授负责制，教授享有项目（课题）申报资格，负责根据企业需求设立科研项目，确定科研方向、技术开发类型和分配科研任务，其他相关人员在教授指导下负责具体实施科研项目，开展研究工作。在团队合作上，除了教授与企业对接，应用技术大学还积极鼓励在校师生和企业专家开展深入合作，充分发挥各自优势，共同开展科研项目。

3. 科研机构多样

德国应用技术大学的科研机构体现出"宏观与微观、外部与内部相结合"的特点。在宏观层面上，德国政府负责制定与完善相关制度条例，并进行监督与实施，为科学研究创造一个良好的外部环境。在微观层面上，各个高校、科研院所和企业则可以在半自治状态下享有独立决策权，负责各自的科研事务管理和运行。其中大多数应用科技大学在内部设有应用技术研究所、产品研究中心、技术推广中心等机构，负责对外实施科研合作，不仅帮助企业解决实际问题，实现技术创新，而且促进了学校整体科研水平的提高，实现了科学研究与人才培养的有机统一。近年来，也有许多应用技术大学建立了跨专业的独立研究机构，促使不同专业领域的教师、学生、科研人员共同进行科学研究，解决复杂的综合问题。为了弥补研究基础相对薄弱的缺陷，应用技术大学与综合型大学开展博士生联合培养项目，寻求科研上的指导和帮助。

---

① 教育部等九部门关于印发《职业教育提质培优行动计划（2020—2023年）》的通知（教职成〔2020〕7号）[EB/OL].（2019-09-16）［2021-03-08］. http://www.gov.cn/zhengce/zhengceku/2020-09/29/content_5548106.htm.

4. 经费投入充足

近年来，德国政府不断出台一系列扶持政策，加大对应用技术大学专项科研项目的投资力度，以提高学校的科研水平，增强国家的科技竞争力。通过积极推动应用技术大学科研经费的多元化筹措，形成了两线并行，联邦政府、州政府、工商界和欧盟四方共同参与的科研经费投入体系。其中一线称为"基本资助"，主要指联邦和州政府为应用技术大学提供教职工薪金、实验设备投资和图书经费等基本资助经费，约占高等学校总科研经费预算的2/3。另外一线称为"科研项目资助"，也叫作"第三来源资金"，主要指联邦和州政府、德国科研协会、欧盟、工商界资助高等学校开展科研项目，约占高等学校总科研经费预算的1/3。如下萨克森州（Niedersachsen）的科文部于1991年成立了"革新项目工作组"，每年资助本州应用科技大学的科研项目。为了争取科研经费，各个高校往往会展开激烈的竞争，由此也产生了一些不可避免的副作用，如人才流失、管理机制不健全、分配不公平等。另外，为了提高应用技术大学与校外伙伴联合从事科学研究的能力，1992年联邦教育与科研部启动了"应用技术大学的应用性科研和发展"专项资助路线，2003年更名为"应用技术大学与经济界联合从事的应用性科研"，将资助重点放到了应用技术大学与经济界的合作上，促进了当地经济的发展。

5. 成果转化快捷

德国联邦政府教育与科研部指出：应用科技大学的科研是以应用为导向和贴近实践的，并不是去寻求最高真理，而更多的是寻找马上可以得到实施的问题解决方案[①]。因此，德国应用科技大学非常注重应用研究，尤其是科技成果的转化工作。一方面，应用技术大学的很多教授都拥有丰富的企业实践经历，所从事的科研项目大多能够直接面向企业，这大大提高了科技成果转化的速度和效率；另一方面，许多应用技术大学与校外技术服务机构展开合作，促进科技成果的创新和高质量转化，其中最负盛名的就是史太白基金会。通过成果的快速转化，不仅提高了学校的科研竞争力，而且降低了企业科技创新的成本，促进了企业和区域经济的发展。

（五）国际典型职业院校社会服务的经验启示

人才培养、科学研究、社会服务与文化传承被喻为现代大学的四大基本职能。社会服务作为高校的第三大职能，是指高等学校充分领悟国家的办学目的，利用自身的资源，主动满足社会需求，为社会服务的过程。高等职业教育作为与区域经济发展密不可分的教育类型，提高社会服务能力在深化高职院校内涵发展、促进产业转型等层面具有重要意义。2019年3月，教育部等在《关于实施中国特色高水平高职学校和专业建设计划的意见》中指出，高职院校要提升服务发展能力，其中包括"拓展社区教育和终身学习服务"[②]。

---

① 杨聪，孙宾宾. 德国应用科技大学的科研定位及对我国高职院校的启示 [J]. 价值工程，2015，34（2）：261.

② 教育部，财政部. 关于实施中国特色高水平高职学校和专业建设计划的意见 [Z]. 2019.

美国社区学院作为美国高等教育的"最佳特色"和伟大革新，为美国经济社会的发展做出了突出贡献，对我国高水平高职院校提升社会服务能力具有重要的借鉴意义。

1. 以服务社会为宗旨

社区学院扎根在社区，办学目标就是为社区服务。1902年美国第一所社区学院——伊利诺伊州乔利埃特初级学院成立，创立伊始就将"服务于全体公民"作为其办学理念。1921年年初美国爆发经济危机，经济遭受重创，面对随之带来的公司倒闭、银行破产、大量人员失业等现象，许多社区学院开始为当时受经济危机影响的社会人员开办实用技术培训班，这些培训班大多周期短，课程内容实用，符合当下公众的社会需求。部分社区学院还开设了很多适合当地社区居民学习的课程，为他们提供所需的技术支持和心理咨询，受到了极大欢迎。1946年美国将"初级学院"更名为"社区学院"后扩展了其社会服务范围，所提供的教育服务对象涵盖了各个年龄阶层的居民，并逐渐将招生对象扩大到成人、贫困家庭学生、偏远地区学生等，为他们将来掌握某项专门技能奠定了基础，同时也为社会经济发展输出了人才。历经100多年的发展，美国社区学院已成长为集转学教育、职业教育、社区教育、补偿教育为一体的综合型社区，但社会服务功能却一直贯穿于社区学院发展的全过程，并不断拓宽社会服务职能，将社会服务发挥到了极致。

2. 以开放的教育理念为根本

美国社区学院通常被喻为"没有围墙的学校"，其开放的教育理念主要体现在以下三个方面：第一，招生对象的开放性。美国社区学院以"全纳教育"为指导思想不限制招生对象，学生只需凭借高中毕业证和成绩单或同等学力就可以入校学习，并且收费较低，学费大约为四年制高等教育的1/3，授课时间和学制也比较灵活，所以社区内不同年龄、不同层次、不同需求的居民都可以进入社区学院学习，这不仅为大量经济困难的学生提供了接受高等教育的机会，也为当地企业提供了大量实用型人才，推动了高等教育的公平化和大众化，也在一定程度上助推了当地经济的发展。2014年，美国田纳西州推行"田纳西承诺计划"，以免费资助的方式吸引更多学生进入社区学院学习，获得了很大成功，为新时代背景下我国高职教育改革发展提供了有益经验。第二，教学资源的开放性。社区学院的教学资源主要来自三方面，一是来自政府投入的图书馆、博物馆、体育馆等公共资源，他们都可以为社区所用并为之提供公益服务；二是来自各个企业、工厂投入的实习场所、设施设备等技术资源，学生不仅可以使用，并且可以接受相关的技术指导服务；三是来自各个领域的企业家、专家、管理者、高级工程师等提供的智力资源，他们通过担任兼职教师或者志愿者的形式为社区学院提供更为贴切、实际的服务。第三，教学方式的开放性。社区学院大力推行远程教育，学生可以不受空间、时间限制，根据自己的需求学习相应的知识，获取所需要的学分。

3. 以多元的课程体系为抓手

美国社区学院在"终身学习"教育理念的引导下，针对不同的目标群体构建了以转学课程、补偿教育课程和职业与技术教育课程为主的课程体系，为社区居民提供了多元化的学习服务。转学课程是专门为获得副学士学位后准备继续申请四年制大学的学生设计的，与四年制大学的学士学位课程相衔接，为了帮助他们顺利申请四年制大学继续深造，社区学院通常设有顾问，为他们提供相关的咨询和帮助。补偿教育课程是专门为文化素质和基本技能较差，没有达到中学毕业的要求而进入社区学院的学生开设的，其主要内容包括读、写、算等基础课程[①]。职业与技术教育课程则是为想要继续进修或者想掌握一技之长的人们开设的，因此种类非常多，涵盖范围也非常广，学习者可以根据自己的兴趣、需求、目标自由选择学习内容，并且考虑到选择职业技术教育课程的大部分学生是半工半读，所以社区学院大力推广在线课程和网上教学，帮助学生兼顾工作和学习，既方便了学习，也降低了学习成本。

社区学院力求打造一个全方位、多角度的学习服务平台，满足社会各个阶层、各个层面不同的学习需求。所以，除了系统的课程体系外，社区学院也常常开设知识讲座、音乐、舞蹈、绘画、体育、烹调、写作、科技、计算机和企业管理等课程。现在大部分社区学院已成长为一个尊重、重视多样性和终身学习的综合型社区，受到了越来越多人的欢迎。

4. 以完善的管理体制为保障

美国社区学院被公认为世界上最成功的社区高等教育模式之一，能取得如今的成绩离不开完善的管理体制。由于美国各州主要承担教育管理的法律职责，负责当地社区学院的运行与发展，所以各州社区学院密切联系实际，以为地区经济发展服务为办学方针。各州社区学院的管理体制大体可以分为四层：最高层是社区学院董事会和董事长办公室，董事会成员主要由社区居民内热衷教育事业、有一定地位的社会法人、企业家或行业专家组成，通过顶层设计管理本州社区学院的发展，满足社区需要。第二层是咨询委员会，协助董事会和董事长的相关工作。第三层是社区学院基金会，一般联邦政府以专项拨款的方式支持社区学院办学，但社区学院基金会属于民间非营利组织，通过为学院购买项目、设备等提升学院的办学质量。第四层是就业服务网站，现代信息技术的快速发展和广泛运用不仅推进了社区学院管理的科学化、规范化和信息化，而且为学院的毕业生提供了大量的就业渠道。

为了加强各州之间社区学院的联系与交流，促进社区学院相互学习成长，美国还专门设立了全国性的社区学院协会，在相关政策研究、争取办学经费、发布相关信息等方面发挥着关键的作用。

（六）国际典型职业院校治理体系的经验启示

国外职业院校和专业建设基于其不同的社会管理制度、文化历史传统和教育层次任

---

① 王波. 彰显职业教育特色的美国社区学院办学及其启示 [J]. 兰州石化职业技术学院学报, 2008（1）：59–60.

务，其管理体制、运行机制、民主治校、两级管理、办学经费、质量评价体系等治理要素各具特点，造就了具有独特优势的各国治理模式。纵观国际，大致可分为以德国为代表的权力制衡治理模式、以英法为代表的校长集权治理模式、以美国为代表的董事会授权治理模式、以澳大利亚为代表的三方联合治理模式等①。各个国家建立了一系列制度，采取了一系列措施，力图提高职业院校的决策和执行效率，保障教育教学质量和人才培养质量，规范学校的权力运行。在不同的治理模式中，可总结凝练出一些通用、普遍的共性，为我国探索中国特色高水平职业院校的治理体系和治理能力提升提供启示与借鉴。

1. 以立法战略为导向的国家全面统筹管理

与我国相似，在各国的职业教育治理体系中，政府是学校外部治理中的主导者。国家以设立行政部门、发布法律法规、部署国家战略等多种方式来指导和参与职业教育建设，通过实行宏观层面的统筹和调节，设计、规划、规范国家职业教育发展的目标任务与方向前景。

从教育立法来看，各国实行依法治教，建立健全了相关的法律法规和政策体系。以德国为例，该国是地方分权制国家，其行政管理和教育立法都实行分权模式。首先由联邦议院立法，制定相关的政策和举措，设计教育培训的内容，各州再根据本州的实际情况对联邦政府的规定和措施颁布补充条例，形成一系列法律制度，教育管理主权在州。总的来说，德国应用技术大学发展中的法律法规主要有联邦政府制定的《联邦职业教育法》《高等教育法》《手工业条例》《实训教师资格条例》等，以及各州制定的《职业学院法》和《职业培训条例》等②。

从专设机构来看，各国除了制定职业教育相关法律、政策之外，还会设立专门的管理机构，以全面统筹职业教育发展和职业院校建设。以澳大利亚 TAFE 学院为例，该学院专门设立了国家培训局、科学和培训部，要求各州的教育行政部门和获得授权的机构共同治理，从根本上把控 TAFE 学院的注册资格，在各级政府的中间，建立了一个国家质量委员会——州和领地的注册/课程认证机构——职业院校、行业的自上而下的职业技术教育运行框架。德国与美国一样，实行州级管理，但是德国并未设立一个最高级的教育行政部门来管理全国的职业教育工作。

2. 以拨款机制为保障的多元混合经费体系

无论是政府统筹还是市场运营，各国治理职业教育的重要手段之一就是经费投入。除了政府的专项拨款之外，各国一般会根据具体情况采用企业资助、项目招标、个人赞助等多种筹集资金的方式，形成了各具特色的政府投入与社会资助相结合的多元经费投入体系。

---

① 于锦绣. 国外公立职业院校内部治理结构模式及其启示：以英、法、德、美四国为例 [J]. 连云港师范高等专科学校学报. 2017（12）：78 - 82.
② 龙飞. 德国应用技术大学（FH）对我国新建本科高校转型的启示 [D]. 重庆：西南大学，2015.

1917年，美国为进一步确立和规范联邦政府的领导和统筹地位，发布了《史密斯-休斯法案》。这一法案从立法上规定了政府应加大职业教育的经费投入①。1963年，美国国会又商议通过了《职业教育法》，自此，职业教育培训人数不断激增，其经费的投入也随之而增长，据统计，仅1965—1968年的三年间，美国在职业教育发展方面的投入总额就从6.05亿美元急速增长到了14亿美元②，实现了成倍数的提升。尽管美国各州的经费投入和筹措的路径不同，但总的来说，社区学院经费的主要来源是联邦政府、州政府以及当地税收，其中大部分来自州政府及当地税收。据统计，全美社区学院大约38%的经费来自州政府税收，20%来自当地政府拨款，20%来自学费和杂费，剩余的则由其他形式的资金来源补足③。此外，社区学院的建设也获得了工商界的支持和资助，他们更多地关注社区学院的教学工作，投入资金帮助学校改善教学条件，甚至提供奖学金。除此之外，社区学院通过国外留学生扩招和社区服务项目，获得了一定的收入，也在一定程度上增加了办学经费。

澳大利亚TAFE学院的经费以政府直接拨款为主，此外还包括项目招标、行业企业及个人投入。从政府拨款来看，澳大利亚的各级政府每年都设有专门预算，一般是30亿澳元，但在实际拨款时都会多拨付10亿澳元左右，以满足TAFE学院建设发展的需要。同时，TAFE学院还有一项独特的市场投入方式，利用竞争和招标，由不同学院自行设置培训计划，再由政府评估来确定购买哪个学院的方案，通过该种方式投入经费④。

德国职业教育的独特之处就是经费的多元化。除了政府经费投入外，还存在政府资助、企业直接资助、企业集资资助、企业外资助和个人资助等多种形式⑤。政府资助主要来源于联邦教育与研究部、联邦经济和技术部、联邦劳动局、联邦就业、商业、教育与文化各部委、州政府、地方政府。德国培训资金的主要来源其实是企业的直接赞助，以社会办学的方式，由独立的中大型企业出资成立属于自己的培训机构。这种直接资助的形式无疑会导致市场的不公平竞争，因此，德国设立了企业集资资助的方式，由行业内的几个企业合作设立培训机构，以基金会的方式进行投入。企业外资助相当于间接投入，利用国家的税收优惠帮助企业投资。个人资助实质上是一种培训收费，人们可自愿选择培训，来实现自我能力的提升和职位的晋升。

3. 以跨界合作为主体的社会力量协同治理

纵观各国的内部治理模式，大都采用的是多主体、跨界式的共同治理，政府机构主要是在整体和宏观上进行调控，对参与职业教育的行业协会、研究协会以及雇主协会等社会力量进行鼓励、支持、监管、协调；社会多元主体则以协调的方式全面参与职业院校的内

---

① 李薪茹，韩永强. 西方发达国家职业教育治理对我国职业教育发展的启示 [J]. 职教通讯，2016 (3)：65-68.
② 石伟平. 比较职业技术教育 [M]. 上海：华东师范大学出版社，2001.
③ 刘兰明. 从美国社区学院开放性看我国高职教育 [J]. 中国高等教育，2002 (5)：45-46.
④ 任梦，蔡晓裳，槐福乐. 澳大利亚TAFE发展历程、特点及启示 [J]. 职教通讯，2021 (1)：122-127.
⑤ 江红英. 中德高等职业教育比较研究 [D]. 保定：河北大学，2004.

部治理，是职业教育发展的重要力量。总的来说，各国职业院校内部治理中主要有两类社会力量参与①。

第一类是行业协会。职业院校为各行业和用人单位培养合格人才，因此行业协会在很大程度上参与了职业院校的建设和管理。以澳大利亚 TAFE 学院为例，澳大利亚行业协会的参与主要是通过两种方式实现的：一是与政府的合作。各州政府一般会通过设立顾问机构来参与办学，不同行业立足自身的需求和影响力，参与培训机构的宏观调控和政策制定。二是与职业院校的合作。在 TAFE 学院中，一般都设立董事会，作为学院的最高权力部门，行业协会可以通过董事会直接参与 TAFE 学院的课程开发、专业设置、培养目标以及教学评价等方面的活动；同时，TAFE 学院每个年度会邀请教学顾问，基本由行业企业的专家代表组成，他们担任兼职教师，参与教学和课程建设；同时也会参与投资实习实训基地建设，所建成的实训中心按照出资比例决定所有权，实现资源共享，优化资源配置。

第二类是雇主协会与教育机构。这类社会力量主要从市场和人才需求的角度，参与职业院校的专业建设、课程体系建设和人才培养。以美国的国家职业技术教育创新中心为例，自 2012 年 7 月成立以来，该机构通过鼓励国际承包商（RTI）、企业劳动力系统、国家运输 ITS 通信协议（ITCNP）、乔治城大学教育与劳动力中心（CEW）、加利福尼亚大学就业中心、风行者公司、Mercury 实验室等组织参与，把人才培养与市场需求真正连接在一起。这一机构通过调研了解现有教育水平和劳动力市场现状，主要分析职业教育人才的供给现状，研究人才培养与社会经济发展的适应性，以探索改进职业院校培养模式。

4. 以权力制衡为核心的内部管理运行机制

各国的治理体系虽有各自的特点，但大致具有一定的通用性，那就是以制度的顶层设计来合理分配利益相关者的权责，以期实现多元社会力量的共赢，用共同利益维系共同治理，以共同治理实现共同利益。

在现代大学制度规范下，德国应用技术大学已逐步形成了适应自身发展的、较为完善健全的内外治理体系。这一治理模式强调分权设立，将决策权、执行权和监督权放在不同的机构和部门，同时又强调教授、学生、企业等广泛灵活的参与。从内部管理体制来看，校议会、校务会、校监会构成了德国应用技术大学的内部管理机制，其中，校议会是决策机构，负责审议通过专业设置与调整、校长人选提名、教授任免以及经费预算等重大事项，行使决策权；校议会一般由校长、副校长、教授代表、教职工代表和学生代表组成②，教授对重大事项决策具有绝对优势，一般来说，每届任期是 3 年，每年召开六次会议。校务会则负责执行校议会的决策部署，行使执行权；一般由 1 名校长和 3 名副校长组成，负责统筹学校行政，对校议会负责。监督权是校监会的主要职责，由经济界（企业）人员、州教育部人员、校议会人员组成，实施对校务会和行政部门的全面监督。董事会是应用技

---

① 李薪茹，韩永强. 西方发达国家职业教育治理对我国职业教育发展的启示 [J]. 职教通讯，2016（3）：65–68.
② 席茹，沈鸿敏. 德国双元制与高层次应用技术型人才培养 [J]. 世界教育信息，2015（24）：12–16.

术大学的最高管理机构,校长实行聘任制,直接管理全校的教授,常务副校长则是终身聘任,直接管理除教授以外的全校其他员工,行使州教育部门监督校长行使权力的职责。

5. 以学术自由为基础的教授治学民主治校

学校是一个具有教育特色和学术特色的社会组织,应当具备学术权力和自由,这同时也是办学目标得以实现的前提和基础。依据科学治理精神,罗伯特·伯恩鲍姆提出,院校应有两种合法权力:一种是法定的董事会和行政机构所拥有的行政权力;另一种是教授基于学术权威的专业学术权力。为了平衡这两种权力间的微妙关系,才形成了职业院校的内部治理。当行政权和学术权发生冲突、利益出现失衡时,学术自由的理念要求校长应该将重点放在维护教授的主体性和自主性方面。

德国应用技术大学的成功,其最重要的基石之一在于教授负责制。在应用技术大学中,教授的地位非常高,对于专业如何设置、课程如何开设、教学如何组织、实验实训如何开展、科研经费如何管理等都有较大的建议权和决定权,且具有只负责上课或只进行科研的自主选择权,这一学术自主、摆脱依附、不受行政限制的完全学术自治也成为德国应用技术大学在世界范围内广负盛名的一大特色。同时,学生在治校治学治教中的参与度和决策权也是很高的。比如德国应用技术大学的专业一般设有专业管理委员会,包括教授6人、科学工作人员1人、技术教师1人、学生代表2人,还有1个妇女代表,这11人在学校的重大决策中都有表决权。另外,系、校学生联合会的学生代表可以参加校长联席会议,在会议中可以提意见和建议,但无表决权;在州教育部门每5年一次的学校专业认证评估中,专家评审团都会设有2名学生代表参与评估过程[①]。这一系列举措保证了学生能够通过多种方式真正参与到系、校的重大决策管理中,充分行使民主管理权利。

6. 以质量提升为目标的分类评估保障体系

国外职业教育之所以发达先进,其重要的一点在于建立健全了完善的质量保障体系和分类评价体系。特别是德国,在"双元制"背景下,成立了教育质量考核委员会,将其作为常设机构,由教育行政部门的管理人员、职业教育专家学者和企业行业的人员组成,负责对职业院校的人才培养方案、教育教学、课程体系建设等各个方面开展评价和考核。这种评估过程一般有两种:一是学校自评,每年学校自己按照质量评估体系标准开展自我评价;二是政府统一考评,一般每5年开展一次,以保障德国应用技术大学的教学质量。在这一过程中,行业协会的监督和评价也扮演了重要角色。在德国共有480个地方级的行业协会,每个协会都设有一个职业教育委员会,依法享有对职业培训的组织、实施等各个环节的监督权,并能够审查培训合同、组织全国统一的职业技能考试等活动。更难能可贵的是,德国针对应用技术大学的发展建立了一套专门的分类评估体系,突出对应用技术大学"应用性"的考核和评价。在教学方面,主要看的是教学过程与生产过程的对接性,看能

---

① 何斯远. 德国应用技术大学办学机制对我国高职教育的借鉴启迪 [J]. 教育教学论坛, 2018 (3): 60-62.

否有效地开展实践教学,能否提升学生的职业能力,而并非关注理论知识方面的情况。在科研方面,主要看的是教师和学生能否具备科研创新的能力,能否有效地实现成果的转移转化,能否产生相应的社会效益。

澳大利亚 TAFE 学院也是如此。除了全国统一的质量培训框架标准和行业企业的质量评估外,TAFE 学院本身有一套自己的质量评估考核体系,考察的是学生对教学的满意度以及行业企业对人才的满意度。以皇家墨尔本理工大学为例,该大学设有一个评估机构调查服务中心(SSC),负责面向学生和企业开展调查,并保存了调查数据,以此为依据,由专家负责对教育教学过程提出建议。调查的内容主要涉及三个方面:关于学生对于课程内容接受程度的课程体验调查(CES),关于墨尔本理工大学服务和娱乐设施使用情况的学生体验调查(SES)、在完成课程学习的四个月后进行的澳大利亚毕业生调查(AGS),每学期的调查结果和数据会在 SSC 网站上公布[①]。

(七)国际典型职业院校信息化建设的经验启示

当前,以大数据和人工智能为主的信息技术正引发社会各个方面的变革,对各国教育发展和人才培养也提出了相应的需求与挑战,信息化成为国际社会对 21 世纪教育发展的一大共识。目前,国际上较为突出的主要是日本"自下而上"的信息化发展模式、德国"学生中心"的信息化发展模式、瑞士协同共享的信息化发展模式,对我国职业教育信息化建设具有较好的参考价值。

1. 加强基础设施建设,打造信息化教育环境

信息化设备和平台是信息化教育和学习方式所必需的要素,强大的信息化教育设施是数字教育的关键,也是改革传统职业教育的主要途径。

美国、英国、澳大利亚等西方国家主要采用的是纯粹市场化的信息化发展模式,德国采用的却是政府推动的信息化发展模式。2016 年,德国联邦教研部与联邦职业教育研究所共同发起了"职业教育4.0"倡议计划,其核心内容是"职业教育中的数字化媒体"。围绕这一计划,德国实施了"适应未来数字化工作的技能人才资格与能力"项目、"跨企业职业培训中心和能力中心的数字化"特别资助项目以及"职业培训中的数字化媒体"项目等一系列措施,开启了职业教育的系统变革[②]。同时,德国联邦教育部提出了一份倡议,极具前瞻性,提出要在应用技术大学中大力推广运用数字媒体,以帮助各学校能更好地配备装备。另外,在世界上德国也是较早设立数字化资助项目的国家,从根源上说,源自 2007 年启动的"职业教育中的新媒体"的资助项目框架。德国联邦职业教育研究所主席指出,为了促进受教育者能力的发展,培训机构、职业学校、企业培训中心应有相应的数字化设备。预计到 2025 年,德国在教育领域的数字化基础设施建设水平将跻身于世界领

---

① 李卿. 澳大利亚 TAFE 学院质量保障体系研究 [D]. 南昌:东华理工大学,2013.
② 郭旭. 德国职业教育应对工业4.0的改革举措及启示 [J]. 职教通讯,2021(3):123 – 127.

先地位[①]。

2. 改造传统教学模式，完善信息化教学资源

以信息化手段建设开放、共享的教育教学资源是信息化建设的重要目标之一。各国通过完善协力开发、开放共享的教育教学资源，以实现学习者终身学习的需要和多层次的学习期望。

日本技术科学大学采用了合作的方式，与国立高等专门学校机构联合开展了教学模式的变革，建立了一套 GI-net 教学体系。该体系是利用高速通信专用线路，与长冈技术科学大学、丰桥技术科学大学以及国立高等专门学校机构等高等教育机构建立联系，能够同时吸纳 6 万名学生以及 4 000 名多教研人员，实现了同时学习和会议。通过 GI-net 教学体系，日本各类高等教育机构之间逐步实现了一体化发展，通过联合开发课程共同培养学生，开展技术交流。

瑞士职业教育的发展始于学习德国又极具特色。在经济全球化和教育国际化的大趋势下，瑞士的各类职业院校关注到不同地域、年龄和教育层次背景的学生，并提供了有针对性的技术技能培训。瑞士政府曾在 2018 年颁布了《2030 职业教育发展使命宣言》，明确要求要鼓励职业教育的利益相关者积极参与办学，联合开发教育教学和课程资源，完善信息化、数字化的平台建设，以此不断增强职业教育的共享能力[②]。瑞士通过建立健全职业教育信息化工作专家机制，为职业教育教学工作提供专业性科学指导，完善职业教育信息化管理标准体系建设，为职业教育发展建立动态共享的信息管理与交流模式创造良好的外部环境。

3. 建立长效培育机制，提升师生信息化素养

新一轮科技革命正在引领社会新变革，人工智能技术的发展正在不断影响教育的深刻变革，人们必须具有终身的信息化素养和能力才能更好地适应数字化社会。对于职业教育来说更是如此，数字化的师资团队对于培养具有信息化能力和数字水平的人才具有重要意义。

日本就是通过教师的信息化来促进职业教育的信息化，通过信息化教学媒体的应用和推广，来扩大职业院校自我变革的内需，以此形成了从教师到学生、从学校到企业、从国内到国际"自下而上"的信息化模式。自 20 世纪 90 年代以来，日本职业教育就开始注重以建设职业教育信息资源管理和共享平台为基础，帮助教师提升信息化素养，以师资助推课堂教学的质量提升。当前，为了深化教学模式改革，日本政府发布了"IT 新改革战略"和《教师 ICT 活用指导力标准》，从技术指导、教材应用、资源建设等方面规定了教师应具备的信息化能力和素养。同时也建立了教师的一贯式长效培育机制，从教师信息技术应用的实际能力和问题出发，制订专门的组织和培训计划，旨在有目的、有组织地建设一支

[①] 徐坚. 德国职业教育数字化发展历程及其启示 [J]. 中国职业技术教育，2021 (9)：53 – 60.
[②] 陆利军. 瑞士职业教育信息化研究：挑战、愿景与启示 [J]. 职教论坛，2018 (11)：151 – 155.

高水平专业化创新型的教师队伍,为日本职业教育信息化建设与发展提供智力支持和人才保障。

为加强职业院校学生的数字媒体素养,在2012—2019年德国联邦教育与研究部投资了1.52亿欧元,开展近300个数字媒体开发与测试项目,按照职业岗位的要求,帮助学生锻炼职业能力。由此可见,德国与日本的不同之处就在于将学生的信息化素养放在了首位,强调学生要掌握学习生活和未来发展的信息化能力。

(八) 国际典型职业院校国际化进程的经验启示

近年来,高等职业教育对外开放的重要性已经提升至对区域经济、行业发展产生直接推动作用的地位。尤其是随着教育对外开放和"一带一路"倡议的不断深入,高职教育的国际化水平与建设需求也日益提高①。提高国际化水平成为职业教育发展的重中之重。然而,我国高等职业教育国际化发展起步晚、底子薄,一直处在探索、借鉴的状态,为此,加强对国外职业院校国际化发展的研究十分必要。在各国国际化发展的进程中,德国应用技术大学、日本技术科学大学和美国社区学院的国际化发展策略对我国具有较高的参考价值。

1. 广泛设置国际专业

为更好地融入国际社会,各国普遍广泛设置国际性专业,提高国际生源的招生比例。以德国布莱梅应用科学大学为例,该校2011年66个招生专业中,明确标明是"国际专业"的有29个(占44%),带有国际性内容的专业有8个(占12%),还有2个明显具有国际关联性的专业,也就是说,具有国际维度的专业数量达到了39个(占60%)。在设置国际性专业的同时,为了吸引更多的留学生来德学习与工作,也扩大了这部分学生的招收比例。

2. 打通国际学位界限

日本技术科学大学积极推动以单向学位或双向学位的跨国学位项目形式打通学位制度的国际界限,推动合作办学的国际化发展。这一跨国学位项目主要包括双学位计划和共同学位制度两种。双学位计划指的是日本大学与国外大学就教育课程以及学分互认等达成协议,双方大学以此为基础向双方大学学生双向授予学位的计划。出于自身的教学需求,日本技术科学大学主要与国外大学开展硕士和博士研究生阶段的双学位计划,目前实施的主要是博士研究生阶段的双学位计划。在日本技术科学大学的双学位计划中,学生进入技术科学大学研究生院也意味着进入相关协议大学学习的开始,学生在双方大学接受1年以上的教育以及研究指导,在满足相关条件之后可以获得日本和国外协议学校两所大学的学位。如长冈技术科学大学于2010年开始双学位计划,到2015年已经与墨西哥的瓜纳华托大学、韩国的釜山国立大学以及马来西亚科学大学等签订了双学位计

---

① 姜大源,董刚,胡正明. 中国特色高水平高职院校建设(笔谈)[J]. 中国高教研究,2018(6):98–102.

划；丰桥技术科学大学也与德国的斯图加特大学以及我国的东北大学等签订了研究生阶段的双学位计划。

3. 积极推动师生交流

频繁的国家交流不仅能够大大增强职业院校的知名度和影响力，对于提高师生的国际化素质和研究水平、提升自身的教学质量和教学水平具有重要意义。

日本是一个地少人多、资源相对比较贫乏的国家，但科技水平处于世界前列。随着日本海外投资和技术输出的增多，日本技术科学大学对培养学生国际视野和鼓励学生交流也愈加重视，强调以教师和学生的国际化培养来促进国家的国际化发展。以丰桥技术科学大学为例，该校已与66所国外大学签订大学间交流协定，派遣教师到海外学习，同时也引进国外的教师来本校交流，提高自身的国际化发展步伐。据统计，自2008年以来，每年至少有300多教师进行国外访学，占到全校教师数量的一半以上。长冈技术科学大学也类似，该校积极派遣教员到国外的研究机构进行共同的学术交流和研究，为学术进展和国际交流做出贡献。据统计，仅2014年出国访问者就达到了539人次，出访国家更是包括越南、美国、泰国、中国、德国、法国、韩国、马来西亚、墨西哥等国家，同时应邀来访者达到148人次，包括越南、泰国、墨西哥、马来西亚、阿塞拜疆、蒙古、西班牙、印度尼西亚、印度等国家的学者。同时，技术科学大学还积极推动教师的海外研修，丰桥技术科学大学每年以300~400人的规模派遣教师去海外研修，长冈技术科学大学也以同样的规模将教师派遣到美国、中国、德国、韩国等国家进行研修。

为提升学生的国际活动力，日本技术科学大学在将实际业务训练课程延伸为研究生阶段必修课的同时，还积极通过设置海外教育据点等形式推动海外实际业务训练课程的开展。例如，长冈技术科学大学要求学生接受与本科阶段具有连续性的2~3个月的海外实际业务训练，2014年，长冈技术科学大学向世界17个国家派遣了58名学生参加实际业务训练课程；丰桥技术科学大学要求学生在硕士阶段接受与本科阶段具有连续性的6个月的实际业务训练课程，2014年，丰桥技术科学大学向8个国家派遣了24名学生参加实际业务训练课程。

4. 全面融入国际要素

美国社区学院主导下的职业教育和技术教育，其一大优势和特色在于将国际化作为提高美国教育竞争力的重要举措，甚至还上升到国家安全战略之中。因此，长期以来，社区学院国际化进程不断加快，特别是在全方位推进国际化进程的理念和架构方面取得了巨大的进步，也为我国职业院校国际化发展提供了借鉴。

从国际化理念来说，认可并支持国际化发展理念并将之列入社区学院发展使命中，是社区学院发展中贯穿始终的理念。如麦迪逊学院在这方面进行了比较深入的探索并取得了丰富的经验。1996年，学校领导层认识到提高学校国际化发展水平的重要性，便开始着手确立了学校学生国际能力的学习目标，称之为"全球和跨文化的视角"，该目标被列为学校学生应当掌握的八种"核心能力"之一①。之后，2002年麦迪逊学院加大国际化专职人员配备力度，扩充国际教育教师数，促使部分教师将50%以上的时间精力投入国际教育项目发展中，2005年学校招募全职工作人员投入国际化发展中；2014年麦迪逊学院开展"社区学院国际化"项目，将国际化发展理念及目标融入STEM教育中。由此可见，社区学院在理念、组织、管理等方面都具有较强的国际化意识。

从国际化架构来说，在校董会的支持下，社区学院可以从组织、管理程序和制度、吸纳国际化专职人员参与领导及管理、设立专门机构等方面推动国际化活动。当前，大部分社区学院中已配有专门负责国际化活动的专业人员，另有50%的社区学院已经设立专门的国际化领导办公室并开展了具有特色的国际化活动和项目。以斯波坎瀑布社区学院的"全面国际化"举措为例，2012年该学院启动"环球视野2020"战略，成立专门的办公室，多元化的人员构成（教师、后勤人员、行政领导、社交媒体专家以及招生部门的领导），多层次推动学院全面国际化。具体表现为：在课程设置方面，加入了较多的国际性内容；在全校展开国际化讲座或项目；依托国际学友项目增强国际生与本土学生的交流；邀请校外专家来校就国际化工作展开交流②。

二、国内典型职业院校和专业建设的经验启示

根据2019年10月教育部、财政部公布的第一轮"双高计划"拟建设名单，本书选取了北京电子科技职业学院、深圳职业技术学院、黄河水利职业技术学院、无锡职业技术学院、金华职业技术学院、山东商业职业技术学院、陕西工业职业技术学院等7所高职院校作为本章案例研究对象。这些院校均属于"双高计划"第一类（A档）院校，且分别分布于我国东南、西北及中部的不同经济区域，曾是国家示范校、骨干校或优质校，有着雄厚的办学基础和发展实力，其建设方案在一定程度上代表着我国"双高计划"的建设思路和具体路径，具有较强的代表性和导向性，总结、分析、提炼这几所院校和专业群建设举措中的共性之处，对探索山东高水平院校和高水平专业群建设路径有一定参考价值。

（一）高水平院校建设案例分析

1. 建设基础分析

本章选取了7所具有代表性的A类高职院校作为研究对象，它们具有较强的代表性和导向性。下面主要从以下几个方面分析其建设基础：

（1）办学条件。

办学条件主要从全日制高职在校生数，专任教师数，生师比，生均教学科研仪器设备

---

① Madison Area Technical College. Global and cultural perspectives [EB/OL]. (2018-01-13) [2021-01-08]. http://madisoncollege.edu/global-and-cultural-perspec-tives.
② 陈凤菊. 美国社区学院推进国际化的举措与启示：基于对19所社区学院的分析 [J]. 职业教育研究，2021 (6)：85-91.

值,生均教学及辅助、行政办公用房面积,生均校内实践教学工位数,年生均财政拨款水平等几个方面进行对比分析①。全日制高职在校生以深圳职业技术学院最多,人数为28 575人。专任教师数以深圳职业技术学院最多,为1 434人。生师比均达到16∶1,其中,北京电子科技职业学院生师比达到8.93∶1。生均教学科研仪器设备值均达到12 000元以上,其中,深圳职业技术学院最高生均教学仪器设备值为44 048.33元。生均教学及辅助、行政办公用房面积均达到12平方米以上,其中,北京科技电子科技职业技术学院生均教学及辅助、行政办公用房面积最大为45.93平方米。生均校内实践教学工位数均在0.6个以上,其中,北京电子科技职业学院生均校内实践教学工位数最多为1.15个。年生均财政拨款水平均达到12 000万元以上,其中,北京电子科技职业学院年生均财政拨款为84 167.41元。7所高职院校学校条件情况对比如表3-1和图3-1所示。

(2) 师资情况。

师资情况主要从教职员工额定编制人数、在岗教职员工总数、专任教师总数、双师素质专任教师比例、高级专业技术职务专任教师比例、企业兼职教师年课时总量、年支付企业兼职教师课酬等方面进行分析。教职员工额定编制人数以深圳职业技术学院最多,为3 041人。在岗教职工总数以深圳职业技术学院最多,为2 448人。专任教师总数也以深圳职业技术学院最多,为1 343人。双师素质专任教师比例均超过80%,其中,以深圳职业技术学院最高,双师素质教师达到87.09%。高级专业技术职务专任教师比例均超过30%,其中,以深圳职业技术学院最高,高级专业技术职务专任教师比例达到54.59%。企业兼职教师年课时总量以深圳职业技术学院最多,为105 111课时。年支付企业兼职教师课酬以深圳职业技术学院最高,为4 978 443.88元。7所高职院校师资情况如表3-2和图3-2所示。

(3) 国际化水平。

国际化水平主要从国(境)外人员培训量、专任教师赴国(境)外指导和开展培训时间、开发并被国(境)外采用的专业教学标准数、开发并被国(境)外采用的课程标准数、国(境)外技能大赛获奖数量、国(境)外办学点数量等6个方面分析②。从国(境)外人员培训量以山东商业职业技术学院人数最多,达到63 221人日。专任教师赴国(境)外指导和开展培训时间以陕西工业职业技术学院最多,达到1 907人日。开发并被国(境)外采用的专业教学标准数以无锡职业技术学院最多,为15个。开发并被国(境)外采用的课程标准数以无锡职业技术学院最多,为290个。国(境)外技能大赛获奖数量以金华职业技术学院最多,为24个。国(境)外办学点数量以山东商业职业技术学院最多,为8个。7所高职院校国际化建设情况如表3-3和图3-3所示。

---

① 2018年全国职业院校评估报告显示:职业院校毕业生成为教育扶贫生力军。
② "国际影响表"指标及相关内涵说明 [EB. CL]. (2020-10-15) [2022-03-08]. https://wenku.baidu.com/view/f6c9c8fd5cf7ba0d4a7302768e9951e79b89693d.html.

表3-1 7所高职院校学校条件情况对比

序号	指标	单位	北京电子科技职业学院	山东商业职业学院	黄河水利职业技术学院	深圳职业技术学院	陕西工业职业技术学院	金华职业技术学院	无锡职业技术学院
1	全日制高职在校生数	人	5 010	14 544	20 432	28 575	21 000	26 604	13 759
2	专任教师总数	人	513	601	845	1 434	1 069	997	618
3	生师比	—	8.93	16.61	16.43	13.11	16.41	13.49	15.13
4	生均教学科研仪器设备值	元/生	149 745.1	12 610.66	20 853.07	44 048.33	17 283.37	14 821.7	19 800.23
5	生均教学及辅助、行政办公用房面积	m²	45.93	12.15	15.28	16.65	16.16	17.28	19.92
6	生均校内实践教学工位数	个/生	1.15	0.62	0.81	1.2	0.6	1.90	0.62
7	年生均财政拨款水平	元	84 167.41	12 041.28	25 229	43 114.56	14 805	13 975.85	23 804.74

表 3-2　7 所高职院校师资情况

序号	指标	单位	北京电子科技职业学院	山东商业职业学院	黄河水利职业技术学院	深圳职业技术学院	陕西工业职业技术学院	金华职业技术学院	无锡职业技术学院
1	教职员工额定编制人数	人	995	1 122	843	3 041	1 431	1 600	750
2	在岗教职员工总数	人	830	944	945	2 448	1 391	1 584	863
3	专任教师总数	人	513	601	845	1 434	1 069	997	618
4	双师素质专任教师比例	%	81.87	85.52	81.42	87.09	81.54	90.1	83.66
5	高级专业技术职务专任教师比例	%	38.99	37.6	30.18	54.59	49.91	31.4	46.6
6	企业兼职教师年课时总量	课时	2 443	43 125	54 112	105 111	18 588	94 644	29 534
7	年支付企业兼职教师课酬	元	401 810.64	2 572 382	1 201 500	4 978 443.88	1 022 365	1 222 630	1 315 468.4

表3-3 7所高职院校国际化建设情况

序号	指标	单位	北京电子科技职业学院	山东商业职业学院	黄河水利职业技术学院	深圳职业技术学院	陕西工业职业技术学院	金华职业技术学院	无锡职业技术学院
1	国（境）外人员培训量	人日	0	63 221	8 100	37 668	10 321	7 270	115 10
2	专任教师赴国（境）外指导和开展培训时间	人日	0	1 174	837	1 191	1 907	366	1 194
3	开发并被国（境）外采用的专业教学标准数	个	1	11	3	9	14	1	15
4	开发并被国（境）外采用的课程标准数	个	4	123	105	33	216	7	290
5	国（境）外技能大赛获奖数量		0	15	8	7	2	24	11
6	国（境）外办学点数量	个	0	8	1	1	2	2	1

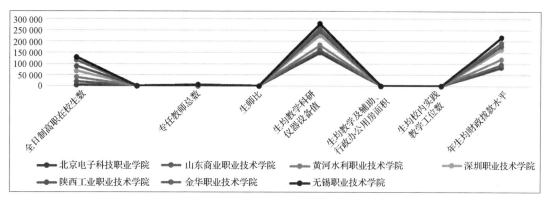

图 3-1　7 所高职院校学校条件（附彩图）

（注：数据来源于 2021 年高等职业教育质量年度报告）

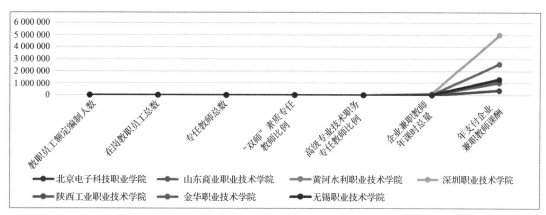

图 3-2　7 所高职院校师资情况表（附彩图）

（注：数据来源于 2021 年高等职业教育质量年度报告）

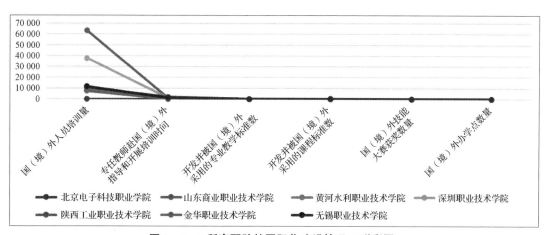

图 3-3　7 所高职院校国际化建设情况（附彩图）

（注：数据来源于 2021 年高等职业教育质量年度报告）

(4) 学生发展。

学生发展主要从毕业生人数、就业人数、初次就业率、毕业生就业去向（A类：留在当地就业率；B类：到西部地区和东北地区就业率；C类：到中小微企业等基层服务率；D类：到500强企业就业率[①]）、理工农医类专业相关度、月收入、自主创业比例、雇主满意度、毕业三年职位晋升比例及母校满意度等方面进行分析。毕业生人数以陕西工业职业技术学院最多，为6 586人，初次就业率均在95%以上，其中，金华技术职业学院初次就业率最高，为97.21%，毕业生就业去向中留在当地就业率以山东商业职业技术学院最高，为86.68%；到西部地区和东北地区就业率以陕西工业职业技术学院最高，为79.30%；到中小微企业等基层服务率以陕西工业职业技术学院最高，为66.94%；到500强企业就业率以黄河水利职业技术学院最高，为29.17%。理工农医类专业相关度以陕西工业职业技术学院最高，为90.6%。毕业生月收入均在3 800元以上，其中，北京电子科技职业学院毕业生月收入达到6 525元。毕业生自主创业比例以山东商业职业技术学院最多，为5%。雇主满意度均在90%以上。毕业三年职位晋升比例以深圳职业技术学院最高，为91.2%。母校满意度均在96%以上。7所高职院校学生发展情况如表3-4和图3-4所示。

(5) 社会服务。

社会服务涉及技术服务到款额、技术服务产生的经济效益、纵向科研经费到款额、技术交易到款额、非学历培训服务、非学历培训到款额、企业提供的校内实践教学设备值、年生均校外实训基地实习时间、生均企业实习经费补贴[②]、生均企业实习责任保险补贴等方面分析指标。技术服务到款额均在100万元以上，其中，无锡职业技术学院最多，为8 038万元。技术服务产生经济效益均在3 900万元以上，其中，无锡职业技术学院最多，为57 273万元。纵向科研经费到款额均在370万元以上，其中，以深圳职业技术学院最高，为7 515.33万元。技术交易到款额均在25万元以上，其中，无锡职业技术技术交易到款额达3 806.1万元。非学历培训服务均在35 000人日以上，非学历培训到款额均在370万元以上。企业提供的校内实践教学设备值均在50万元以上，其中山东商业职业技术学院达到9 365.48万元。年生均校外实训基地实习时间均在100人时以上，其中黄河水利职业技术学院年生均校外实训基地实习时间最长，为1 230人时。生均企业实习经费补贴均在50元以上，其中深圳职业技术学院生均企业实习经费补贴达到3 088.4元。生均企业实习责任保险补贴均在15元以上，其中山东商业职业技术学院达到150元。7所高职院校的社会服务及校企合作统计如表3-5和图3-5。

---

① 崔吉. 高职院校绩效评价指标体系的协同运用研究 [J]. 常州信息职业技术学院学报, 2020 (5): 93-96.
② 岑家峰. 新时代高职院校社会服务现状及能力提升路径研究：基于广西高水平高职学校质量报告的分析 [J] 职业技术教育, 2021 (18): 47-52.

表 3-4 7所高职院校学生发展情况

序号	指标		单位	北京电子科技职业学院	山东商业职业学院	黄河水利职业技术学院	深圳职业技术学院	陕西工业职业技术学院	金华职业技术学院	无锡职业技术学院
1	毕业生人数		人	1 722	4 779	6 035	6 563	6 584	7 144	4 133
	就业人数		人	1 666	4 603	5 773	6 337	6 294	6 945	3 731
2	初次就业率		%	96.75	96.32	95.66	96.56	95.6	97.21	90.27
3	毕业生就业去向	A类：留在当地就业率	%	79.53	86.68	61.13	73.30	64.25	27.07	39.40
		B类：到西部地区和东北地区就业率	%	3.36	0.80	6.69	0.28	79.30	4.97	1.06
		C类：到中小微企业等基层服务率	%	14.71	59.09	47.05	63.52	66.94	60.61	35.23
		D类：到500强企业就业率	%	3.06	5.65	29.17	19.25	26.15	6.24	12.9
4	理工农医类专业相关度		%	82.83	78.71	67.15	64.73	90.6	76.3	72.47
5	月收入		元	6 525	3 850	4 419	5 515	4 165	4 861.89	4 608
6	自主创业比例		%	0.06	5	0.25	3.1	0.23	4.84	4.03
7	雇主满意度		%	100	100	96.63	95	98.62	92.40	97.47
8	毕业三年职业晋升比例		%	7.8	84	80.79	91.2	62	84.4	67.1
9	母校满意度		%	96.67	99	97	97	98.2	92.92	97.76

表 3-5 7 所高职院校的社会服务及校企合作统计

序号	指标		单位	北京电子科技职业学院	山东商业职业学院	陕西工业职业技术学院	黄河水利职业技术学院	深圳职业技术学院	金华职业技术学院	无锡职业技术学院
1	技术服务到款额		万元	1 746.46	109.44	140.85	4 967	4 336.28	2 435.1	8 038
2	技术服务产生的经济效益		万元	5 710	28 312.5	3 940	49 876.26	9 050	39 378.1	57 273
3	纵向科研经费到款额		万元	651.48	580.8	376.7	641.5	7 515.33	445.9	3 975
4	技术交易到款额		万元	373.39	25	574.91	323	1 207.27	356.2	3 806.1
	非学历培训服务		人日	35 735	860 23	52 230	76 524	47 497	289 499	98 569
	其中	技术技能培训服务	人日	527 47	25 688	43 934	61 784	5 058	20 207	52 226
		新型职业农民培训服务	人日	0	0	3 546	2 560	2 781	1 414	784
		退役军人培训服务	人日	0	0	0	30	1 691	5 829	1 076
		基层社会服务人员培训服务	人日	0	50	4 750	2 930	25 484	15 493	4 994
	非学历培训到款		万元	1 316	871.8	1 114.068	460.9	2 949.7	379	1 532.56
5	企业提供的校内实践教学设备值		万元	150	9 365.48	50.8	467.5	1 873.44	648.53	7 532.53
6	年生均校外实训基地实习时间		人时	108	308.25	359.86	1 230	290	103	1 085.32
7	生均企业实习经费补贴		元	55.97	124.23	81	99.14	3 088.4	113.4	174.82
8	生均企业实习责任保险补贴		元	15.08	150	38	15.43	25	19.1	100

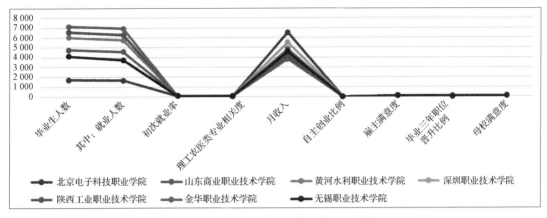

图3-4　7所高职院校学生发展情况（附彩图）

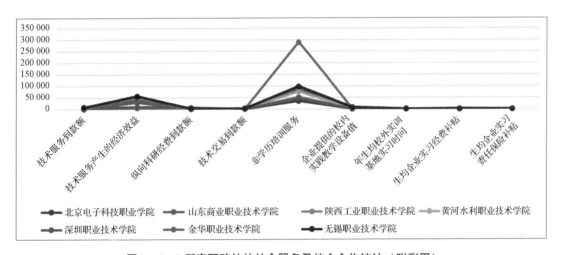

图3-5　7所高职院校的社会服务及校企合作统计（附彩图）

2. 建设举措分析

（1）人才培养。

培养高素质技术技能人才是高职院校的人才培养目标，"双高"建设方案显示，各校主要从立德树人、德智体美劳、工学结合、知行合一、德技并修、工匠精神、"1+X"证书试点等层面开展实施。横向对比这7所"双高计划"高职院校，在打造技术技能人才培养高地方面各具特色。北京电子科技职业学院实施SCI系统化人才培养工程，以标准建设为引领，构建结构化课程体系，构建"四级递进"实践教学体系，构建立体化评价体系。无锡职业技术学院通过实施学生主体、成果导向的"金课堂"，打造具有智能制造特色的"金课程（资源）"和组建"金种子"教师教学创新团队来深化"三教"改革。

山东商业职业技术学院将"课程—文化—心理—网络—实践"思政教育体系、"四层递进、双创贯穿"实践教学体系、"12345"劳动教育体系、"仁智合一"商科特色综合素质培养体系、完善"四融合、五递进"创新创业教育体系有机融合，构建"五位一体"

高水平人才培养体系，落实立德树人根本任务。陕西工业职业技术学院紧扣陕西装备制造业转型升级需求，按照"四方聚力、分类培养、模式创新、引领改革"的原则，政行企校四方聚力，实施国际工程师本土化培养、四年制应用型技术人才培养、"1+X"试点、全员育人机制改革、多元教学模式改革、教学标准体系开发等6项改革，打造技术技能人才培养高地。深圳职业技术学院则推进产教融合、书证融合、理实融合、技术与文化融合、教育与生活融合、人工智能与教学融合，实现人才培养模式改革；同时，通过"1+X"落地、课程教材改革、联合行业企业打造特色金课、模块化重构教学内容、团队化协同组织教学、推进实训平台建设和教学管理创新、开展自主招生试点、推广现代学徒制等一系列举措开展预制板式培养人才。

黄河水利职业技术学院构建德技兼修立体化育人体系，建设"五融入"素质培养体系，实施"五个一"工程，打造高水平专业建设高地，全面推行"1+X"证书制度，研创专业群人力资源育训方案，打造高效能人力资源开发高地。无锡职业技术学院还构建了"四位一体"思政育人工作格局，完善"校企双主体协同，德技融合、专创融合，多通道发展"的"双主体两融合多通道"人才培养模式，建设以6大产业学院和8个智能制造实训中心为支撑，具有行业引领性的区域共享型"智能制造协同育人中心"。金华职业技术学院通过实施"五项育人计划"，协同构建职业素养养成体系，探索"三贯通、四模式"的"1+X"证书制度试点，实施"三引领、三融合"的技术技能拔尖型人才培养改革，持续深化"三四三"双创教育改革，建设"五个一批"新技术课程群。

（2）产教融合。

产教融合是高职院校实现人才培养目标的重要途径，也是职业教育改革的着力点，主要包括校企协同开展创新领域合作、开拓技术服务咨询领域，促进教学资源和科研成果的转移转化，解决行业产业技术难题，提升教师科研服务能力等。产教融合的开展和深化能够有效推进学院技术技能创新服务能力提升和高职院校内涵质量的提升，对推动高职院校长远发展有重要的现实意义。在打造技术技能创新服务平台方面，结合国家"双高计划"建设要求，各个院校主要围绕"人才培养与技术创新平台""产教融合平台""技术技能平台"进行重点打造。在人才培养与技术技能创新平台方面，7所院校均聚焦产业前沿和高端产业，打造协同创新中心、产教融合技术创新平台、中小微企业服务中心等高水平专业化产教融合平台，服务企业技术研发和产品升级，实现工学深度结合、校企深度合作、产教深度融合。其中，金华职业技术学院对机械制造与自动化、学前教育、电子信息、生物医药、文旅创意等五大专业群现有的人才培养、技术创新、产教融合、技术技能平台进行系统梳理、资源整合，规划建设五大实体化的"产教综合体"。在产教融合平台层面，山东商业职业技术学院、深圳职业技术学院、黄河水利职业技术学院等依托学校特色人文社科优势，打造支持行业发展和区域战略发展的高端智库，在政策咨询、技术服务等方面赋能地方产业；在技术技能平台层面，7所院校均与行业领先企业深度合作，通过建立"技术应用推广平台""研发中心""院士工作站"，或组建"研发团队"等举措，服务重点行业和支柱产业发展。如黄河水利职业技术学院结合自身的特点和专业优势，通过建设"水利院士工作站""测绘地理信息院士工作站""水利坝道工程医院"等，打造支撑区域行业产业发展的高端技术服务平台。无锡职业技术学院聚焦数字化制造技术、制造执行系统等关键技术研发，以技术标准和专业教学标准为核心，以人才培养、技术服务和教育输出为重点，通过体制机制创新，依托国家发改委产教融合工程项目"无锡智能制造公共实训基地"，打造智能制造特色校。

（3）高水平专业群。

高水平专业群是高职院校内涵建设的有效支撑。在打造高水平专业群方面，7所"双高计划"建设院校结合"双高计划"建设要求，围绕专业资源整合、结构优化、高质量课程教学资源开发、实践实训教学基地建设、"三教"改革开展、保障机制完善等层面来展开。在专业资源整合、专业结构优化层面，面向区域或行业重点产业，依托优势特色专业，健全动态调整和完善机制。如北京电子科技职业学院对接区域主导产业，创新专业群建设模式。依据"职业仓"理论建立职业教育专业与职业"谱系图"并动态调整；黄河水利职业技术学院立足学校"以工为主、以水为特，一体两翼、特色发展"的专业定位，服务国家安全等重大战略和"一带一路"倡议，构建服务现代水利工程建设产业链，对接中原经济区重点产业集群的12个专业群，融合"云物移大智"5个要素，打造"三个高地"，建设两个领跑行业产业发展的高水平特色专业群。在开发高质量的课程教学资源和实践教学基地方面，对接行业产业发展需求修订人才培养方案和课程标准，以岗位群的工作任务为依据设置课程，以工作任务为取向优化课程结构，以此重构课程体系。如山东商业职业技术学院的云计算技术与应用专业群对接新一代信息技术产业链中下游，建设冷链物流智慧化产业标准、知识标准和人才标准体系，开展企业员工培训、"1+X"证书培训等社会服务，支撑区域经济发展与冷链物流智慧化产业转型升级。在深化"三教"改革层面，各院校进一步明确了"教师"是根本、"教材"是载体、"教法"是核心的理念，明晰了三者有机融合、协同推进的系统关联。围绕锻造高水平"双师型"教师队伍、建设高水平高职教材和创新以课堂革命为核心的教学方法，提出了具体建设路径。如北京电子科技职业学院通过创新教育教学质量品牌、建立健全多方协调发展的专业群可持续发展保障机制等一系列举措深入推进"三教"改革，如陕西工业职业学院成立"学校—专业群"两级建设指导委员会，明确校企"双负责人"，建立政、行、企、校四方协同的专业群建设机制。无锡职业技术学院服务智能制造系统和产业链的智能设备、智能工厂、智能使能、工业互联网、智能服务等关键技术领域，系统构建数控技术、物联网应用技术、控制技术、制造业服务、汽车与交通技术等五大专业群。以技术创新为引领，重点建设数控技术和物联网应用技术两个专业群。打造基于技术创新和技能积累、支撑机械行业转型发展的"双标同步、三集统筹"专业群建设模式。

（4）师资队伍。

锻造高水平师资队伍是"双高计划"建设的重点任务之一。"双师"型教师团队主要从规划、建设、应用、管理四个层面把握。首先，合理设置学院师资建设的中长期规划，包括引、聘、培、训等方面的计划；其次，重点建设带头人、骨干、大师和兼职4支队伍，构建教师成长阶梯，人尽其才；再次，创新评价、晋升、分配机制，激发师资队伍整体活力；最后，完善各类认定标准和聘任机制，推进人事制度综合改革。如北京电子科技职业学院实施教师企业实践计划、青年教师能力提升计划、专业带头人培养计划、"十百千"人才引聘计划。金华职业技术学院以系列化的引培计划与项目为抓手，引进培养一批专家型、领军式的高层次专业（群）带头人，实施人才引进"尖峰"计划和人才培养"攀峰"计划，建设精技善教、行业顶尖的高技艺"工匠之师"队伍，实施"百工首席""百师致远"项目和"千师入企""千匠助教"项目。在建设4支队伍层面，着力培育、培养或聘任具有影响力的专业群带头人、骨干教师、技术技能大师和兼职教师。如陕西工业职业学院按照"跨界融合、多元管理、高端聚集、结构优化"的原则，推进人事改革试点、双语教师培养、领军人才培育、"双师"素质提升、兼职教师优选等5项计划。在创新评价机制层面，主要以教师业绩和能力为导向，动态规范调整学校绩效工资制度，构建效率优先、兼顾公平的分配制度体系。如深圳职业技术学院推行"能进能出"的管理用人机制、"能上能下"的职称评聘机制和"能高能低"的绩效分配机制。在校企联合培育层面，主动同行业领先企业合作共建师资培养基地，共同开发教学资源，开展技术攻关，实施校企双师双向流动。如山东商业职业技术学院创新专兼职教师聘用管理机制，实施"六十百千"计划，形成校企双向交流协作共同体。无锡职业技术学院系统实施人才名师大匠引育计划、"双师型"教师素质提升计划、"2355"团队建设计划、师资队伍国际化计划，实现人才数量与质量的提升。推进人事制度综合改革，激发教师队伍活力。做强教师发展学院，通过分层培养，根据不同类型教师职业生涯发展各个阶段的需求，开设系列化教师培训项目，构建教师成长阶梯，全面服务教师职业生涯发展。

（5）校企合作。

校企合作是促进职业教育改革的重要形式。围绕"校企合作"这一主题，"双高计划"建设方案在构建校企命运共同体、现代学徒制、协同育人、职业教育集团化建设、共建产业学院、设立大师工作室等关键内容上提出了新任务和新要求。在"双高计划"建设背景下，只有深化校企合作体制机制建设，鼓励探索行业办学体制改革，探索混合所有制办学机制建设，以专业群为基点构建校企合作共同体。只有构建有效的约束和激励机制，校企共建育人平台，创新人才培养模式，提升服务能力，才能促进校企合作水平更上新台阶。从统计分析来看，大部分院校主要从创新校企合作形式和创新育人模式两方面提升校企合作水平。校企合作形式通常以搭建政校行企多方合作平台为主，或共建产业学院，通常是具有混合所有制特征或股份合作制特征的产业学院、产教联盟、人才学院等，或共建教学基地，如引企入校型实践教学基地、产教融合基地等，共同打造命运共同体。再如依托学院"集团化办学""协同育人战略联盟""现代学徒制""校企共建实训基地""产业学院""企业订单班"等载体，通过拓宽合作路径、深化合作内涵、扩大规模、提升校企合作层次等方式,加强深度合作,打造校企命运共同体。如金华职业技术学院推行"双基地轮训、分阶段培养"的现代学徒制,依托校内实训基地与校外实习基地,深化"双基地轮训、分阶段培养"的现代学徒制人才培养改革,推行"三段实习、三段结对、全程融入"的教学组织模式。在育人模式上,主要是广泛开展"订单式"人才培养、联合培育等双元育人模式,深化现代学徒制职业教育教学改革。如金华职业技术学院、深圳职业技术学院通过建立利益共同体、共同决策机制、成本分担机制、校企文化融合机制等,实现校企双赢机制,保障持续发展;北京电子科技职业学院实体化运作北京现代制造业职教集团;无锡职业技术学院通过政行企校共建以6大产业学院和8个智能制造实训中心为支撑的"智能制造协同育人中心",聚焦智能制造技术、工业大脑,基于互动双赢,构建命运共同体,着力培养双创人才,依托全国机械行业智能制造技术职教集团等国家和省市职教集团,推进实体化运作,深化集团化办学,实现校企联合培训、双主体育人的现代学徒制。

(6) 社会服务。

社会服务是高职院校的重要职能,"双高计划"建设方案对社会服务这一重要内容做了具体要求和系统阐述。主要包括优化人才培养供给结构,培养高素质技术技能人才,服务产业发展;开展应用技术创新服务;开展应用技术研发服务产品生产;开展成果转化和产品升级服务中小企业;助力乡村振兴战略服务区域产业发展;开展继续教育和专项教育培训;开展技能培训、社区教育和终身学习服务各类社会群体。各个院校根据自身优势、办学特色和区域经济发展需求,结合服务人才强国、创新驱动发展、乡村振兴、精准扶贫等国家战略,提升学校服务发展水平;或通过提供一流的技术研发与技能培训服务、打造高技术高技能人才培训高地、提供高质量的师资培训服务区域产学研用合作高地、职业技能鉴定基地、终身教育高地和全国职业教育师资培训高地、"1+X"技能培训基地等,构建职业培训体系。譬如金华职业技术学院主动服务国家乡村振兴、军民融合、人才强国等战略,面向新型农民、退役军人、企业员工、社区成员、儿童家长等5大类社会人员,成立"农民学院""军民融合学院""企业学院""社区学院""家长学院",打造社会人员终身学习高地;陕西工业职业技术学院强化"人才+智力"支撑能力、"技术攻关+成果转化"支撑能力、"教育资源+技术扶持"支撑能力,落实"百万扩招+育训并重",服务装备制造业产业提质增效、陕西企业创新发展、乡村振兴、终身学习社会构建,为全国现代工业和服务业培养高素质技术技能人才。有的学校推进"送教下乡工程""帮扶帮困助学工程"等,强化技能致富,增进民生福祉,助力乡村振兴;有的学校建立职业教育师资培训高地、社区培训学院、产业培训学院等,服务职教教师和技能人才。如山东商业职业技术学院实施"科技创新领航工程";金华职业技术学院推进科技服务集成化和科技成果产业化,与政府企业共建"五所学院",探索"培训+"精准服务模式,深度参与"东西协作"计划;无锡职业技术学院依托"全国装备制造业继续教育示范基地",打造全国装备制造业智能制造技术技能人才培训基地,组建"农村劳动力转移研究与培训中心",

深入开展面向农业农村的职业教育研究和培训，通过"无锡市高技能人才培养示范基地""滨湖区职工培训基地""无锡台湾技能人才实训基地"，积极主动开展职工继续教育和社区教育，建成地方经济发展离不开的高端技术技能人才培训基地。

（7）学校治理水平。

学校治理是学校管理的高级形态，提升职业院校治理水平对于提升人才培养质量、丰富职业教育内涵、突出职业教育特色和重构职业院校教育格局具有重要意义。"双高计划"文件要求可以通过提出构建多元办学、协同共治的治理结构，发挥学术委员会、专业建设指导委员会和教职工代表大会的功能，创新二级系部管理体制机制，激发办学活力，提升职业院校治理水平；另外，提升学校治理水平还包括加强党对教育工作的全面领导，完善学校党委领导、校长负责、民主管理的治理结构和治理体系，完善二级管理、质量管理和专项管理，提高教育治理水平。如北京电子科技职业技术学院健全章程、党委领导下的校长负责制、学校理事会等"一章一制九会"制度体系。深化全员岗位聘任制、教师职务聘任制、师德考核评价机制、收入分配机制、内部质量诊改机制等"五项改革"，突出"产教融合机制化、人才供给精准化、社会服务多样化"，提升治理水平、管理能力和发展活力。如陕西工业职业技术学院按照"系统设计、健全机制、优化运行、提升效能"的思路，完善"一章八制"，健全完善党委领导下的校长负责制、教职工代表大会制度等，优化内部治理结构；全面依法治校，系统进行"存、废、改、并、立"的制度梳理工作，强化制度落地落实与过程控制，优化制度建设体系；构建多元共治，建设混合所有制特色二级学院，探索多元化办学新机制，优化管理体制机制；围绕管理增效，引入第三方评价机构，优化内部质量保证长效机制；激发内生动力，修订鼓励激励、容错纠错、能上能下三项机制，优化改革攻坚创先争优氛围。无锡职业技术学院落实"鼓励激励、容错纠错和能上能下"三项机制，全面推广内部质保体系诊断与改进成功经验，完善学校制度体系，形成内部治理多元共治生态，提升治理能力；构建学校与政府、社会的良好关系，充分发挥理事会、专业建设委员会等的作用。

（8）信息化水平。

提升信息化水平是"双高计划"建设的重要目标。建设方案要求，积极探索信息技术、智能技术深度融合高素质技术技能人才培养全过程的新路径，构建训育结合、德技并修的新时代高职教育模式新秩序和新生态。在校园信息化基础设施提档升级、综合服务与决策支持平台建设、智慧教育改革项目实施、智慧教育环境搭建、信息化教学资源共建共享5个层面开展实施信息化建设。对7所"双高计划"院校提升信息化水平建设方案进行研究，可以看出7所院校都非常重视信息化建设。信息化技术要围绕学校教育教学中心任务不断提升服务能力，为学校发展提供强有力的信息化保障。在智慧校园建设层面，升级信息化基础设施，打造智慧教学环境，建设基于大数据的智慧学习系统，提供综合数据分析、智慧推送、个性化订制，实现"教学一平台"，提升教学效率。健全网络信息安全保障体制，消除信息孤岛，打造"大数据＋人工智能"智慧管理新模式，为师生建立智能开放的教育教学环境和便利舒适的生活环境。深圳职业技术学院引进国际先进的正式学习空间与非正式学习空间理念，通过学习资源的知识图谱分析、成果导向的智能统计、学习过程数据的共享挖掘，加快改造学习空间，建设一批智慧教室、AR/VR/MR 实训室、STEAM 创新学习实验室等，构建"云物大智"的未来课堂基础环境，为交互学习、讨论辩论、动手动脑、内化拔高提供保障。在学校管理方式变革层面，建设信息化应用服务系统，推进数据有效整合，驱动校园智能管理。在新兴专业层面，瞄准数字经济催生的智慧零售、智慧物流、智慧会计、中小企业创业与经营等新兴专业及方向；适应大数据、云计算、人工智能等新兴信息化技术对传统产业产生的变革影响，调整优化专业设置，以"人工智能+"良好"信息技术+"等推动专业转型升级。在教育资源共建共享层面，开发移动端学习平台，提高云教材编辑器在各个专业应用的覆盖面，构建开放、联通的"互联网+"学习环境，实现分布式学习、碎片化学习、移动学习和点对点的互动学习。如陕西工业职业技术学院聚焦面向未来教育需求、适应管理方式变革、服务信息化教学模式改革，实施"智慧校园"升级、基础数据治理、大数据升级专业、共享型教育资源建设、智慧课堂和虚拟工厂建设等"五项建设"任务，创建新型"无校园大学"，实现智慧教学、智慧服务、智慧管理，催生数字化新生态专业。

（9）国际化水平。

提升国际化水平不仅是建设"世界水平"院校的建设目标，更是世界对所提供的"中国方案"的应然要求。"双高计划"建设院校围绕国家发展战略，以国际标准为引领，建设境外联合培养品牌项目，以共商、共建、共享为原则，输出职业教育中国方案，培养高素质技术技能人才，促进中外文化交流，打造中国职业教育国际品牌。总体来看，这7所"双高计划"院校根据自身的办学特征及在国际化办学方面存在的问题和短板，提出了适合自身发展的建设任务，概括起来主要体现在以下3个方面：一是在"引进来"方面，加强与境外院校职业教育合作交流，联合开发示范性合作项目，打造合作办学机构，引进或开发国际通用的教育教学标准或育训标准，实施优质教育资源引进计划等。如陕西工业职业技术学院借助学院现有"中德高职教育合作联盟"、教育部全国有色金属行业职业教育"走出去"试点、中国－新西兰职业教育示范项目教师培训基地等项目，按照"拓宽渠道、注重质量、文化传承、双向培养、互惠互利"的思路，开展国外先进教学资源本土化应用、制定职业教育国际标准、培育国际化技术技能型人才、援助发展中国家职业教育、双向扩大学生国际交流等工作。二是在"走出去"方面，积极拓展海外办学，在境外设立职业教育培训中心，探索援助发展中国家职业教育新模式，广泛推广中国标准，打造国际职教的"中国品牌"。如北京电子科技职业学院对标首都建设国际交往中心要求，打造职业教育国际交往中心，建设"北京市'一带一路'国家职业人才培训基地"，实施"留学电科计划"，设立境外教育培训机构，输出职业教育标准，开展职业技能等级培训；金华职业技术学院联合区域"走出去"企业，引入市场化机制，发挥政校行企四方协同办学机制优势，探索四方协同的海外分校运行模式，出台系列配套政策建设卢旺达海外分校，形成利益共享、风险共担的办学共同体。三是搭建平台和合作交流方面，成立"一带一路"职业教育联盟，组建"孔子学院""丝路学院""鲁班工坊"，举办国际职业技能大赛或"中外人文交流计划"等国际研讨会，实施国际职业教育服务与教育互联互通合作计划，服务国家"一带一路"倡议，建立国际技术技能人才培养基地。如黄河水利职业技术学院构建"1+N"中外分布式大禹学院，打造职业教育国际品牌，建设国际化智库，服务"一带一路"倡议深化国际合作。无锡职业技术学院通过创建"引进、创生、输出"模式，不断提升对外开放水平。依托CCID中国中心优势平台和8个中外合作项目基础，夯实国际交流合作基础，多途径引进发达国家的优质教育资源；转化、吸收、开发具有中国特色的智能制造类专业标准、课程标准及教材；服务智能制造企业海外发展需要，探索校企合作模式的创新，以建设企业海外服务人才培养基地、海外分校等方式推进高职教育输出。

（二）高水平专业群建设案例分析

众所周知，专业是职业院校核心竞争力的集中体现，也是职业教育对接地方经济发展、服务社会、实现类型功能的重要依托。通过一定标准或逻辑将相关专业组合成专业群，可以发挥资源整合效益。随着产业不断升级和业态调整，建设高水平专业群不仅是国家战略规划的重要内容，而且是适应产业调整、提高人才培养质量的重要途径。自《关于实施中国特色高水平高职学校和专业建设计划的意见》（以下简称"双高计划"）下发并提出"集中力量建设150个左右的高水平专业群"的总体目标，专业群被纳入"双高计划"的重点建设任务，并在"双高计划"建设中占据极其重要的位置。由此，如何组建专业群，遵循何种逻辑路线组建专业群，通过何种途径组建专业群，采取哪些有效措施建设专业群，是高职院校高水平专业群建设亟待解决的问题。众多"双高计划"建设单位在专业群建设过程中进行了多途径探索，下面将从建设基础、组群逻辑和建设举措三方面分析探讨专业群建设经验，为山东省高水平职业院校和专业群建设提供参考和借鉴。

1. 建设基础分析

专业群作为"双高计划"建设的重要组成部分，是评价高等职业院校办学水平的核心指标，是高职院校内涵建设和质量发展的核心环节及关键要素。学校的资源配备、师资配备、教学开展、技术服务和校企合作均围绕专业（群）展开，可以说，专业（群）是高等职业院校组织教学的重要载体。加强专业群建设，可以优化资源配置，发挥资源合理优势，实现专业高质量发展和带动效应。

（1）依托区域优势适应区域经济发展建设专业群。

职业教育作为一种类型教育，与经济发展密切关联，尤其与区域经济密不可分。职业教育发展水平一方面受区域经济的影响，区域经济发展水平制约着当地职业教育发展水平；另一方面，职业教育在人才供给、技术技能输出等方面助推地方经济发展。而专业群作为职业教育发展的重要抓手，与地方经济发展息息相关。区域产业结构的调整对企业的用人需求、岗位设置和发展规划产生重大影响，可以说地方产业布局和产业发展状况直接或间接地影响专业群的结构调整和发展趋势；反过来，职业院校的专业群在人才培养规格、培养目标、岗位能力等多方面影响地方产业转型升级的进程和效果。因此，专业群首先要以区域产业发展为前提，对接地方产业发展需求，依托地方产业和优势，面向地方战略新兴产业，以适应产业转型升级趋势。以深圳职业技术学院电子信息工程技术专业群为例，自2006年开始与全球ICT（信息与通信技术）行业领先企业华为公司合作，并建成首个华为网络技术学院，并于2012年被华为评为"全球十佳优秀合作伙伴"，其产教融合成效为职业院校树立了典范。随着华为认证标准的不断升级，同步更新课程体系并反哺认证体系，深圳职业技术学院构建了适合在校学生学习的"课证共生共长"模式，获得2018年国家级教学成果特等奖。目前，"深圳职业技术学院－华为合作模式"由华为向马来西亚、缅甸、新加坡、赞比亚等国以及全国125所高职、145所本科院校推广。浙江机电职业技术学院机械制造与自动化专业群与西门子、德玛吉、瑞士GF等世界知名企业共建国内领先的实践教学基地，其中包括国家级数控技术技能紧缺人才培养基地，这些都为专业群的打造奠定了良好基础。

（2）专业群建设基础雄厚。

①高水平的教学团队。建设中国特色高水平专业群离不开师德高尚、技艺精湛、育人水平高超的教学团队。高水平教学团队主要包括以下两方面：一是具有数量充足、职称合理、结构优化的师资队伍；二是具有示范引领作用的名师或领军人物。以山东商业职业技术学院电子市场营销专业群为例，专业群拥有"三高"团队，即"高素质"的"全国高校黄大年式教学团队"、"高技能"的鲁商集团总经理领衔工匠团队、"高学历"的海归博士组成的专业负责人团队，专兼结合、结构合理。"三高"团队通过（商业感）情、（商业道）理、（商业情）景，传授学生解决问题的能力，同时也实现教学相长，教和学两方面的水平均得以持续攀升。无锡职业技术学院依托现有专业群培育两个国家教学团队，两个国内知名专业群领军人物和一个国家级教师教学创新团队。

②高水平的教学成果。教学成果是专业群教学水平的集中体现，主要覆盖两个类别：一是教学资源类，主要包括国家级职业教育教学资源库、国家级精品课程、国家级精品资源共享课程、省级精品课程、省级在线开放课程等；二是成果奖励类，主要包括国家级、省级教学成果。以北京电子科技职业技术学院汽车制造与装备技术专业群为例，将德国IHKIHK2、英国EALEAL3和IMIIMI4职业教育标准，戴姆勒、北京奔驰、长安福特等合作企业标准及国家职业标准，融入课程标准和教学实践，建成"汽车制造工艺"和"数控机床维修与调试生产实训"两门国家级精品课和国家级精品资源共享课，编著国家规划教材24部，牵头开发了"汽车制造与装配技术专业教学标准""模具工国家职业标准"和"电动汽车维修技能标准"，参建汽车团体标准，参建汽车维修技术专业等22个国家专业教学资源库。

③高质量的学生培养。培养高质量学生主要包括实习就业、技能大赛、证书认定等评

价指标。以深圳职业技术学院通信技术专业群为例，2018 年，该专业群招生规模为 720 人，群内专业面向市外招生 483 人，录取分数均超过本科线。就业方面，根据第三方机构的就业跟踪调查，专业群毕业生就业率超过 96%，专业相关度超过 75%，满意度超过 80%，社会认可度也较高；2017 届毕业生毕业 1 年后平均月薪达 5 813 元，较全国示范高职平均月薪高 44.3%。认证证书方面，毕业生获得技能认证证书比例达到 100%，近 5 年培养了 102 名 HCIE（华为认证互联网络专家）、4 名 RHCA（红帽认证架构师），在校生顶级认证通过人数居全国高校第一。

④完善的质量保证体系。这主要指是否建立并运行专业层面的内部质量保证体系。依据教育部《关于全面推进职业院校教学工作诊断与改进制度建设的通知》等文件精神和要求，陕西工业职业技术学院作为全国 27 家高职试点院校和首家通过全国诊改委员会复核院校，其机械制造与自动化专业群按照"五纵五横一平台"的要求，在专业、课程、师资、学生等层面建立了"八步一环"质量改进螺旋，开展了卓有成效的诊断与改进工作，建立起专业群建设质量保证体系，目前运行良好。

(3) 国际影响力。

引进优质资源，向"一带一路"沿线输出师资、培训、课程资源，彰显国际影响力。拓展国际合作办学渠道，扩大双向交流规模，打造国际人才培养基地；开展中外合作办学项目，引进、转化与利用国（境）外优质职教资源；接轨国际人才需求重构教学标准，形成专业层面与世界的交流沟通机制；积极参与国际产能合作和职教援外，创新合作模式。浙江机电职业技术学院借鉴与吸收美国、德国、澳大利亚等相关专业标准和教学模式，在机电一体化技术等 5 个专业，构建双文凭（专科文凭 + 高级文凭）和双证书（专科文凭 + 国际职业证书）人才培养模式，形成多国别、多专业、多模式中外合作办学体系。无锡职业技术学院依托南非教育部与中国教育部中外人文交流中心共同打造的"中国 – 南非教育项目"、江苏省教育厅"留学江苏优秀人才遴选计划"培养东南亚和非洲 143 名来华留学生，依托赞比亚大禹学院培训 44 名本土化技术技能人才，推动学生进行国际交流。深圳职业技术学院联合新加坡、德国、保加利亚、马来西亚国家相关高校和华为共同打造学生交流品牌项目，选派优秀学生赴国外学习培训，完善国际课程和学分互认机制。建立"ICT 国际人才培训基地"，吸引国外留学生来校学习，探索 ICT 留学生培养模式。

2. 组群逻辑分析

在"双高"院校建设背景下，高职院校实施特色高水平专业群建设，通常会围绕当地产业发展层次和产业结构布局实际，并结合学校自身教学资源和专业设置现况，选择相应的专业群建设逻辑。

(1) 专业群组群逻辑。

综合分析 7 所高职特色高水平专业群建设方案，各专业群所遵循的逻辑向度主要分为产业逻辑、岗位逻辑以及知识逻辑，3 种逻辑相辅相成，具有内在和外在的关联性。

①产业逻辑。

产业逻辑通常是基于产业布局、产业结构和产业链构成构建专业群。这是不少院校优先考虑的组群逻辑。这个组群逻辑的特点与区域产业发展紧密关联，由于区域产业有一定发展基础，产业链上的分工规范、成熟，各环节衔接顺畅，易形成规模优势，为专业群的岗位拓展提供保障。基于产业发展组建专业群需要关注以下3个问题：一是职业院校的专业群要与产业群相契合，明确国家和地方重点发展产业、支柱型产业和战略新兴产业，打造对接此类产业发展的核心专业群，形成重点产业和核心专业群协同并进的发展框架，提升专业群的人才、技能等有效供给，助推重点产业转型升级，最终实现区域重点特色产业发展引领高职院校特色高水平专业群建设①。二是以产业结构组建专业群，围绕产业结构发展核心选择相近专业，整合群内相近专业在师资力量、实训条件等方面的优势资源，突出核心专业，强化优势专业，做好相关专业，实现群内资源的互联互通、共融共享。三是根据产业链上的分工设置专业群培养目标，具体包括培养规格、培养目标，以及与之匹配的培养方式。这就需要深入调研区域产业发展实际，分析区域产业链上的人才需求状况，根据分工和需求，科学设计群内专业，明确群内各专业的人才培养目标，构建与产业链相契合的专业群。

如黄河水利职业学院聚焦水利水电建筑工程中游产业链，以水利水电建筑工程中游产业岗位群为导向，针对工程设计、工程造价、施工技术与管理、检测与质检、安全技术与管理等技术链，构建与之对应的知识技能结构，对接施工管理员、监理员、监测工、安全员、造价员等岗位群，将水利工程（水生态修复技术、海绵城市工程）专业，以及水利水电工程技术（智能建设技术、检测技术）、安全技术与管理（智能安全工程）和工程造价（造价信息管理）三个基础专业，组建成水利水电建筑工程专业群。深圳职业技术学院的通信技术专业群是适应以5G、云计算、大数据、物联网、人工智能为代表的新一代ICT技术快速发展需要，基于华为提出的"云、管、端"产业架构，以通信技术专业为龙头，与云计算技术与应用、计算机网络技术、物联网应用技术、信息安全与管理专业组成的专业集群。

②岗位逻辑。

岗位逻辑就是按照职业岗位进行组群。这种组群逻辑的特点是不面向特定行业或产业，更侧重职业岗位中的共性能力和知识的学习，所培养的人才可以在不同任职领域内实现知识巩固和迁移。根据岗位逻辑组群需要充分调研不同行业企业相同岗位的任职要求和用人需求，分析提炼不同行业相同职业岗位的共性要求和知识体系，梳理出该专业群典型岗位群及各岗位的能力、素质和知识要求。同时，还需根据国家和地方经济战略发展规划关注岗位群的变化，动态调整专业群的设置，使高校人才供给与企业岗位需求吻合匹配，从而缩短毕业生的岗位适应期，提升企业的用人实效，拓宽毕业生的就业渠道，进而提升专业群的适应性。

---

① 张栋科，闫广芬. 高职专业群建设：政策、框架与展望［J］. 职业技术教育，2017，38（28）：38－43.

北京电子科技职业学院根据职业岗位调研分析，梳理出面向高职生就业的24个典型工作岗位，并将其归纳为智能生产控制、智能生产运行、智能质量管理、智能设备维护4类岗位群，形成4种职业发展路径。对4类岗位群（职业发展路径）需要具备的职业知识、技能、素质进行解构分析，与教育部颁布的高职专业教学标准进行比照研究，结合学校与北京奔驰等校企合作实际及毕业生分专业就业去向统计，确定由汽车制造与装配技术、机电一体化技术、汽车检测与维修技术、机械制造与自动化专业组成汽车制造与装配技术专业群。

无锡职业技术学院精准对接长三角及无锡地区中小微制造企业，开展以物联网为龙头的新一代信息技术，赋能制造业转型升级的人才需求，以物联网技术在离散型制造企业的应用为主线，面向数字化车间设备智联、数字管控、互联互通、数据融合、数据智能等环节的核心技术与岗位构建专业群。群内各专业协同服务于"互联网+"模式下的智能制造产业，随着岗位细化和新兴岗位衍生进行系统优化。

③知识逻辑。

第三种组群逻辑是知识逻辑，是基于知识的相近性和相似性以及各专业知识的内在关联构建专业群。此组群逻辑的特点是群内各专业有相同的专业基础课，专业间相关性强，人才培养目标有交差，专业间的边界模糊，交互性强，群内各专业间的知识覆盖有重合性，对实训条件等资源的要求标准相近，因此可以实现群内师资、实训、课程等资源共建共享。

譬如，山东商业职业技术学院调研发现，随着商务服务业不断升级，定制化生产模式要求商务服务典型职业活动进行变革，由独立工作向协同工作演进，工作范围涵盖需求分析与挖掘、产品规划、供应筹划、客户服务与关怀、业务财务等各个方面。工作职责界限愈发模糊，关联度、协同度、交互度越来越高，呈现出高并行、强交互的特征。此外，市场营销、电子商务、会计、物流管理、商务管理均隶属于高等职业教育财经商贸大类专业，5个专业基础相通，相关性强，学生共同接受精准营销技能、视觉营销技能、数据分析技能、供应筹划技能、客户沟通技能、财务管理分析技能等系统化、实战化训练，共享专兼职教师资源、校内生产性实训基地、校外实践教学基地、合作企业；能够通过优化配置资源，实现资源共享和专业优势互补，提升专业群人才培养质量和社会服务能力。基于此，山东商业职业技术学院将市场营销、电子商务、会计、物流管理、商务管理5个专业组建成市场营销专业群，协同培养人才。

3. 建设举措分析

在高职院校专业组群的具体实践操作中，还必须把握其关键维度，重点从人才培养、课程体系、教学团队、实训条件和产教融合等层面进行实践探索。

①人才培养。

在"双高建设"计划中，人才培养主要涉及落实立德树人，强化德智体美劳"五育并举"，坚持工学结合、知行合一、德技并修，传承工匠精神，开展"1+X"证书试点等建设内容。7所"双高"建设单位均从专业层次上对人才培养模式进行改革，开展校企双主体育人，学历证书与职业技能证书融通，满足人才发展需求和行业、社会发展需求。譬如，山东商业职业技术学院构建"双向·三融·四进"商科现代学徒制人才培养模式，构建"基础通用、项目共享、方向明确、拓展提升"的专业群课程体系。结合国家职业标准，对接"数据分析师""管理会计师"等国际证书，构建专业群课程体系，依托企业实际项目并结合学习者成长规律，构建公共基础—课堂教学—集中实践—企业顶岗实习4层递进、创新创业实训贯穿的实战型实践教学体系，构建"三递进"分层分类创新创业教育体系。

②课程体系。

课程体系是专业群建设的依托，也是最核心环节，课程体系也是体现群内资源共享优势的关键环节。在7所院校所属的专业群建设方案中，均按照"底层共享、中层分立、高层互选"建设思路和要求，完成专业群课程体系重构，将专业群课程划分为公共基础课（公共课）、专业基础课和专业课三大类型。在专业群课程体系建设过程中，各项课程归属不同的专业，群内专业之间有共同的公共基础课程和专业基础课程，也有区别于其他专业的专业课程。

③教学团队。

教学团队是专业群建设质量的基本保障。通过对高职院校师资体系建设调研分析表明：在高职专业群建设中，师资体系是专业群建设的核心资源，有一流的师资体系才有一流的专业群，才能培养一流的技术技能人才。7所院校的专业群建设方案显示，各院校开展了不同形式的教学团队提升措施。主要集中于以下两点：第一，跨专业组建高水平、结构化教师教学团队，具体包括培育专业群带头人、骨干教师及技术技能大师、培养专兼结合的"双师型"教师；第二，打造高水平教学创新团队和技术创新团队。

④实训条件。

综合分析7所院校的专业群建设方案，大都针对基础技能、岗位技能和职业技能，构建"基础共享、技术互补、资源相融"的实践教学条件，推进产教深度融合，集聚社会优质资源，顺应产业变化，优化调整基础技能实训平台，依托行业企业，共建关键技术岗位综合实训中心，打造人才培养校企命运共同体。建成对接国际标准的开放共享型专业群校内实践教学基地，优化和拓展高质量校外实习基地，为培养复合型技能人才提供保障。

⑤产教融合。

深化产教融合、打造校企命运共同体是新时代对职业院校提出的最新要求，也是职业院校构建高水平专业群的内在要求，更是职业教育体现类型优势的重要途径，通过产教深度融合，才能与区域产业群深入对接，深入把握区域产业对专业群建设的要求，为专业群发展注入活力。在高水平专业群建设过程中，7所商职院校与行业内拥有丰富技术和资源储备的企事业单位合作，参与技术研发、关键技术研究、技艺技能传承创新，整合装备、人力、文化、信息、技术等要素，融合实验室、研究室、技能大师工作室等功能，构建区域开放共享的产教融合实训基地，建立校企人员双向互动机制，健全合作平台机制，深化校企合作，实现技术技能积累。成立企业技术服务中心，开展人才培养、技术培训、技能鉴定和企业转型升级等服务。实现职业教育供给侧和产业需求侧结构要素全方位融合。

⑥组织保障。

成立专业群建设专家指导委员会，完善定期会议机制、联系沟通机制和工作机制，制定规章制度，规定各方的权利与义务；成立专业群建设管理机构，明确各机构责任，规范和指导专业群各项建设任务。贯穿诊改理念，强化质量意识，树立全面质量管理理念，引入企业、行业及协会等开展第三方评价机制，围绕机制、标准、程序和质量四方面要求，分别对专业、课程、教师、学生 4 个层面开展专业群内部质量保证体系诊断与改进工作，形成评估、诊断、改进的控制链和信息链，形成专业群建设持续改进、持续优化的工作模式。

第四章 山东省高水平高职院校和高水平专业群建设任务和建设路径研究

一、高水平高职院校和高水平专业群建设的政策演进

(一) 高职院校高质量建设政策变迁历程

1. 我国高职院校高质量建设政策变迁历程

高职教育的配套政策关系到职业院校的发展和进步。一系列政策的出台为在特定历史时期内如何建设高职院校、建设什么样的高职院校、怎样建设高职院校指明了方向、开辟了道路。基于对职业教育政策的深入分析可以发现,进入新世纪以来,我国高职院校建设的历程经历了4个发展阶段,即示范性高职院校建设(2005—2009年)、骨干高职院校建设(2010—2013年)、优质高职院校建设(2014—2018年)、高水平高职院校建设(2019年至今)。

(1) 示范性高职院校建设(2005—2009年)。

据统计,我国高等教育的毛入学率在2002年突破了15%,高等教育发展已经进入大众化阶段,在这一过程中,职业教育发挥了举足轻重的作用。高等教育量的提升呼吁高等教育质的改变,提升高职院校质量成为当前面临的一项重要任务和使命。

2005年,国务院发布了《关于大力发展职业教育的决定》,其中明确提出:"实施职业教育示范性院校建设计划……重点建设100所示范性高等职业院校。"教育部和财政部又分别于2006年和2007年出台了《关于实施国家示范性高等职业院校建设计划 加快高等职业教育改革与发展的意见》和《国家示范性高等职业院校建设计划管理暂行办法》两个配套文件,职业教育迎来了新的发展机遇,展现出光明前景。"示范性高职院校建设计划"从2006年起正式实施,分3批建设,每批建设周期为3年。2006年共立项建设28所示范校,2007年共立项建设42所示范校,2008年立项建设30所示范校,分别于2009年、2010年和2011年完成了验收工作,3批入选全国"示范性高职院校建设计划"的高职院校如表4-1所示。

表4-1 入选全国"示范性高职院校建设计划"的高职院校

地区	院校名称
北京市(4所)	北京工业职业技术学院、北京电子科技职业学院、北京农业职业学院、北京财贸职业学院

续表

地区	院校名称
上海市（4所）	上海医药高等专科学校、上海公安高等专科学校、上海工艺美术职业学院、上海旅游高等专科学校
天津市（4所）	天津职业大学、天津中德职业技术学院、天津医学高等专科学校、天津电子信息职业技术学院
重庆市（3所）	重庆工业职业技术学院、重庆工程职业技术学院、重庆电子工程职业学院
河北省（4所）	邢台职业技术学院、承德石油高等专科学校、石家庄铁路职业技术学院、河北工业职业技术学院
山西省（2所）	山西财政税务专科学校、山西工程职业技术学院
内蒙古自治区（2所）	内蒙古建筑职业技术学院、包头职业技术学院
辽宁省（4所）	辽宁省交通高等专科学校、沈阳职业技术学院、大连职业技术学院、辽宁农业职业技术学院
吉林省（3所）	长春汽车工业高等专科学校、长春职业技术学院、吉林工业职业技术学院
黑龙江省（4所）	黑龙江建筑职业技术学院、黑龙江农业工程职业学院、黑龙江农业经济职业学院、大庆职业学院
江苏省（7所）	南京工业职业技术学院、无锡职业技术学院、江苏农林职业技术学院、常州信息职业技术学院、苏州工业园区职业技术学院、南通纺织职业技术学院、徐州建筑职业技术学院
浙江省（6所）	宁波职业技术学院、浙江金融职业学院、浙江机电职业技术学院、温州职业技术学院、金华职业技术学院、浙江警官职业学院
安徽省（3所）	芜湖职业技术学院、安徽水利水电职业技术学院、安徽职业技术学院
福建省（2所）	福建交通职业技术学院、漳州职业技术学院
江西省（1所）	九江职业技术学院
山东省（6所）	青岛职业技术学院、威海职业学院、山东商业职业技术学院、淄博职业学院、日照职业技术学院、山东科技职业学院
河南省（4所）	平顶山工业职业技术学院、商丘职业技术学院、河南职业技术学院、黄河水利职业技术学院
湖北省（4所）	武汉职业技术学院、武汉船舶职业技术学院、湖北职业技术学院、武汉铁路职业技术学院

续表

地区	院校名称
湖南省（5所）	长沙民政职业技术学院、湖南铁道职业技术学院、永州职业技术学院、湖南交通职业技术学院、湖南工业职业技术学院
广东省（4所）	番禺职业技术学院、深圳职业技术学院、广州民航职业技术学院、广东轻工职业技术学院
广西壮族自治区（2所）	南宁职业技术学院、柳州职业技术学院
四川省（6所）	成都航空职业技术学院、四川工程职业技术学院、四川交通职业技术学院、四川建筑职业技术学院、绵阳职业技术学院、四川电力职业技术学院
云南省（2所）	云南交通职业技术学院、昆明冶金高等专科学校
贵州省（1所）	贵州交通职业技术学院
陕西省（3所）	杨凌职业技术学院、西安交通职业技术学院、陕西工业职业技术学院
甘肃省（2所）	兰州石化职业技术学院、甘肃林业职业技术学院
新疆维吾尔自治区（3所）	新疆农业职业技术学院、克拉玛依职业技术学院、新疆石河子职业技术学院
海南省（1所）	海南职业技术学院
宁夏回族自治区（2所）	宁夏职业技术学院、宁夏财经职业技术学院
青海省（1所）	青海畜牧兽医职业技术学院
西藏自治区（1所）	西藏职业技术学院

从整体来看，100所高职院校分布于全国的31个省、市、自治区、直辖市。其中，东部地区49所，数量最多，占比49%；中部地区28所，占比28%；西部地区23所，占比23%。东部地区高职院校整体的基数较大，同时凭借其绝对的区位优势、经济优势等获得了更多的政策支持。从各省（直辖市）入选院校数量看，江苏省入选院校7所，山东、浙江和四川省入选院校6所，湖南省入选5所高职院校，相比其他省份而言数量较多。

这一时期，示范性高职院校的建设处于起步阶段，各地的高职院校陆续参与建设，配套设施也逐步完善起来。虽然由于地域的差别，资源有所限制，但总体而言，各个建设高校分布于全国各地，对区域内职业教育发展起到了良好的示范与辐射作用，带动当地其他高职院校的发展，可见示范校建设的意图在于用"星星之火"燎起全国高职院校普遍建设的"熊熊火焰"。

"示范性高职院校建设计划"的实施，目的在于以部分院校为样本充分发挥其示范引领作用,从而进一步提高高等职业院校的办学质量和人才培养质量,促进和推动教育教学体制和管理体制的改革,创新高职院校的运行机制,通过典型示范和辐射带动作用,引领全国高职院校走向特色化、实用化、创新化和品牌化的发展道路,促进高职教育快速、健康、均衡、有序发展,在当时高职院校建设由"量"向"质"转变的过程中发挥了极其重要的作用。

(2) 骨干高职院校建设(2010—2013年)。

"示范性高职院校建设计划"的提出和推行提高了高职院校的办学质量和人才培养质量,在此基础上国家进一步加强高职院校建设,给予了更多的政策支持和配套资金等,促进职业教育发展再次向前迈出一大步。

2010年出台的《国家中长期教育改革和发展规划纲要(2010—2020年)》(以下简称《纲要》)明确提出"支持高等职业教育示范校建设"。为贯彻落实《纲要》精神,扩大示范院校建设的范围,2010年出台了《教育部 财政部关于进一步推进"国家示范性高等职业院校建设计划"实施工作的通知》,提出"新增100所左右骨干高职建设院校"。"骨干高职院校建设计划"从2010年起正式实施,共确立100所高职院校,分三批建设,每批院校的建设周期为3年,2010年遴选40所左右高职院校立项建设,2011年、2012年再分别遴选了30所左右的高职院校,2015年完成全部项目验收工作,入选"骨干高职院校建设计划"的高职院校如表4-2所示。

表4-2 入选"骨干高职院校建设计划"的高职院校

地区	院校名称
北京市(2所)	北京信息职业技术学院、北京劳动保障职业学院
天津市(3所)	天津交通职业学院、天津轻工职业技术学院、天津现代职业技术学院
河北省(4所)	邯郸职业技术学院、河北化工医药职业技术学院、唐山工业职业技术学院、秦皇岛职业技术学院
山西省(3所)	山西煤炭职业技术学院、山西建筑职业技术学院、山西职业技术学院
内蒙古自治区(2所)	内蒙古化工职业学院、内蒙古机电职业技术学院
辽宁省(3所)	辽宁石化职业技术学院、渤海船舶职业学院、辽宁职业学院
吉林省(1所)	吉林交通职业技术学院
黑龙江省(3所)	哈尔滨铁道职业技术学院、黑龙江工商职业技术学院、哈尔滨职业技术学院
上海市(3所)	上海医疗器械高等专科学校、上海电子信息职业技术学院、上海出版印刷高等专科学校
江苏省(8所)	江苏畜牧兽医职业技术学院、南通航运职业技术学院、常州机电职业技术学院、苏州工艺美术职业技术学院、南京化工职业技术学院、南京信息职业技术学院、江苏经贸职业技术学院、江苏食品职业技术学院

续表

地区	院校名称
浙江省（5所）	浙江经济职业技术学院、浙江旅游职业学院、浙江交通职业技术学院、杭州职业技术学院、浙江建设职业技术学院
安徽省（5所）	安徽机电职业技术学院、安徽电气工程职业技术学院、安徽商贸职业技术学院、安徽交通职业技术学院、阜阳职业技术学院
福建省（4所）	福建信息职业技术学院、福建林业职业技术学院、泉州医学高等专科学校、闽西职业技术学院
江西省（4所）	江西现代职业技术学院、江西财经职业学院、江西应用技术职业学院、江西交通职业技术学院
山东省（7所）	滨州职业学院、烟台职业学院、济南铁道职业技术学院、东营职业学院、山东畜牧兽医职业学院、青岛港湾职业技术学院、济南职业学院
河南省（3所）	河南工业职业技术学院、河南农业职业学院、郑州铁路职业技术学院
湖北省（5所）	襄樊职业技术学院、黄冈职业技术学院、十堰职业技术学院、鄂州职业大学、武汉软件工程职业学院
湖南省（4所）	湖南大众传媒职业技术学院、湖南科技职业学院、湖南工艺美术职业学院、娄底职业技术学院
广东省（7所）	顺德职业技术学院、广东交通职业技术学院、广东水利电力职业技术学院、广州铁路职业技术学院、广东科学技术职业学院、中山火炬职业技术学院、深圳信息职业技术学院
广西壮族自治区（3所）	广西机电职业技术学院、广西职业技术学院、广西水利电力职业技术学院
海南省（1所）	海南经贸职业技术学院
重庆市（3所）	重庆电力高等专科学校、重庆城市管理职业学院、重庆工商职业学院
四川省（5所）	成都纺织高等专科学校、四川邮电职业技术学院、成都职业技术学院、宜宾职业技术学院、四川机电职业技术学院
贵州省（1所）	铜仁职业技术学院
云南省（1所）	云南机电职业技术学院
陕西省（3所）	陕西国防工业职业技术学院、陕西铁路工程职业技术学院、陕西职业技术学院
甘肃省（3所）	酒泉职业技术学院、兰州资源环境职业技术学院、武威职业学院
青海省（1所）	青海交通职业技术学院

续表

地区	院校名称
宁夏回族自治区（1所）	宁夏工商职业技术学院
新疆维吾尔自治区（2所）	新疆轻工职业技术学院、乌鲁木齐职业大学

示范校建设取得了优异的成绩，国家进一步推动骨干高职院校建设。通过统计分析可知，东部地区骨干校的数量占据了总量的近一半，而西部地区占比较少。从各省（直辖市）入选院校数量看，江苏省入选院校8所，山东省和广东省入选院校7所，浙江、四川、湖北、安徽4省各入选5所。这一时期，随着国家建设力度的进一步加大加强，高职院校的建设渐成规模，只是由于区位优势，骨干高职院校的分布依然存在东部地区较多的情况，尤以江苏省、山东省、广东省最为突出，而中西部地区数量较少。但这些院校总体仍遍布全国，基于前一阶段的示范性高职院校建设的基础，这一阶段的骨干高职院校建设推动了高职院校建设更进一步发展。

国家骨干高职院校建设，是在持续推进"国家示范性高等职业院校建设计划"实施的基础上而提出的，不仅再次明确了优质高职院校的范畴与规模，扩大了国家重点建设院校数量，而且加快了高等职业教育改革与发展的步伐，形成了以国家示范高职院校为引领、国家骨干高职院校为带动、省级重点建设高职院校为支撑的发展格局，充分凸显了各区域高职院校的办学特色，全面提高了人才培养质量和办学水平。

（3）优质高职院校建设（2014—2019年）。

2014年国务院颁布的《关于加快发展现代职业教育的决定》提出"改革创新高等职业教育"。为进一步推动高职教育创新发展，2015年出台的《高等职业教育创新发展行动计划（2015—2018年）》明确提出"鼓励支持地方建设一批办学定位准确、专业特色鲜明、社会服务能力强、综合办学水平领先、与地方经济社会发展需要契合度高、行业优势突出的优质专科高等职业院校"。优质高职院校建设由省级教育行政部门负责，2016年出台了相关措施，并在2018年年底前完成。2019年7月1日，教育部发布了《关于公布〈高等职业教育创新发展行动计划（2015—2018年）〉项目认定结果的通知》，认定优质高等职业院校200所。国家"优质高职院校"院校名单和个省市分布如表4-3和图4-1所示。

表4-3 国家"优质高职院校"院校名单

地区	院校名称
北京市（5所）	北京电子科技职业学院、北京财贸职业学院、北京工业职业技术学院、北京农业职业学院、北京信息职业技术学院

续表

地区	院校名称
天津市（8所）	天津市职业大学、天津医学高等专科学校、天津现代职业技术学院、天津交通职业学院、天津机电职业技术学院、天津电子信息职业技术学院、天津轻工职业技术学院、天津渤海职业技术学院
河北省（11所）	河北工业职业技术学院、邢台职业技术学院、唐山工业职业技术学院、河北化工医药职业技术学院、石家庄职业技术学院、秦皇岛职业技术学院、承德石油高等专科学校、河北软件职业技术学院、河北交通职业技术学院、唐山职业技术学院、石家庄铁路职业技术学院
山西省（4所）	山西省财政税务专科学校、山西药科职业学院、山西工程职业技术学院、山西职业技术学院
内蒙古自治区（4所）	内蒙古建筑职业技术学院、内蒙古商贸职业学院、内蒙古机电职业技术学院、包头职业技术学院
辽宁省（6所）	辽宁省交通高等专科学校、辽宁农业职业技术学院、辽宁机电职业技术学院、沈阳职业技术学院、大连职业技术学院、辽宁经济职业技术学院
吉林省（3所）	长春汽车工业高等专科学校、长春职业学院、吉林铁道职业技术学院
黑龙江省（5所）	黑龙江农业经济职业学院、哈尔滨职业技术学院、黑龙江职业学院、黑龙江农业工程职业学院、黑龙江建筑职业技术学院
上海市（4所）	上海电子信息职业技术学院、上海城建职业学院、上海工艺美术职业学院、上海济光职业技术学院
江苏省（17所）	南京铁道职业技术学院、南京信息职业技术学院、南京工业职业技术学院、江苏建筑职业技术学院、常州机电职业技术学院、常州信息职业技术学院、无锡商业职业技术学院、无锡职业技术学院、南通航运职业技术学院、江苏食品药品职业技术学院、常州工程职业技术学院、江苏农牧科技职业学院、江苏经贸职业技术学院、江苏农林职业技术学院、苏州农业职业技术学院、江苏海事职业技术学院、江苏工程职业技术学院
浙江省（12所）	金华职业技术学院、浙江机电职业技术学院、浙江金融职业学院、宁波职业技术学院、温州职业技术学院、杭州职业技术学院、浙江经贸职业技术学院、浙江经济职业技术学院、浙江建设职业技术学院、浙江旅游职业学院、浙江交通职业技术学院、浙江商业职业技术学院
安徽省（8所）	芜湖职业学院、安徽机电职业技术学院、安徽商贸职业技术学院、安徽水利水电职业技术学院、合肥职业技术学院、安徽职业技术学院、安徽工商职业学院、安徽医学高等专科学校

续表

地区	院校名称
福建省（6所）	黎明职业大学、福州职业技术学院、福州船政交通职业学院、福建水利电力职业技术学院、福建信息职业技术学院、厦门城市职业学院
江西省（5所）	九江职业技术学院、江西交通职业技术学院、江西应用技术职业学院、江西外语外贸职业学院、江西环境工程职业学院
山东省（12所）	山东商业职业技术学院、淄博职业学院、日照职业技术学院、山东科技职业学院、潍坊职业学院、滨州职业学院、烟台职业学院、济南职业学院、山东交通职业学院、威海职业学院、青岛职业技术学院、山东外贸职业学院
河南省（10所）	河南工业职业技术学院、河南交通职业技术学院、河南经贸职业学院、河南农业职业学院、河南职业技术学院、黄河水利职业技术学院、平顶山工业职业技术学院、许昌职业技术学院、郑州铁路职业技术学院
湖北省（10所）	武汉职业技术学院、武汉船舶职业技术学院、襄阳职业技术学院、黄冈职业技术学院、湖北三峡职业技术学院、湖北交通职业技术学院、武汉铁路职业技术学院、武汉城市职业学院、湖北职业技术学院、武汉软件工程职业学院
湖南省（10所）	长沙民政职业技术学院、湖南工业职业技术学院、长沙航空职业技术学院、湖南铁道职业技术学院、湖南交通职业技术学院、长沙商贸旅游职业技术学院、岳阳职业技术学院、湖南化工职业技术学院、湖南工艺美术职业学院、湖南汽车工程职业学院
广东省（14所）	广东轻工职业技术学院、广东交通职业技术学院、中山职业技术学院、广东机电职业技术学院、广东食品药品职业学院、深圳职业技术学院、广州铁路职业技术学院、深圳信息职业技术学院、广州民航职业技术学院、广州番禺职业技术学院、顺德职业技术学院、中山火炬职业技术学院、广东科学技术职业学院、广东水利电力职业技术学院
广西壮族自治区（6所）	南宁职业技术学院、柳州职业技术学院、广西职业技术学院、广西机电职业技术学院、广西交通职业技术学院、广西电力职业技术学院
海南省（1所）	海南经贸职业技术学院
重庆市（5所）	重庆城市管理职业学院、重庆工业职业技术学院、重庆三峡医药高等专科学校、重庆电子工程职业学院、重庆工程职业技术学院
四川省（9所）	四川工程职业技术学院、成都航空职业技术学院、成都纺织高等专科学校、四川交通职业技术学院、成都职业技术学院、四川建筑职业技术学院、四川邮电职业技术学院、四川工商职业技术学院、成都农业科技职业学院
贵州省（3所）	贵州交通职业技术学院、铜仁职业技术学院、贵州轻工职业技术学院

续表

地区	院校名称
云南省（4所）	云南机电职业技术学院、云南农业职业技术学院、昆明冶金高等专科学校、云南交通职业技术学院
陕西省（7所）	陕西工业职业技术学院、杨凌职业技术学院、西安航空职业技术学院、陕西铁路工程职业技术学院、陕西国防工业职业技术学院、陕西交通职业技术学院、陕西职业技术学院
甘肃省（5所）	兰州资源环境职业技术学院、甘肃工业职业技术学院、兰州石化职业技术学院、酒泉职业技术学院、甘肃林业职业技术学院
青海省（2所）	青海交通职业技术学院、青海建筑职业技术学院
宁夏回族自治区（2所）	宁夏职业技术学院、宁夏工商职业技术学院
新疆维吾尔自治区（3所）	新疆农业职业技术学院、新疆交通职业技术学院、新疆轻工职业技术学院

优质高等职业院校建设项目，通过扶强扶优，引导一批院校率先发展、引领发展，对推动高职院校特色发展、创新发展，促进区域经济产业结构转型升级具有重要的战略意义。

经分析可以看出东部地区骨干校占据了总体的近一半数量，而西部地区占比相对较少。从各省（直辖市）入选院校数量来看，江苏省入选院校17所，广东省入选14所，山东省和浙江省各入选院校12所。然而，地域造成的院校分布差距现象依然存在，相较于前两阶段，这一时期更加强调创新发展的重要性，在建设院校一定数量的基础上，同时着眼于高职院校的内涵建设与高质量发展。一批高质量高职院校的建设，对各地其他高职院校来说，除了起到示范引领作用，更激发了院校之间的相互竞争，呈现出院校之间共同进步、成长的态势，向"优质"靠拢，达到共同服务社会与经济的目的。

（4）高水平高职院校建设（2019年至今）。

2014年，教育部等6部门出台的《现代职业教育体系建设规划（2014—2020年）》中明确提出，到2020年要建设建成一批特色鲜明的高水平高职院校。2019年，借鉴本科高校的"双一流"建设项目，高职院校开始实施"双高计划"建设项目，进入了全新的发展阶段。

2019年1月，国务院出台《国家职业教育改革实施方案》，提出要开展中国特色高水平高职院校和专业（群）建设计划，着力打造一批扎根中国大地、锚定世界一流、引领改革发展的高职院校和专业（群）。2019年4月，教育部、财政部发布了《关于实施"双高计划"的意见》《"双高计划"项目遴选管理办法》等系列文件。2019年12月，教育部、

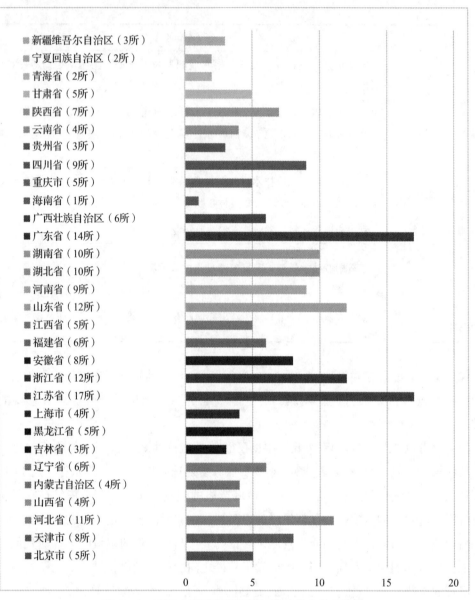

图 4-1 国家"优质高职院校"院校省市分布情况

财政部公布了"双高计划"第一轮获批立项名单,共 197 所学校入选,其中高水平学校建设单位 56 个,高水平专业群建设单位 141 个。"双高计划"实施周期性建设,第一轮建设周期为 2019—2023 年,5 年一到重新洗牌。全国高水平学校建设单位分布如表 4-4 所示。

表 4-4 全国高水平学校建设单位分布

序号	地区	建设单位/个	序号	地区	建设单位/个
1	北京市	3	3	河北省	1
2	天津市	3	4	山西省	1

续表

序号	地区	建设单位/个	序号	地区	建设单位/个
5	内蒙古自治区	1	18	湖南省	2
6	辽宁省	1	19	广东省	5
7	吉林省	1	20	广西壮族自治区	1
8	黑龙江省	1	21	海南省	1
9	上海市	1	22	重庆市	2
10	江苏省	7	23	四川省	1
11	浙江省	6	24	贵州省	1
12	安徽省	1	25	云南省	1
13	福建省	1	26	陕西省	4
14	江西省	1	27	甘肃省	1
15	山东省	4	28	宁夏回族自治区	1
16	河南省	1	29	新疆维吾尔自治区	1
17	湖北省	1			

整体来看，56 所高职院校分布在全国的 29 个省、直辖市、自治区。其中，东部地区 34 所，占比 61%；中部地区 10 所，占比 18%；西部地区 12 所，占比 21%。同样，东部地区凭借区位优势、经济优势等获得了更多的政策支持。从各省（直辖市）入选院校数量来看，江苏省入选院校 7 所，浙江省入选 6 所，广东省入选院校 5 所，山东省和陕西省都是 4 所。全国高水平学校建设单位各省市分布情况如图 4-2 所示。

"双高"建设注重内涵发展，是高职院校创新发展政策的延伸和拓展。立足新发展格局，职业教育应创新发展理念，既要服务建设现代化经济体系的需要，也要实现更高质量、更加充分的就业，形成更加成熟完善的体现职业教育高质量发展的政策制度、标准体系，支撑国家战略，服务产业升级，融入区域发展，加快构建高质量职业教育体系，探索形成中国特色的职教发展模式。

综上，高职院校高质量发展进程是基于时代之需、政策推进以及职业教育自身发展的交汇作用所致。就政策结果而言，从强化基础的重点支持，到重视质量的示范引领，再到强调特色的高水平建设，层次递进，波浪式前行。政策变迁的动向由模糊到清晰，并始终以"质量为先"：从先前的注重职业教育基础建设到今天的职业教育全过程全链条发展推进，高等职业教育的可持续发展战略是蕴含规模与质量并行这一行动逻辑的。同样地，我国高职院校发展经历了示范（骨干）校、优质校、"双高校"建设过程，这个过程是连续的、递进的，在政策持续支持下，驱动职业教育重点突破，进而实现提质培优、增值赋能。更重要的是，在政策实施进程中要重视职业教育评价改革，建立内部质量保证体系，

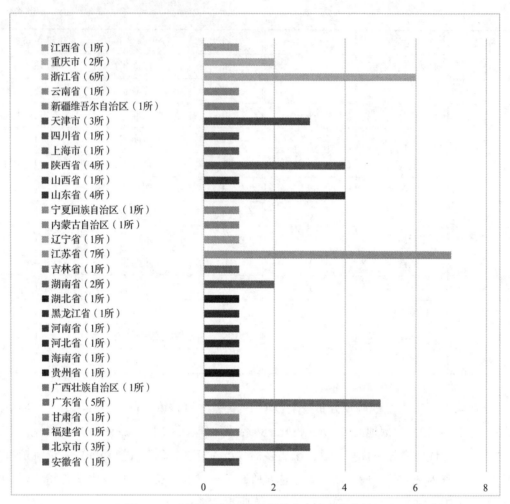

图4-2 全国高水平学校建设单位各省市分布情况

构建行业企业深度参与的职业教育评价机制,为高职院校建设保驾护航。

就建设特征而言,要建设高水平高职院校,一要体现融合发展,坚持校企合作共建,深化产教融合,坚持院校发展推动区域产业发展;二要体现创新发展,精准对接高端产业,实现人才培养模式的创新;三要体现均衡发展,建设高水平高职院校,要靠高水平的专业、课程、师资、实训条件、治理水平等来支撑;四要注重个性化发展,区域产业发展情况不同,需要因地制宜,走符合自身特点的发展之路。

就建设成效而言,"双高计划"实施以来,立德树人根本任务得到全面落实,高职院校面向区域重点产业的专业群布局成效明显,重点专业群建设带动作用显著,人才培养供给侧和产业需求侧结构要素全方位融合,校企紧密协同育人模式进一步完善,教学模式和方法改革加速推进,产业急需、技艺高超的高素质技术技能人才培养取得初步效果,学生的人文素养和工匠意识显著增强,高就业率和就业质量得以持续保持,服务区域发展的能力进一步提高。下一步,高职院校应以更坚定的政治站位、更深邃的战略眼光、更广阔的国际视野、更笃定的文化自信、更扎实的攻坚作风，实现内涵式高质量发展。

2. 山东省高职院校高质量建设政策变迁历程

面对国家层面的高职院校高质量建设，山东省基于本省教育发展的实际，因地制宜，积极发展本省的高等职业教育，在这一过程中，不断出台新的政策、提出新的发展理念。

（1）山东省技能型人才培养特色名校建设（2011—2015年）。

山东省高等教育名校建设工程（以下简称"山东特色名校工程"）是山东省人民政府为解决省内高等学校面临的办学模式单一、同质化倾向明显、学科专业结构不能适应经济社会发展等问题而实施的教育改革，主要在省内高校中选择一批优质特色学校开展重点建设，是一项提高省属高校办学质量的重大举措。

山东特色名校工程，吹响了山东省高等学校分类管理、分类指导、强化内涵、特色发展、提高人才培养质量的号角，分两批遴选了25所高职院校成为山东省技能型人才培养特色名校立项建设单位，更多地聚集在了济南市、烟台市、潍坊市、青岛市4个经济和职业教育发展基础好的地区。技能名校建设实施以来，在省教育厅、财政厅的大力支持下，25所省技能型人才培养特色名校在制造、建筑、能源化工、交通运输、电子信息、医疗卫生和服务业等领域，重点建设布局了200余个专业点。山东省高等教育名校分布情况和各市入选情况如表4-5和图4-3所示。

表4-5　山东省技能型人才培养特色名校分布情况

城市	院校
济南（5所）	山东劳动职业技术学院、济南工程职业技术学院、山东旅游职业学院、山东电子职业技术学院、山东城市建设职业学院
莱芜（1所）	莱芜职业技术学院
烟台（3所）	山东中医药高等专科学校、山东商务职业学院、烟台汽车工程职业学院
济宁（2所）	济宁职业技术学院、山东理工职业学院
潍坊（4所）	潍坊职业学院、山东交通职业学院、山东经贸职业学院、潍坊工程职业学院
聊城（1所）	聊城职业技术学院
青岛（3所）	青岛远洋船员职业学院、青岛酒店管理职业技术学院、山东外贸职业学院
日照（1所）	山东水利职业学院
淄博（1所）	山东工业职业学院
威海（1所）	山东药品食品职业学院
德州（1所）	德州职业技术学院
泰安（1所）	泰山职业技术学院
临沂（1所）	山东医学高等专科学校

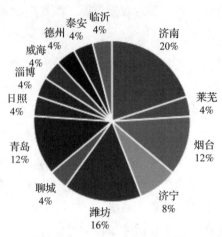

图 4-3　山东省技能型人才培养特色名校各市入选情况

技能型人才培养特色名校以项目建设为抓手，打造了一批特色鲜明的"领头羊"院校，在人才培养与专业建设、治理能力提升等方面发挥了带动引领作用，增强了高职教育的整体办学实力；以机制创新促进发展，省财政资金拉动了地方政府、行业企业的大量投入，各项目院校的基本办学条件得到明显改进，校企合作力度不断加大，专业服务区域产业发展水平明显增强，为全省高等职业教育创新提质发展提供了有力支撑。未来，山东省职业教育发展应当兼顾区域发展基础等多方面的因素，重点扶持发展慢、基础差、有潜力的地区，这也为今后职业教育的发展指明了方向。

（2）优质高职院校建设（2015—2019年）。

2015年，教育部发布《高等职业教育创新发展行动计划（2015—2018年）》，明确提出"鼓励支持地方建设一批办学定位准确、专业特色鲜明、社会服务能力强、综合办学水平领先、与地方经济社会发展需要契合度高、行业优势突出的优质院校"。山东省于2017年和2019年分两批共建设优质专科高等高职院校32所。

这32所优质高职院校的分布情况和各市入选情况如表4-6和图4-4所示，可见更多地聚集在了济南市、烟台市、潍坊市、青岛市4个经济和职业教育发展基础好的地区。未来，山东省职业教育发展应当兼顾区域、发展基础等多方面的因素，重点扶持发展慢、基础差、有潜力的地区，这也为今后职业教育的发展指明了方向。

表 4-6　32 所优质高职院校的分布情况

地区	高职院校
淄博（2所）	淄博职业学院、山东工业职业学院
日照（2所）	日照职业技术学院、山东水利职业学院
潍坊（4所）	山东科技职业学院、潍坊职业学院、山东交通职业学院、潍坊工程职业学院

续表

地区	高职院校
威海（2所）	威海职业学院、山东药品食品职业学院
滨州（1所）	滨州职业学院
聊城（1所）	聊城职业技术学院
烟台（3所）	烟台职业学院、烟台汽车工程职业学院、山东中医药高等专科学校
临沂（1所）	山东医学高等专科学校
济宁（2所）	济宁职业技术学院、山东理工职业学院
济南（6所）	济南职业学院、山东城市建设职业学院、山东电子职业技术学院、山东旅游职业学院、山东劳动职业技术学院、济南工程职业技术学院
泰安（1所）	泰山职业技术学院
菏泽（1所）	菏泽医学专科学校
青岛（3所）	青岛职业技术学院、山东外贸职业学院、青岛港湾职业技术学院
莱芜（1所）	莱芜职业技术学院
德州（1所）	德州职业技术学院
枣庄（1所）	枣庄职业学院

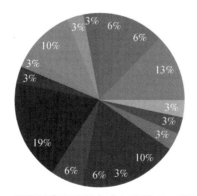

图4-4　32所优质高职院校各市入选情况（附彩图）

"内涵式发展"作为教育学领域的舶来品，自2020年在教育部《第五轮学科评估工作方案》中被提出以来，在高等教育领域掀起了一场近乎革命性的变革。实施优质高职院校建设计划，是"内涵式发展"在高职教育领域的生动反映，就其内容而言，国家级示范性高职院校建设和各类高职院校办学层次的深化与拓展是其题中应有之义。高职院校不断强化内涵式发展，必然实现高职院校层次的提升、深化与拓展。建设优质高职院校，是国家立足职业教育发展实际,满足人们不断增长的对优质教育的诉求,实现人才培养结构更加合理、人才培养质量持续提高、高等职业教育内部结构持续优化的必然选择,也是对高职教育助力"中国制造2025"等国家战略的目标实现,对推动产业结构转型、经济社会发展提出的内在要求。

山东省优质高职院校建设,坚持整体统筹把握、关键领域突破、创新引领发展,不断深化专业建设,谋求提高办学质量,旨在建设一批服务区域产业能力突出、办学特色鲜明、校企合作紧密、综合水平高的优质高职院校,带动全省职业教育在改革发展上不断取得新的成就,建设独具山东特色的、走在全国前列的现代职教体系。

经过几年建设,在党建统领下,一流专业建设成效显著,课程体系不断得到完善,专业综合实力和人才培养质量全面提升;产教融合、校企协同育人机制不断取得突破;"双师"队伍建设显著提升,教学信息化水平显著提高;服务区域产业发展能力不断增强;广泛开展国际交流与合作,国际影响力明显增强;特色文化品牌育人成效显著。

(二)专业群高质量建设政策变迁历程

1. 国家专业群高质量建设政策变迁历程

(1)国家高职专业群"试点"建设阶段(2006—2010年)。

2005年10月,为了积极响应和充分补充"国家示范性高等职业院校建设计划",国务院出台了《关于大力发展职业教育的决定》(以下简称《决定》)。《决定》明确提出,教育部与财政部要在"十一五"期间投资20亿元,在全国范围内重点建设百所高职院校。对此,2006年教育部与财政部联合印发了《关于实施国家示范性高等职业院校建设计划 加快高等职业教育改革与发展的意见》(以下简称《实施意见》),作为配套措施和办法。《实施意见》的提出,对加快高等职业教育改革、加快高等职业教育内涵建设与高质量发展等问题从多方面给出了指导意见,提出以加强高职院校对区域经济发展的推动作用和提高高职教育的社会服务能力为目标,以专业师资建设、实训设施、特色课程体系建设等方面为切入点,加速建设约500个以重点建设专业为中心,相关专业密切配合的专业群。在《决定》和《实施意见》的正确引领下,高等职业教育专业群建设已取得了初步成效。截至2010年,全国范围内各高职院校共建成重点专业群440个,从此掀开了我国高职院校内涵式发展的新篇章。全国示范性高等职业院校重点建设专业数量和分布情况如表4-7和图4-5所示。

表4-7 全国示范性高等职业院校重点建设专业数量

序号	地区	数量	序号	地区	数量
1	北京市	14	4	山西省	8
2	天津市	16	5	内蒙古自治区	7
3	河北省	15	6	辽宁省	17

续表

序号	地区	数量	序号	地区	数量
7	吉林省	13	19	广西壮族自治区	9
8	黑龙江省	12	20	海南省	3
9	上海市	18	21	重庆市	11
10	江苏省	29	22	四川省	23
11	浙江省	29	23	贵州省	4
12	福建省	13	24	云南省	7
13	安徽省	14	25	西藏自治区	4
14	山东省	23	26	陕西省	11
15	河南省	18	27	甘肃省	7
16	湖北省	15	28	青海省	3
17	湖南省	22	29	宁夏回族自治区	5
18	广东省	25	30	新疆维吾尔自治区	13

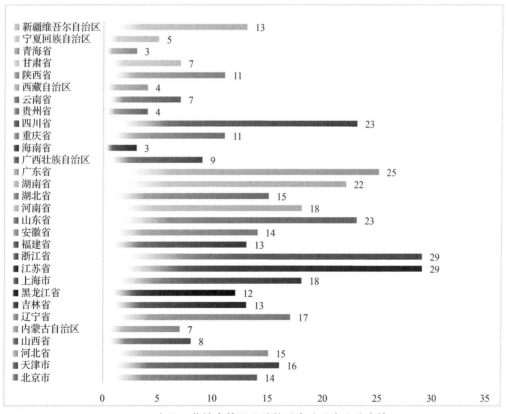

图4-5 全国示范性高等职业院校重点建设专业分布情况

为了充分吸取示范院校的先进经验并取长补短，我们以 2006—2010 年"试点阶段"为时间轴，总结出示范院校的主要特点，具体有以下几个方面：

首先，不忘初心，坚持"以服务为宗旨、以就业为导向"。2006 年 11 月出台的《关于全面提高高等职业教育教学质量的若干意见》也明确提出要"服务区域经济和社会发展，以就业为导向，加快专业改革与建设"，通过及时追踪市场需求、毕业生就业状况、用人单位满意度等措施，有针对性地调控与优化专业结构布局，并通过重点专业群体系建设，高质量服务所面向的区域、行业、企业、协会和农村，强化学生就业能力、服务能力和实践能力培养。

其次，以投入为导向，明确高职院校专业群建设的具体任务。2007 年 6 月，教育部印发的《国家示范性高等职业院校建设计划管理暂行办法》中明确规定了关于示范性高等职业院校建设的各专项资金支出情况、实验实训条件建设费、课程建设费、师资队伍建设费、共享型专业教学资源库建设费等，进而为高职院校专业群建设指明了方向。同时，《实施意见》中也就建设内容进行了详细的规定，即要培养和引进高素质"双师型"优秀教师；加大教学和学习资源的开发建设力度，核心课程、主干课程、特色课程建设相互配合；发挥重点核心专业的辐射作用，带动相关专业课程水平提高。

全国示范性高等职业院校重点建设专业，从入选数量上看，江苏和浙江省各入选 29 个，广东省入选 25 个，四川省和山东省入选 23 个。总体而言，继续延续了骨干校、优质校建设的数量特征和区域特征，东部地区整体发展态势较好，在各地的专业建设中，入选数量最低的也有 3 个，同时也折射出全国各地协同并进。"试点"建设犹如"摸着石头过河"，找好了可靠的"垫脚石"，我国高职院校方能稳步、快速地蹚过高质量建设的大河。这些专业群的建设成效渐显，将大大推动我国高职院校的内涵式发展和国家对于专业群建设进一步的扶持力度。

（2）高职专业群"推广"建设阶段（2010—2014 年）。

为全面推进职业教育改革创新发展，2010 年 7 月，教育部、财政部联合发布《关于进一步推进"国家示范性高等职业院校建设计划"实施工作的通知》，提出在前期基础上新建 100 所骨干高职院校，不断优化专业结构，以适应区域经济发展，推动区域产业加速转型；2011 年 9 月，教育部、财政部共同开展提升高职院校专业服务能力的项目，重点建设约 1 000 个专业。全国骨干校重点建设专业数量和各省市分布情况如表 4-8 和图 4-6 所示。高职教育专业群建设进入推广阶段，并呈现出以下特征：

表 4-8　全国骨干校重点建设专业数量

序号	地区	专业数量/个	序号	地区	专业数量/个
1	北京市	7	3	河北省	16
2	天津市	9	4	山西省	14

续表

序号	地区	专业数量/个	序号	地区	专业数量/个
5	内蒙古自治区	8	18	湖南省	16
6	辽宁省	11	19	广东省	29
7	吉林省	4	20	广西壮族自治区	11
8	黑龙江省	12	21	海南省	2
9	上海市	10	22	重庆市	13
10	江苏省	32	23	四川省	16
11	浙江省	19	24	贵州省	3
12	安徽省	18	25	云南省	3
13	福建省	13	26	陕西省	12
14	江西省	14	27	甘肃省	12
15	山东省	26	28	青海省	3
16	河南省	16	29	宁夏回族自治区	3
17	湖北省	20	30	新疆维吾尔自治区	7

首先，坚持以提高人才质量为重点。通过改革培养模式、创新教学管理、完善质量保证体系等举措，引入企业优质职教资源，推行工学结合的育人方式。只有提高人才培养的质量，才能提升高职院校的吸引力和影响力，进而提升职业教育的整体形象。

其次，坚持以服务产业为导向。专业群以骨干专业作为支撑，需要加大专业与产业对接力度，通过优化专业结构、改善实训条件、强化师资建设等措施，把握专业群发展方向，根据区域产业布局调整专业建设体系，不断提高服务区域发展能力和重点产业的支撑能力。

最后，坚持以产教融合为手段。高职院校专业群建设，要主动对接企业需求，通过建立职教联盟（集团）、推进现代学徒制试点等工作，引导企业全面参与人才培养全过程，在深度和广度上持续拓展产教融合，实现校企双主体育人。

全国骨干重点建设专业，从入选数量上看，江苏省入选32个，广东省入选29个，山东省入选26个。

（3）高职专业群"优化"建设阶段（2014年至今）。

2014年教育部等部门陆续发布了多个关于职业教育的重要性文件。

2014年6月，教育部等6个部门联合发布了《现代职业教育体系建设规划（2014—2020）》（以下简称《建设规划》），从规划中我们可以看到，产教融合和校企合作的快速发展，使职业教育人才培养与经济发展方式转变密切相关，相互作用频繁。此规划的出台，标志着职业教育专业群建设进入一个全新时代。

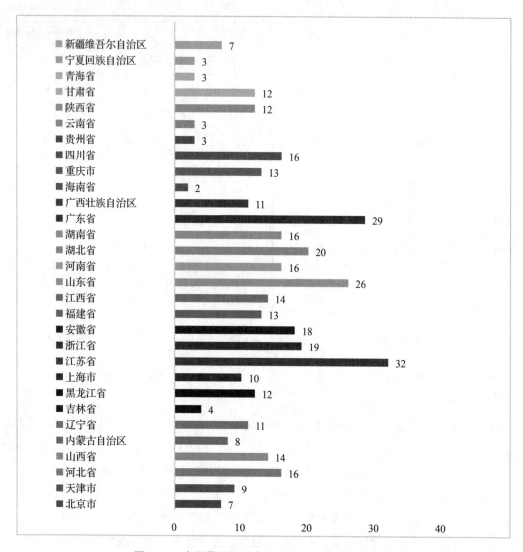

图 4-6 全国骨干校重点建设专业各省市入选情况

产教融合、校企合作模式更加科学，人才培养与经济发展协同更加完整多元的新阶段已然到来。《建设规划》指出，要推动职业教育融入区域经济社会发展和改革开放的全过程，实现职业教育的发展与技术进步和生产方式变革以及社会公共服务需求相适应，促进区域经济提质增效升级。要按照国家战略部署，重点培养技术技能人才，支持社会经济建设，提高服务产业升级的能力。

2015年10月，教育部发布了《高等职业教育创新发展行动计划（2015—2018年）》。该计划的发布进一步明确和突出了当前职业教育应当坚持产教融合、校企合作的建设路径，校企深度合作，依托学校共建生产性实训基地，共建科研研发机构，提升技术创新能力，促进产业机构和新兴产业发展，引导学校大力推进特色优势专业群的建设。2019年7月，教育部公布《〈高等职业教育创新发展行动计划（2015—2018年）〉项目认定结果的通知》，认定了国家骨干专业 2919 个。高等职业教育创新发展行动计划认定骨干专业和各省市分布情况如表 4-9 和图 4-7 所示。

表 4-9 高等职业教育创新发展行动计划认定骨干专业

序号	地区	专业数量	序号	地区	专业数量
1	北京市	77	17	湖北省	151
2	天津市	74	18	湖南省	159
3	河北省	133	19	广东省	187
4	山西省	57	20	广西壮族自治区	74
5	内蒙古自治区	60	21	海南省	14
6	辽宁省	99	22	重庆市	68
7	吉林省	38	23	四川省	106
8	黑龙江省	54	24	贵州省	60
9	上海市	86	25	云南省	66
10	江苏省	278	26	西藏自治区	2
11	浙江省	170	27	陕西省	81
12	安徽省	109	28	甘肃省	57
13	福建省	105	29	青海省	13
14	江西省	92	30	宁夏回族自治区	28
15	山东省	224	31	新疆维吾尔自治区	56
16	河南省	139			

在认定的骨干专业中，从入选数量上看，江苏省入选 278 个，山东省入选 224 个，广东省入选 187 个。

2019 年 3 月，教育部和财政部联合发布《关于实施中国特色高水平高职院校和专业建设计划的意见》，我国高等职业教育院校和高等职业教育专业建设迎来重大利好消息，要求高职院校要基于中国特色，推动产业与教育融合，聚焦校企合作，引领经济发展，支持产业转型，引领职业教育服务国家重大战略，具有国际影响力。由此，中国高等教育和职业教育进入并驾齐驱的高速发展阶段，尤其是我国职业教育专业群特别是高水平专业群进入动态调整的优化阶段。"双高计划"高水平专业群分布和各省市分布情况如表 4-10 和图 4-8 所示。

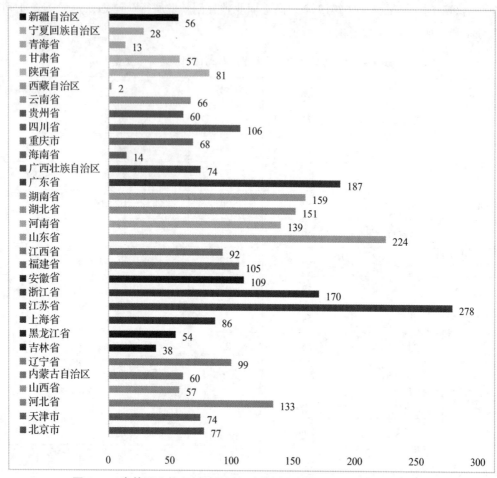

图 4-7 高等职业教育创新发展行动计划认定骨干专业各省市分布情况

表 4-10 "双高计划"高水平专业群分布

序号	地区	专业（群）数量/个	序号	地区	专业（群）数量/个
1	北京市	10	10	贵州省	4
2	河北省	11	11	黑龙江省	7
3	江苏省	27	12	浙江省	21
4	四川省	9	13	安徽省	6
5	辽宁省	7	14	内蒙古自治区	4
6	广东省	19	15	湖北省	9
7	山东省	19	16	吉林省	5
8	福建省	6	17	甘肃省	4
9	江西省	7	18	云南省	4

续表

序号	地区	专业（群）数量/个	序号	地区	专业（群）数量/个
19	广西壮族自治区	5	25	湖南省	13
20	河南省	7	26	宁夏回族自治区	3
21	山西省	5	27	重庆市	12
22	天津市	10	28	海南省	2
23	新疆维吾尔自治区	3	29	上海市	2
24	陕西省	12			

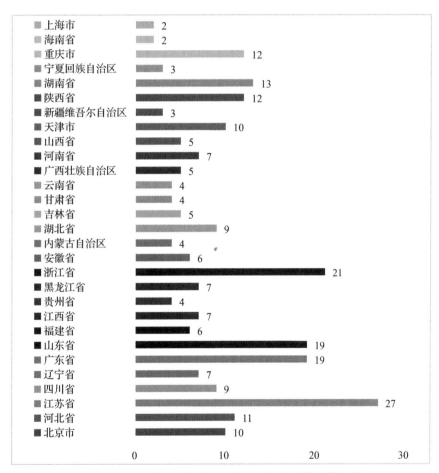

图4-8 "双高计划"高水平专业群各省市分布情况表

"双高计划"高水平专业群，从入选数量上看，江苏省入选27个，浙江省入选21个，广东和山东省各入选19个。

聚焦高职专业群优化发展阶段，我们发现有以下3个特征：

第一，构建高职院校专业设置的动态调整机制。教育部于2015年10月发布了《高等职业教育（专科）院校专业目录（2015）》和《普通高等学校高等职业教育（专科）专业设置管理办法》，明确提出，省教育行政部门要根据各省的实际情况，建立健全适合本地区高职院校专业设置的预警和动态调整机制，构建优化学校专业布局、调整专业结构的指标，根据达成度决定专业预警和淘汰[①]。

第二，优化了高职专业群建设动态调整的实施策略。2015年7月，《关于深化职业教育教学改革全面提高人才培养质量的若干意见》指出，高职院校应积极吸收行业和企业专家进入教学运行指导机构，参与专业设置和人才培养的全过程。建立适合产业转型升级的专业布局，以行业产业为依托的专业群，推动高等职业教育的快速发展，以紧密配合当地产业的发展。

2016年12月，教育部、人力资源和社会保障部与工业和信息化部联合发布《制造业人才发展规划指南》，指出国家要实施人才强国战略，推进制造业人才供给改革，促进专业设置与产业发展相适应，建立专业动态调整机制，围绕产业和技术创新调整专业设置，强化专业特色建设。

2017年1月，国务院发布了《国家教育事业发展"十三五"规划》，并指出要完善职业学校布局结构，促进职业学校在区域内的科学定位，加强特色优势专业群建设，加快学科专业结构调整，通过专业转型建设复合型专业，构建服务现代产业的新兴专业群。

第三，建立高职专业群动态调整的诊断与改进体系。2015年6月，教育部办公厅发布《关于建立职业院校教学工作诊断与改进制度的通知》，指出学校要不断完善学校内部质量保证体系和运行机制，根据自身办学理念和定位，发挥优势，聚焦人才培养等要素，开展教学工作诊断与改进，查找不足，完善提高，推动专业改革和建设，建立常态化的运行机制，强化教育主管部门监督和履职能力。2015年12月，教育部办公厅颁布了《高等职业院校内部质量保证体系诊断与改进指导方案（试行）》，指出要从内部质量保障体系、教学管理信息化水平、质量文化3个方面保证人才培养质量。通过开展教学诊断与改进工作，推动内部质量保证体系不断完善，着力实现学院高质量发展，培养符合社会需求的高素质技术技能人才和能工巧匠，为未来的"大国工匠"夯实基础。

2. 山东省专业群高质量建设政策变迁历程

（1）特色专业（2006—2013年）。

2005年，国务院出台《关于大力发展职业教育的决定》，提出深化教育教学改革，合理调整专业结构，促进职业教育发展。2006年，山东省教育厅发布《山东省教育厅关于开展全省高等学校品牌专业、特色专业建设工作的通知》，指出，在现有基础上，运用先进理念，改革创新，到2010年，山东省高等学校要建设500个左右的品牌专业和特色专业。之后，山东省教育厅先后于2010年发布《山东省中长期教育改革和发展规划纲要

---

① 普通高等学校高等职业教育（专科）专业设置管理办法［EB/OL］.（2015-10-26）［2021-03-08］. https://www.gzjkzy.edu.cn/s.pup/jxzl/item-viem-id-19668.html.

(2011—2020年)》、2013 年发布了《关于实施高等职业学校品牌专业群建设项目的通知》，凝聚多方发展力量，专注打造特色品牌，促进山东省高等职业学校的专业建设在办学条件、师资力量、人才培养模式、教学内容与课程体系、教学方法与手段、教育教学管理、人才培养评估等方面形成特色和优势。山东省职业院校特色（品牌）专业和各省市情况如表 4-11 所示。

表 4-11 山东省职业院校特色（品牌）专业一览

序号	学校	专业
1	滨州职业学院	会计电算化、护理、计算机网络技术、生物技术及应用、机电一体化技术
2	德州科技职业学院	会计电算化、计算机应用技术、生物技术及应用
3	东营职业学院	应用化工技术、学前教育、机械制造与自动化、计算机网络技术
4	济南工程职业技术学院	染整技术、现代纺织技术、工程造价、机电一体化技术
5	济南铁道职业技术学院	应用电子技术、建筑工程技术
6	济南职业学院	应用电子技术、机电一体化技术
7	济宁职业技术学院	建筑工程技术、机电一体化技术、计算机网络技术、汽车检测与维修技术
8	枣庄科技职业学院	机械设计与制造
9	莱芜职业技术学院	应用电子技术、金属材料与热处理技术、生物制药技术、机电一体化技术
10	聊城职业技术学院	会计电算化、建筑工程技术、计算机应用技术、护理
11	青岛滨海学院（专科）	机电一体化技术
12	青岛港湾职业技术学院	港口业务管理、电气设备应用与维护（港口电气方向）、数控技术、港口机械应用技术
13	青岛远洋船员学院	安全技术管理、船舶工程技术、轮机工程技术、航海技术（海洋船舶驾驶）、国际航运业务管理
14	青岛黄海职业学院	物流管理、数控技术
15	青岛恒星职业技术学院	电脑动画
16	青岛酒店管理职业技术学院	酒店管理、旅游管理、会展策划与管理、西餐工艺
17	青岛职业技术学院	软件技术、电气自动化技术、计算机网络技术、机电一体化技术、旅游管理、物流管理

续表

序号	学校	专业
18	日照职业技术学院	机电一体化技术、建筑工程技术、水产养殖技术、汽车检测与维修技术、食品加工技术
19	山东丝绸纺织职业学院	染整技术
20	山东药品食品职业学院	药物制剂技术
21	山东城市建设职业学院	建筑设计技术、建筑工程技术
22	山东畜牧兽医职业学院	宠物养护与疫病专治、畜牧兽医、动物防疫与检疫、兽医
23	山东电子职业技术学院	软件技术、电子信息工程技术
24	山东电力高等专科学院	生产过程自动化技术、发电厂及电力系统、电热厂能动力装置
25	山东服装职业学院	服装设计
26	山东现代职业学院	护理
27	山东工业职业学院	材料成型与控制技术、机械制造与自动化、冶金技术
28	山东交通职业学院	道路桥梁工程技术、物流管理、机械设计与制造、汽车运用技术
29	山东外贸职业学院	会计、商务英语、国际贸易实务
30	山东经贸职业学院	会计电算化、连锁经营管理、资产评估与管理
31	山东科技职业学院	现代纺织技术、机电一体化技术、应用韩语
32	山东理工职业学院	旅游管理、会计电算化
33	山东信息职业技术学院	计算机信息管理
34	山东旅游职业学院	旅游英语、酒店管理
35	山东铝业职业学院	冶金技术（有色金属冶金）
36	山东商业职业技术学院	会计电算化（品牌）、应用电子技术、制冷与空调技术、市场营销、电子商务、计算机应用技术
37	山东商务职业学院	粮食工程
38	山东省工会管理干部学院	装潢艺术设计、会计、公共关系
39	山东省经济管理干部学院	国际经济与贸易、会计电算化
40	山东省青年管理干部学院	旅游管理、国际经济贸易、舞蹈表演、物业管理
41	山东省政法管理干部学院	法律事务（经济）
42	山东省农业管理干部学院	园艺技术、国土资源管理

续表

序号	学校	专业
43	山东省教育学院	应用电子技术、应用化工技术
44	山东胜利职业学院	油气开采技术
45	山东水利职业学院	机电一体化技术、水利水电工程管理、电子信息工程技术、建筑工程技术、水利工程
46	山东外国语职业学院	应用日语
47	山东杏林科技学院	护理
48	山东凯文科技职业学院	数控技术
49	山东英才学院	检测技术及应用
50	山东警察学院	侦查
51	山东政法学院	法律事务
52	万杰医学高等专科学校	医学影像技术
53	山东医学高等专科学院	临床医学、护理、医学检验技术、药学
54	山东英才职业技术学院	学前教育
55	山东劳动职业技术学院	数控技术、机械设计与制造、电子商务
56	山东协和职业技术学院	临床医学、护理
57	山东中医药高等专科学院	中药
58	威海职业学院	应用电子技术、机械设计与制造、餐饮管理与服务、服装设计、应用韩语、电气自动化技术、汽车检测与维修技术
59	潍坊科技学院	软件技术
60	潍坊教育学院	机电一体化技术、艺术设计、食品营养与检测、学前教育
61	潍坊职业学院	数控技术、蚕桑技术、园林技术、商务英语、建筑工程技术、计算机应用技术
62	烟台职业学院	计算机应用技术、应用电子技术、皮革制品、设计与工艺、商务英语
63	南山学院（专科层次）	机电一体化技术
64	烟台工程职业技术学院	机电一体化技术
65	泰山职业技术学院	应用电子技术
66	枣庄学院（专科层次）	应用电子技术、计算机应用技术、语言教育、数学教育
67	泰州学院（专科层次）	应用化工技术、物理教育、园林技术、数学教育

续表

序号	学校	专业
68	济宁学院（专科层次）	语文教育、应用化工技术、心理咨询、化学教育
69	中华女子学院山东分院	旅游管理、计算机应用技术、会计电算化、学前教育、社会工作
70	淄博科技职业学院	护理
71	淄博师范高等专科学校	数学教育、语文教育（小学教育方向）
72	淄博职业学院	计算机应用技术（品牌）、生物技术与应用、市场营销、国际商务、电气自动化技术、会计、数控技术

伴随着山东省高职教育特色专业的建设发展，此阶段主要表现出以下政策导向：

第一，明确专业建设方向，紧跟时代需求导向。山东省高职院校品牌专业、特色专业建设紧跟时代的步伐，以就业为导向，以服务为支点，加快专业的改革与调整。一方面，及时跟踪就业市场需求变化、行业发展变化、企业经济形势以及毕业生就业情况，促使专业建设为区域、行业以及企业而服务，为优化专业的设置和专业建设资源配置与结构调整提供保障。另一方面，通过改善办学条件、完善师资结构、优化教学内容、重构课程体系以及改革教学评价方式等，全面提升特色专业建设的内涵质量。经过该阶段建设，山东省依托品牌、特色专业建成了一批高质量的高职骨干（示范校），擦亮了山东省高职品牌。

第二，优化专业结构，促进资源配置。山东省致力于打造地方特色专业、校级品牌专业，以重点特色专业带动优势专业群，搭建特色分明的人才培养体系，培养有利于区域发展所需的技术技能人才，助推特色专业建设带动高职院校发展。密切关注山东省重点发展的新兴产业、支柱产业以及特色专业，调整专业布局与结构，推动品牌专业建设适应区域地方特色，适应山东省"十三五"规划设计提出的"两区一圈一带"的产业发展格局。经过本阶段建设，山东省教育厅组织总结凝练了《2013年度山东省高等职业学校特色专业建设点建设成果》，该成果表明，山东省高等职业学校特色专业建设，专业大类覆盖了第一、第二、第三等产业结构，覆盖了农林牧副渔等产业类别，初步形成了一批具备地方特色、突出产业优势、彰显院校风格的特色专业，建设了一批服务区域产业发展与院校质量提升的特色专业。

（2）品牌专业群（2013—2020年）。

2013年，山东省教育厅财政厅下发《山东省教育厅、山东省财政厅关于实施高等职业学校品牌专业群建设项目的通知》。该通知明确提出三个核心，一是要进一步提高职业教育人才培养质量，二是要显著提升职业院校办学水平，三是职业院校要能够适应产业结构调整升级的变化对学校专业建设和技术技能人才培养的需要，建设品牌专业群，在实训条件水平、实训体系、人才培养模式、师资队伍建设、专业结构等方面发力，建设山东省品牌专业群①。2013—2018 年，山东省教育厅共立项三批品牌专业群，数量为 155 个，涉及 566 个专业（点），省财政投入共计 39 600 万元。其中，第一批立项品牌专业群 28 个，投入 18 200 万元；第二批立项品牌专业群 60 个（其中 4 个自筹），投入 11 000 万元；第三批立项品牌专业群 67 个（其中 15 个自筹），投入 10 400 万元。山东省职业院校品牌专业群一览如表 4 - 12 所示。

表 4 - 12 山东省职业院校品牌专业群一览

序号	地区	学校	专业	数量/个
1	滨州	滨州职业学院	医药卫生、土木建筑、交通运输	10
2	德州	山东华宇职业技术学院、德州科技职业学院、德州职业技术学院	装备制造	
3	东营	东营职业学院、东营科技职业学院	生物与化工、电子信息、装备制造	
4	菏泽	菏泽医学专科学校、菏泽家政职业学院、菏泽职业学院	医药卫生、财经商贸、装备制造	
5	济南	山东商业职业技术学院、山东职业学院、济南职业学院、山东现代职业学院、山东力明科技职业学院、山东圣翰财贸职业学院、齐鲁理工学院、山东凯文科技职业学院、山东劳动职业技术学院、山东旅游职业学院、山东城市建设职业学院、山东电子职业技术学院、山东司法警官职业学院、山东传媒职业学院、山东特殊教育职业学院、济南工程职业技术学院、济南幼儿师范高等专科学校	电子信息、装备制造、医药卫生、财经商贸、土木建筑、食品药品与粮食、旅游、公安与司法、新闻传播、文化艺术、教育与体育、交通运输、能源动力与材料	142
6	济宁	济宁职业技术学院、山东理工职业学院	财经商贸、装备制造、电子信息	14

① 山东省教育厅山东省财政厅关于实施高等职业学校品牌专业群建设项目的通知［EB/OL］（2013 - 12 - 31）［2021 - 03 - 08］. http://sda.paulaw.cn/fulltext_form.aspx? Gid = 17814649&Db = lar

续表

序号	地区	学校	专业	数量/个
7	聊城	聊城职业技术学院	医药卫生、财经商贸	8
8	临沂	山东医学高等专科学校、临沂职业学院	医药卫生、财经商贸、特备制造	18
9	青岛	青岛港湾职业技术学院、青岛酒店管理职业技术学院、山东外贸职业学院、青岛职业技术学院、青岛远洋船员职业学院、青岛求实职业技术学院	旅游、财经商贸、装备制造、交通运输、教育与体育	45
10	日照	山东水利职业学院、日照职业技术学院、山东外国语职业学院	装备制造、教育与体育、水利、土木建筑、财经商贸	31
11	泰安	泰山职业技术学院、山东服装职业学院、泰山护理职业学院	装备制造、轻工纺织、医药卫生、财经商贸	19
12	威海	山东外事翻译职业学院、山东药品食品职业学院、威海海洋职业学院、山东铝业职业学院	装备制造、生物与化工、教育与体育、食品药品与粮食、财经商贸、农林牧渔、医药卫生、土木建筑、电子信息	47
13	潍坊	潍坊工商职业学院、山东畜牧兽医职业学院、山东交通职业学院、山东经贸职业学院、山东科技职业学院、山东信息职业技术学院、潍坊工程职业学院、潍坊护理职业学院、潍坊职业学院、山东海事职业学院、山东化工职业学院	装备制造、农林牧渔、交通运输、财经商贸、电子信息、土木建筑、食品药品与粮食、医药卫生、生物与化工	77
14	烟台	山东中医药高等专科学校、山东商务职业学院、烟台职业学院、烟台汽车工程职业学院、烟台工程职业技术学院	制备制造、医药卫生、财经商贸、电子信息	49
15	枣庄	枣庄科技职业学院、枣庄职业学院	土木建筑、医药卫生、装备制造	18

续表

序号	地区	学校	专业	数量/个
16	淄博	山东工业职业学院、淄博职业学院、淄博师范高等专科学校、山东轻工职业学院	装备制造、财经商贸、教育与体育、文化艺术、电子信息	44
		合计		566

从专业群所属的区域来看，16个地市均布局了品牌专业群。从数量来看，专业群布局数量与地市高职院校数量相关。比如，济南市域高职院校20所，专业群涉及的专业大类13个，涉及的专业点142个；潍坊市域高职院校11所，专业群涉及的专业大类9个，涉及的专业点77个；威海市域高职院校5所，专业群涉及的专业大类9个，涉及的专业点达47个；烟台市域高职院校5所，专业群涉及的专业大类4个，涉及的专业点49个。从地区分布来看，布局主要集中在济南、潍坊、威海、烟台等较为发达城市，而布局较少的地市如滨州、东营、莱芜、聊城等，由于市域内高职院校只有1所，造成品牌专业群数量也较少。

经过政策分析可知，山东省高职院校的专业（群）建设已经实现了从点到面，从特色专业到品牌专业群的转变，形成了新型的专业群建设模式。该阶段的政策导向与实践特征和成效具有以下特点：

第一，凝练专业特色，打造专业平台，全方位实现特色专业建设与教育教学工作相融合，明确品牌专业群建设的具体任务。山东省以国家示范（骨干）学校与人才培养特色名校为主要阵地，开展品牌专业群建设，改善实训条件、重构实训体系，改革人才培养模式，加强师资队伍建设，优化专业结构，打造专业特色，建设专业品牌，全面提高人才培养质量和社会能力。重点建设任务为人才培养模式改革、"双师型"队伍建设、实训体系建设，依此确立的高职特色专业建设的具体任务，为提高专业建设质量提供了重要抓手，打造了山东职业教育品牌，推动了一批优质高职院校的建设、发展与提升。

第二，提升服务产业能力，对接新技术、新标准和新工艺，动态调整专业群建设，建设需求适应、特色明显、效益显著的品牌专业群。纵观山东省高职院校品牌专业群第二批和第三批建设项目，智能制造新时代背景下品牌专业群建设的实践需要尤为突出。建设侧重于实现专业群建设定位准确，对接战略新兴产业、新技术主导产业领域。能够紧紧围绕区域产业发展产业链、国家技术技能创新链动态调整专业设置，突出建设一批紧贴市场、紧贴产业的品牌专业群是该阶段建设的实践需求。此外，专业群建设还依托优秀师资队伍和教学创新团队，先进的实践教学基地课程以及配套完备的实践基地建设，全方位协同提升品牌专业群建设质量。

（3）高水平专业群（2021年至今）。

2021年《关于实施高水平专业群建设工程推动高职院校专业化特色化发展的通知》

出台，决定实施山东省高等职业教育高水平专业群建设工程，同时，按照《教育部山东省人民政府关于整省推进提质培优建设职业教育创新发展高地的意见》，山东省委省政府要求，每所职业院校重点打造 2~3 个高水平专业群。高水平专业群建设是推进学校专业建设的重要内容，也是打造专业强校的有效路径，职业教育发展迎来光明前景。山东省职业院校高水平专业（群）如表 4-13 所示。

表 4-13　山东省职业院校高水平专业（群）一览

序号	学校名称	专业大类	核心专业
1	滨州职业学院	电子信息大类	云计算技术应用
2	德州科技职业学院	财经商贸大类	电子商务
3	德州职业技术学院	电子信息大类	光伏工程技术
4	东营科技职业学院	生物与化工大类	石油化工技术
5	东营职业学院	装备制造大类	机械制造及自动化
6	菏泽家政职业学院	医药卫生大类	康复治疗技术
7	菏泽医学专科学校	医药卫生大类	临床医学
8	菏泽职业学院	电子信息大类	大数据技术
9	济南工程职业技术学院	土木建筑大类	建筑工程技术
10	济南护理职业学院	医药卫生大类	护理
11	济南幼儿师范高等专科学校	教育与体育大类	学前教育
12	济南职业学院	文化艺术大类	艺术设计
13	济宁职业技术学院	装备制造大类	机电一体化技术
14	莱芜职业技术学院	食品药品与粮食大类	药品生产技术
15	聊城职业技术学院	医药卫生大类	护理
16	临沂科技职业学院	农林牧渔大类	现代农业技术
17	临沂职业学院	财经商贸大类	现代物流管理
18	青岛港湾职业技术学院	交通运输大类	航海技术
19	青岛工程职业学院	装备制造大类	电气自动化技术
20	青岛酒店管理职业技术学院	财经商贸大类	现代物流管理
21	青岛远洋船员职业学院	交通运输大类	航海技术
22	青岛职业技术学院	生物与化工大类	应用化工技术
23	曲阜远东职业技术学院	文化艺术大类	书画技术
24	日照职业技术学院	电子信息大类	动漫制作技术

续表

序号	学校名称	专业大类	核心专业
25	山东城市建设职业学院	土木建筑大类	建筑工程技术
26	山东畜牧兽医职业学院	食品药品与粮食大类	食品智能加工技术
27	山东传媒职业学院	新闻传播大类	广播影视节目制作
28	山东电力高等专科学校	能源动力与材料大类	发电厂及电力系统
29	山东电子职业技术学院	电子信息大类	大数据技术
30	山东服务职业学院	文化艺术大类	服装与服饰设计
31	山东工程职业技术大学	电子信息大类	物联网工程技术
32	山东工业职业学院	装备制造大类	机械制造及自动化
33	山东海事职业学院	装备制造大类	机电一体化技术
34	山东化工职业学院	装备制造大类	机电一体化技术
35	山东交通职业学院	交通运输大类	道路与桥梁工程技术
36	山东经贸职业学院	财经商贸大类	大数据与会计
37	山东科技职业学院	财经商贸大类	工商企业管理
38	山东劳动职业技术学院	电子信息大类	软件技术
39	山东理工职业学院	装备制造大类	新能源汽车技术
40	山东力明科技职业学院	医药卫生大类	中医学
41	山东旅游职业学院	旅游大类	旅游管理
42	山东铝业职业学院	装备制造大类	机电一体化技术
43	山东轻工职业学院	轻工纺织大类	纺织品设计
44	山东商务职业学院	食品药品与粮食大类	粮食工程技术与管理
45	山东商业职业技术学院	财经商贸大类	冷链物流技术与管理
46	山东圣翰财贸职业学院	财经商贸大类	大数据与会计
47	山东胜利职业学院	资源环境与安全大类	石油工程技术
48	山东水利职业学院	水利大类	水利工程
49	山东司法警官职业学院	公安与司法大类	刑事执行
50	山东特殊教育职业学院	轻工纺织大类	服装设计与工艺
51	山东外国语职业技术大学	财经商贸大类	电子商务
52	山东外贸职业学院	财经商贸大类	国际经济与贸易

续表

序号	学校名称	专业大类	核心专业
53	山东外事职业大学	财经商贸大类	电子商务
54	山东文化产业职业学院	新闻传播大类	新闻采编与制作
55	山东信息职业技术学院	电子信息大类	信息安全技术应用
56	山东药品食品职业学院	食品药品与粮食大类	药物制剂技术
57	山东医学高等专科学校	医药卫生大类	临床医学
58	山东职业学院	电子信息大类	软件技术
59	山东中医药高等专科学校	医药卫生大类	中医学
60	泰山护理职业学院	医药卫生大类	护理
61	泰山职业技术学院	装备制造大类	机电一体化技术
62	威海海洋职业学院	农林牧渔大类	水产养殖技术
63	威海职业学院	电子信息大类	软件技术
64	潍坊工程职业学院	装备制造大类	机电一体化技术
65	潍坊工商职业学院	装备制造大类	机电一体化技术
66	潍坊护理职业学院	公共管理与服务大类	智慧健康养老服务与管理
67	潍坊环境工程职业学院	资源环境与安全大类	环境监测技术
68	潍坊职业学院	电子信息大类	物联网应用技术
69	烟台工程职业技术学院	装备制造大类	机械制造及自动化
70	烟台黄金职业学院	资源环境与安全大类	矿产地质勘查
71	烟台汽车工程职业学院	装备制造大类	新能源汽车技术
72	烟台职业学院	装备制造大类	汽车检测与维修技术
73	枣庄科技职业学院	土木建筑大类	建筑工程技术
74	枣庄职业学院	生物与化工大类	应用化工技术
75	淄博师范高等专科学校	教育与体育大类	学前教育
76	淄博职业学院	生物与化工大类	应用化工技术

  高水平专业群建设的主要任务是紧紧围绕《山东省高等职业院校专业（群）发展水平考核方案（试行）》确定的质量效益、产教融合、师资队伍、课程与教材、国际合作、特色创新等6项核心指标进行建设，同时可以自选一个特色指标开展建设。

  山东省教育厅在现代职业教育质量提升计划中央财政资金中支出专项经费，山东省政府支持41所公办高职院校，实施一校一专业群建设，紧紧围绕质量效益、产教融合、师资队伍、课程与教材、国际合作、特色创新等6项核心指标进行建设。以服务山东经济发展为依托，以高水平专业群建设质量为目标，通过集中投入、深化改革、优化结构、提升内涵，推动和引导建设一批具有山东特色、全国一流的专业群，引领全国职业教育改革，推动高职院校实现高质量发展，提升社会服务能力，建设山东职教品牌。

山东省高水平专业群的建设有助于职业教育服务区域经济，提高人才供给质量，增强高职院校核心竞争力，该阶段的政策导向与实践特征和成效具有以下特点：

第一，彰显学校办学特色，优化专业结构。经立项，山东省政府支持山东商业职业技术学院等41所公办高职院校立项建设41个高水平专业群，使得各类院校聚焦高水平专业群建设，优化资源配置，打造院校特色，能够更好地激发办学活力。

第二，合理配置教育资源，推动资源共建共享。山东省高水平专业群重点在质量效益、产教融合、师资队伍、课程与教材、国际合作、特色创新六个维度开展建设，实现了通过专业群发展和建设，配置教学资源，推动资源的共建共享，提升了资源使用率，提高了人才培养质量。

第三，推动高质量发展，促进可持续发展。高水平专业群建设逻辑的背后是产教融合，校企合作是进行深度融合的重要实现方式，是职业教育与产业升级相适应的重要体现。高水平专业群建设是实现高职院校高质量发展的重要抓手，很好地实现了与产业、岗位的对接，实现产教协同、育训结合，切实促进了职业教育的高质量发展。

（三）高水平高职院校和高水平专业群建设的问题

本书选取了国内江苏、浙江两个职业教育大省、强省，开展与山东职业教育发展的比较研究，从而发现山东省在高职教育发展方面存在的显著问题，为后续山东省高水平职业院校和高水平专业群的建设任务和发展路径提供依据和借鉴。

1. 高职院校总量众多，而入选"双高计划"的高质量院校数量不足

"双高计划"是职业教育改革发展的制度性设计，是落实《国家职业教育改革实施方案》的重大举措。截至2020年，山东省共有高职院校74所，为社会输送了25 572名学生，高等职业教育整体规模和基数庞大、资源丰富、学生众多，且市场对于劳动力的需求较大。然而，通过查阅相关数据发现，2019年入选"双高计划"的50所高职院校中，山东省有山东商业职业技术学院、日照职业技术学院、淄博职业学院、滨州职业学院等4所高职院校入选，而同样拥有庞大的高等职业教育资源的江苏省和浙江省则分别有6所和7所院校入选。由此看来，山东省高等职业教育的发展需要国家政策给予倾斜。

一方面，山东省高职院校基数较大，需要国家重点帮助和重点扶持一批高质量的职业院校充分发挥模范带头作用，引领其他院校的发展；另一方面，山东省作为高考大省，众多学生选择在省内就读大学，对于优质高等职业教育资源整体的需求量比较大。

2. 师资队伍总量强大，而优质教师资源不足

2016年9月9日，习近平总书记在看望北京八一学校师生代表时指出，"一个人遇到

好老师是人生的幸运,一所学校拥有好老师是学校的光荣,一个民族拥有源源不断的好老师则是民族的希望"。高职院校的学生正处于身体、心理成长发育的关键时期和身心发生急剧变化的时期,教师的言传身教尤为重要。

通过梳理2020年高职教育质量报告发现,3个省份在优质教师资源方面存在明显差异。首先,在专任教师总量上,山东省以37 465人明显高于江苏省和浙江省,这说明山东省高职院校的师资队伍的体量非常庞大;其次,山东省在师资队伍"质"的方面,例如"双师"素质专任教师比例、研究生学位专任教师比例方面明显低于江苏、浙江省,在高级职称专任教师比例方面明显低于江苏省,说明山东省在教师队伍建设方面还有很长的路要走。在着力增加教师数量的同时,充分保证教师质量是提高高等职业教育质量、实现高等职业教育内涵式发展的关键之举。2020年山东、江苏、浙江3省优质教师资源对比如表4-14所示。

表4-14 2020年山东、江苏、浙江三省优质教师资源对比

分类	山东省	江苏省	浙江省
专任教师总数/人	37 465	32 830	17 021
双师素质专任教师比例/%	68.67	79.24	80.99
研究生学位专任教师比例/%	62.24	71.03	70.98
高级职称专任教师比例/%	32.13	38.59	30.90

3. 办学条件符合基本要求,而生均数量有待提升

办学条件是高职院校发展的物质基础,在很大程度上影响着学校发展的质量。纵观山东省高职院校的办学规模和办学条件,整体而言是符合基本要求的,然而由于学生规模也是庞大的,导致生均数量不足,这主要表现在生均教学科研仪器设备值,生均教学及辅助用房、行政办公用房面积,生均校内实践教学工位数,年生均财政拨款水平等方面不够。以下仍然采用以2020年高等职业教育质量年度报告为依据,以与江苏省、浙江省对比的方式呈现差异、再现问题。

通过2020年山东、江苏、浙江3省办学条件对比,除浙江省缺失"生均校内实践教学工位数"的数据外,3省的差异是显而易见的。山东省不管是在生均教学科研仪器设备值,生均教学及辅助用房、行政办公用房面积,还是在生均校内实践教学工位数、年生均财政拨款水平方面都明显低于江苏省;除缺失数据外,在其他3方面也明显低于浙江省,且差异较大。2020年山东、江苏、浙江3省办学条件对比如表4-15所示。

表4-15 2020年山东、江苏、浙江3省办学条件对比

分类	山东省	江苏省	浙江省
生均教学科研仪器设备值/(元·生$^{-1}$)	11 697.68	15 932.94	19 336
生均教学及辅助用房、行政办公用房面积/(平方米·生$^{-1}$)	17.55	22.01	26.08

续表

分类	山东省	江苏省	浙江省
生均校内实践教学工位数/(个·生$^{-1}$)	0.65	0.94	—
年生均财政拨款水平/元	12 861.15	18 169.68	16 982.68

4. 高等职业教育积极履行其职能，而科学研究与社会服务能力发展不足

作为高等教育中的一种特殊类型教育，与普通教育同等重要，高等职业教育兼有人才培养、科学研究和社会服务等多重职能。在长期的发展过程之中，尤其是在改革开放后，职业教育为经济社会发展输送了源源不断的高素质技术技能人才。然而，科学研究和社会服务职能却常常难以发挥，处于弱势地位。结合当前山东省经济社会发展的实际情况，新旧动能转换、乡村振兴战略的落实都需要职业教育为之赋能。表4-16呈现了山东、江苏、浙江3个省份在科学研究和社会服务方面存在的差异。

表4-16　2020年山东、江苏、浙江三省科学研究与社会服务能力对比

分类	山东省	江苏省	浙江省
技术服务到款额/万元	35 794.67	104 300.45	51 879.6
技术服务产生的经济效益/万元	383 729.08	386 294.97	454 337.6
纵向科研经费到款额/万元	13 755.80	27 539.46	17 411.9
技术交易到款额/万元	10 250.11	48 117.65	17 439.3
非学历培训到款额/万元	98 152.13	47 609.89	56 686.6

通过表4-16可以看出，山东省在技术服务到款额、技术服务产生的经济效益、纵向科研经费到款额、技术交易到款额方面与江苏省和浙江省均有较大差异，而在非学历培训到款额方面明显高于江苏省和浙江省，说明在很多方面山东省还需要进一步加强学习，还有很长的路要走。在未来的发展过程中，山东省应重在充分发挥优势、补齐短板。

二、山东省高水平高职院校和高水平专业群的建设任务

山东省认真贯彻落实党的教育方针，把发展职业教育摆在事关经济发展、促进就业民生的重要位置。作为全国首个部省共建国家职业教育创新发展高地，在制度层面，山东省高职院校以《教育部 山东省人民政府关于整省推进提质培优建设职业教育创新发展高地的意见》《关于实施中国特色高水平高职学校和专业建设计划的意见》等文件精神为指导，加强党对职业教育的领导，以打造高水平专业群为重点，紧紧围绕师资队伍、信息化等建设任务，加大专业建设力度，深入推动高职院校高质量发展。在实践层面，山东省职业院校针对办学劣势，重点在师资队伍、科技服务、办学条件等方面开展建设，主动对接

服务山东省新旧动能转换、先进制造业强省、数字强省建设和乡村振兴战略，促进山东省职业教育整体性发展。

1. 党对职业教育的领导

以习近平总书记对职业教育工作的重要论断、对山东工作的重要讲话精神为指导，推进习近平新时代中国特色社会主义思想进教材进课堂进头脑，坚持立德树人根本任务，积极培育和传承工匠精神，做到德技双修。推进党组织领导下的校长负责制建设，处理好重大事项的集体决策和校长个人负责之间的关系，把党对职业教育的全面领导落到实处。全面加强党的建设工程，聚焦政治、思想、组织建设，从严落实主体责任，系统把握具体要求，完善监督追责机制，以主体责任推动全面从严治党向纵深发展。建立公开聘用领导班子成员机制，充分发挥主观能动性办好管好学校。

2. 学校内部治理水平

完善现代职业学校层次分明的管理制度体系，形成政行企校等多方参与的治理体制机制，自我约束和制度规范相结合，加强协同联动，形成监督合力。设立各类校级委员会，统筹专家咨询、事务决策、规划审议等职责。大胆创新、攻坚克难，探索地方特色产业学院等不同形式的混合所有制办学模式，下移学校管理重心，扩大二级院系管理自主权。健全教职工代表大会制度，教职工参与讨论、研究和审议学校重要议案。优化考核指标，改革评价办法，建立奖惩机制，改革职称评聘办法，改革绩效工资分配制度。

3. 高水平专业群建设

对接服务山东新旧动能转换需求，面向山东高端产业和产业高端，聚焦专业方向，健全专业群建设发展机制，优化专业结构，共享优质资源，使专业设置更加契合产业需求，人才培养更具针对性。深化人才培养模式改革，实施凸显地域特色的现代学徒制，为现代产业培养创新型、复合型、发展型技术技能人才，建设开放共享的专业群课程教学资源和实践教学基地。持续深化校企合作，推动企业全程参与指导学校专业建设，校企共同制定人才培养方案和课程标准，吸收新技术、新工艺、新规范，校企联合开发双元教材。深入开展"课堂革命"，创新课堂教学，深化教法改革，推进专业教学资源建设；组建高水平专业教学团队，提升教师专业实践能力；建立创新创业教育体系，实施分层分类培养，满足学生多样化发展。

4. 高水平"双师"队伍建设

高职院校教师除了具备一定教学能力，还应具备相应专业实践能力，要围绕"四有"标准，着力建设高水平师资队伍，持续提高"双师型"教师占比。建立教师发展中心，加大教师职前、职后的针对性培养培训力度，出台促进教师在职进修的鼓励性措施，畅通教师职业发展路径，全面提升教师综合能力。引育并举，打造一批具有出类拔萃学术素养、行业背景底蕴深厚的专业群带头人，校企合力培养一批能够服务技术创新、解决实际问题的专业教师，培育一批技艺高超的技术能手、产业工匠。聘请企业在基础与应用研究、技术服务与咨询等方面有突出贡献的应用型领军人才兼职任教。创新教师评价机制，深化教师评价改革，探索教师绩效工资形式多样化。

5. 技术研发与社会服务提升

联合行业企业，共建科技创新平台、产品研发中心、大师工作室、实训基地、创新创业教育服务平台等载体，提升服务区域发展能力。改革鼓励创新机制、成果转化制度和收益处置办法，加大技术研发与服务力度，鼓励教师开展技术研究、产品开发、技术推广，助力区域产业技术创新。主动对接服务"一带一路"、人才强国、制造强国、乡村振兴、山东新旧动能转换等重大战略，充分利用院校及社会优质资源，大力开展高技能人才培养、企业员工培训工作。拓展社区教育，助力解决社会治理问题，彰显社区教育的价值功能。

6. 信息化应用与提升

加快智能校园建设，推进信息技术与管理服务和教育教学深度融合，提升管理水平。对接"互联网＋职业教育"发展需求，建设在线开放课程，推进优质教育教学资源共建共享。运用现代信息技术改进教学方法，塑造教学新生态，提升教学信息化水平，带动教育理念和学习方式变革。广泛开展培训，推动信息技术与教育教学深度融合，提升教师信息技术应用能力。

7. 国际交流与合作

加强与职业教育发达国家的交流合作，开拓多层次、多形式、宽领域的国际交流与合作项目，积极借鉴引进、消化吸收职业教育发达国家、地区优质教育资源，参与制定国际通用的体系，助力我国职教方案和品牌走出国门。依托成熟运转的职业教育国际交流平台，加快国际化合作步伐。《教育部 山东省人民政府关于整省推进提质培优建设职业教育创新发展高地的意见》在附件中列出教育部九项支持政策清单，包括国（境）外高校、合资或独资的知名企业在山东开展合作以及山东职业院校走出国门建设"鲁班工坊"，加强师生国际交流，扩大师生双向交流、交换、合作规模。

8. 特色文化建设

守牢学校文化育人主阵地，坚持传承与创新相结合，融传统文化、行业企业文化、校园文化于一体，弘扬工匠精神，厚植工匠文化，塑造良好的校园风尚，注重涵养学生的工匠品格。加强劳动教育，厚植劳动精神、劳模精神，培养学生良好的劳动态度，培育创造性劳动思维。以特色文化建设为引领，传承传统文化，创新现代文化，夯实文化建设基础，营造学生成长成才的浓厚文化氛围，使学生在获得职业技能的同时，也能获得道德素养的提升。

9. 职业教育发展空间拓展

加快构建现代职教体系，为职业教育的纵向贯通、横向融通开拓新的空间。开发制定本科层次职业教育专业标准，针对目前职业本科学校体量小等问题，支持优质高职院校的骨干专业试办职业本科教育。高职院校要对照本科层次职业学校和专业设置标准，提升自身办学水平，为培养更多高素质、高层次技术技能人才、能工巧匠、大国工匠做准备。

三、山东省高水平高职院校和高水平专业群的建设路径

（一）党建领航：筑牢党建发展之基，夯实建设之路

要牢牢把握社会主义办学方向，坚持党对职业教育工作的全面领导是高水平高职院校和高水平专业群建设的重要保障和前提，要充分发挥党在办学、治校全过程中的核心作用①。方向性为高职院校发展起到引领作用，在坚持大方向不变的前提下，才能稳健、扎实走好每一步建设之路。为此，需要全面加强思想政治建设、健全治理体系、加强组织建设。

一是加强思想政治建设，响应党的号召。站在两个一百年交汇期，新的历史阶段充满了机遇与挑战，更需加强思想政治的引导。党的政治建设是党的根本性建设，高水平高职院校以坚定追随以习近平总书记为中心的党中央的领导核心，深刻扎实学习习近平新时代中国特色社会主义思想为鲜明特征，坚定不移、旗帜鲜明地将党的思想政治建设工作放在首位。高水平高职院校以习近平总书记关于职业教育的重要论述为"纲"，以"立德树人"为"领"，潜心育人，提高各类高素质职业技能人才培养质量，努力培养真正的"能工巧匠""大国工匠"，加快职业教育"类别化"进程，以思想政治建设工作为导向，在新的时代背景下打造出更高质量的高等职业教育发展新局面。牢牢把握高职院校的意识形态，同时广泛开展"四史"（即党史、新中国史、改革开放史、社会主义发展史）学习教育，帮助广大师生进一步坚定理想信念，通过深入学习中华民族的千年历史，感受深厚的中华文化的博大精深与魅力，坚持正确思想航向，引领教师与学生双方从历史中汲取营养和智慧，培育爱党爱国爱社会主义的真挚情感，从而使高职院校师生既具有厚植于心的对党的感情，又具有新时代背景下的时代精神，培养出一批批高素质职业技能人才。

二是健全治理体系，压实管党治党主体责任。高水平职业院校及专业群的建设必须有高水平、现代化的学校治理能力与治理体系作为支持。为此，从学校层面来说，必须坚持党对一切工作的全面领导，发挥党协调各方、总揽全局的作用。在党的全面领导下，以党的先进思想武装头脑、提升能力，改变过去高等职业院校管理科层化结构所带来的"扁平松散"等历史遗留问题，进一步推动民主参与化、共同治理化，构建科学有效的治理体系。加强各级教育行政部门和主管部门组织实施和主体责任的落实，积极开展落实办学自主权调研、标准体系建设调研，各高职院校坚持党的全面领导，坚持党委领导下的校长负责制，紧紧围绕现代职业教育体系发展的新要求，全面建设现代大学制度，强化学校章程建设，推进依法、民主办学、治校。强化党委的领导作用，首先牢牢坚持社会主义办学方

---

① 雷建平．以高质量党建助推高职院校"双高计划"建设［J］．实践（思想理论版），2021（4）：50-51．

向不动摇。实行党委统一领导与党政分工合作相结合，完善多位一体、权责清晰明确的决策机制。在基层党组织中，严格落实责任制，坚持"党要管党，从严治党"，办深入基层的实事，办真正让院校师生满意的教育。

三是加强组织建设，打造党建品牌。加强高职院校内部基层党组织建设，健全组织体系，造就一批政治强、业务精、水平高的专业带头人和业务骨干，建立双带头人党支部书记工作室，促进党支部的建设与提升，充分发挥党支部的战斗堡垒作用和党员的模范带头作用，充分发挥党组织的战斗力。从学校管理层、教职工群体、普通学生，落实到班级中，建设一批基层党组织，积极开展丰富多彩、形式多样的党员活动，进一步发展党员数量，与高职院校的特色相结合进行党建学习方式方法的创新。进行校企合作时，还可探索新式校外基层党组织建设方式，使党建品牌不仅局限于校内，实现基层党建的校企联动，引导学校走进企业开展联合、企业走进学校发展合作。创新党建品牌，发挥基层党组织的基础性力量，以党支部书记为领导、以党小组为单位、以党支部为载体，发挥党组织的向心力与凝聚力，充分发挥全体党员的先锋模范和榜样示范作用，以"优秀"引领"优秀"，以"忠诚"重塑"忠诚"，让"荣光"再现"荣光"。打造"强基工程"，让党组织、党员在高职院校发展和人才培养中发光发热。同时，可以以文化作为党建宣传的主要途径，提升党建文化"软实力"，形成由先进社会主义文化和核心价值观构成的文化氛围，增加师生思想认同感，营造党建氛围，增加文化自信。

（二）机制保障：完善内部治理机制，提升发展服务效能

高职院校内部治理要凸显职业教育的特色化，适应职业教育发展规律，从学校自身发展实际出发，动态适应职业教育改革与发展需要，适时进行制度变迁。坚持党委领导下的校长负责制与共同治理相结合，以章程为核心形成现代职业学校制度体系，以理事会为平台构建多元化的办学格局，以委员会为统领优化专业治理结构，以信息化为手段推进现代化治理进程，形成一个由党委所领导的现代化治理结构，全面提升治理现代化水平。

1. 以章程为核心，形成院校制度体系

我国高等教育的奠基人潘懋元教授曾指出"学校章程就应该是一所学校办学和治学的基本法"，可见，优质职业院校章程的建立是高职院校贯彻依法治国思想的重要体现。章程不是一成不变的，经过实践检验后卓有成效的管理方法都可以考虑纳入章程与制度中，写入文本后依据现实情况保持动态发展，治理经验与制度体系建设互促互进。章程制度要张弛有度，一方面要避免制度体系过度超前建设，后期令制度成为摆设；另一方面还要防止体系建设滞后，与院校治理过程和现状无法匹配。坚持制度的根本性、长远性、适应性和严肃性，修订完善学校章程，适时做好规章制度"废、改、立"体系化建设工作，建立健全适应职业教育发展新形势，以章程为核心的学校规章制度体系。健全党委领导下的校长负责制，细化党委、院长、理事会、学术委员会等内部治理主体责任分工，明确权力界限。深化诊改工作机制，进一步提升质量报告编制水平，完善内部质量保证体系。建立学院内部督导制度，完善教学督导队伍，严格教学基本规范和课堂教学管理。完善国家、省、市、学校三级培训机制，依托校长联席会、干部培训班等积极组织，参加校长论坛和学校干部培训，通过挂职锻炼等方式，造就一支思想过硬、作风优良、业务精湛、管理有方的管理队伍。形成从学校到部门逐层逐级的多维全面型规章制度框架体系，实现学校治理的制度化、规范化、程序化。依据高职院校的发展规律和师生成长规律，遵循职业教育发展规律，发挥社会服务功能，可以借鉴、参照普通教育中的办学制度体系，按照职业教育类型的需求重新整合规划，形成一系列制度体系，以保障教学顺利运行，支持学生更好成长，促进教师专业发展，社会培训有序进行等。

2. 以理事会为平台，构建多元化办学格局

理事会是高等职业院校的中国特色，具有协商、共治、共建等多种功能。以法律和规章制度明确理事会与各参与主体的职责、权利以及参与规则、标准和制度，形成多方参与的共治局面。坚持多元共治理念，完善产教融合、校企合作多元治理体系和治理结构，推进协同治理，健全多元主体共同参与的理事会，鼓励社会融入学校办学，引导企业融入人才培养。高职院校具有开放性，多元化的办学格局需要进一步加强内涵建设，在实践中运用新理论、新技术，保障多元办学格局的软实力。从社会与学校的关系来看，高职院校不同于一般意义上的大学，与社会有着更为紧密的联系，政校企协同育人的机制更是其一大特色。为此，一方面，通过社会的反馈信息，保证院校内部的发展方向，不断优化资源配置；另一方面，院校的良好发展也会反作用于社会，通过能量和信息互通达到协同共进的效果。通过信息共享、决策共商、资源共建等举措，充分调动各利益相关者参与学校治理，使院校主动服务融入区域产业发展，促进校产城"三方"融合，政行企校军"五方"统筹，既提升多方投入人才培养的效益产出，又提高人才的培养质量，从而更好地反哺社会。从企业与院校的关系来看，让社会企业从培养计划的制订，到培养环节的参与，再到培养结果的监测，与学校协同完成。在协同之下再进行分工，可由学校主要负责学生理论知识的教育，企业负责在实际场景下学生技能的获得，二者地位平等，形成友好合作关系，共同致力于学生的高质量发展。探索多元的治理模式，为"共办共治"提供制度保障。

3. 以委员会为统领，优化专业治理结构

组建校级专业建设委员会，充分发挥委员会咨询、决策、指导作用，贯通专业、教学、教材、管理等体系，保证委员会在专业与产业、课程与岗位、教学与生产的有效对接中充当重要角色。建立教材建设委员会，研究制订教材建设规划，推进教材研究和管理，促进教学改革，不断优化教学水平，进一步提升人才培养质量。委员会还可起到统领师资建设的作用，专业建设委员会不仅负责"学"，也统筹"教"的相关事务，把控专业师资队伍建设，严格教师准入机制，以开放的眼光引进技术高超的实操人才作为教师，严格在职培训，保障师资队伍质量。实施"以群建院"的管理体制，完善三级管理机制，建立学

校、二级学院、专业（群）三级组织架构，完善三级管理权限与责任、过程与监督等制度。实施以院校二级学院为主体的管理模式，学校将教学管理、学生管理、社会培训、科技创新等工作下放到二级学院，提升二级学院办学自主权，将管理重心下移到二级学院。贯彻落实权力下放、办学自主权下方，改革管理制度，从财务、人事到职称评审、绩效评价等进行深入改革，实行激励机制，"多劳多得"，激发内部基层的活力。同时促进基层民主管理，加强管理、监督和决策的民主化，例如充分利用教师的教代会、学生的学代会等途径，让师生员工的民主权利得以实施，参与学校治理。完善"融合衔接、动态调整"的专业群建设机制，组建校级改革发展决策咨询委员会，进行专业评估考核时将体现社会对专业认可度的指标作为主要内容，并据此调整相关专业。完善"注重内涵、整体提升"的专业群发展机制，统筹规划人才培养方案，重构课程体系、课程内容，促进各专业间的资源共享、协同发展，促使各专业在发展前进中能与时俱进，满足社会对专业人才的需求。

4. 以信息化为手段，推进现代化治理进程

在国家治理体系现代化与治理能力现代化的大背景之下，高职院校的治理体系亟待紧跟现代化脚步，这同样是高职院校内涵式发展与高质量发展的必然要求和应有之义。尤其是当前信息技术已逐渐深入教育的各个方面，在"互联网+教育"新局面出现的情况下，深化高水平高职院校内部治理，迫切需要对治理手段进行改革，当前5G技术、智慧管理、信息技术等新技术、新方式的应用在一定程度上促进了内部治理能力的提升。

将5G技术、信息技术和智慧管理等融入内部治理，破解信息孤岛等问题，强化了信息平台的进一步整合，形成校情综合分析平台，强化数据源采集和流程编制，建立"课程—专业—院—校四级、课程—专业—教师—学生—学校五层面"的信息互通机制，基于5G技术强化网络通信，通过信息平台构筑智能化学校治理信息平台，实现"智慧治理"。"'智慧治理'不仅仅是一个单纯的技术性概念，即通过信息和通信技术使治理各主体得以更好地沟通、互动和协作，表现为一种技术治理，同时也是一种思维方式和治理模式，一种包括效率、民主、回应、公平、开放、协同、合作等价值和理念的选择。"[①] 以此进行数据共享、资源整合、配置优化，加强信息的实时性与有效性，使管理者能够及时监测到学校各系统运行状态，实现校情信息透明化。以信息化管理促进教师的专业发展和学生的更好学习。

充分利用人工智能技术、云计算、大数据等信息技术，提升学校内部治理质量，建立内部治理模型，实时采集数据信息，系统分析信息资源，为学校办学质量的提升提供充分的信息支持和参考，提高治理效率的同时，增加治理决策的科学性。促使内部自我诊断与改进机制常态化，提高学校的自主发展能力，不断提升人才培养质量。依托信息化建设，实施行政服务、公文流转、组织人事、财务管理、资产审批、学生工作、教学工作、后勤保障等流程再造，实现线上事务办理，提高办事效率，校园管理精准化、便捷化，治理能

---

① 王靖高. 高职院校治理现代化的核心要义、改革路向与实践探索［J］. 现代教育管理，2021（12）：39–45.

力不断提升。如常州信息职业技术学院在学校治理时借助了信息化的手段——在学校年度事业发展规划和重点工作考核中纳入治理评价体系,实施中国特色高水平高职学校和专业建设(即"双高")以来,建设任务数量与质量指标完成度均达95%以上,经费执行率近85%,各相关方满意度均超过最初设定的95%的目标。

需要指出,现代化除了手段的现代化,还需要有人的现代化,主体与客体共同作用才能真正实现现代化的治理。这里主要是针对管理层来说,首先,要求管理者的管理理念要现代化,管理不是发号施令,要树立以师生为主体的服务理念,统筹全局,实现共享共治。其次,管理者还要具备现代化的管理能力,依据已有治理经验,不断汲取新的知识,全面提升领导能力。管理者的现代化在一定程度上决定着院校治理的现代化进程,软硬件共同发挥作用,才能取得更佳效果。

(三)提质增效:凝聚发展合力,以高水平专业群触发集聚效应①

专业群建设是学校专业建设与内涵发展的系统工程之一,也是推进高职院校提高办学质量、适应区域经济发展、增强专业核心竞争力的关键,是支撑山东省适应经济发展方式转变、产业转型升级、新旧动能转换的有效途径与重要载体,代表着山东省高职院校和专业群的发展重点和方向,聚焦当前新技术、关键领域与前沿问题,山东省高水平职业院校建设可以通过高水平专业群牵引实施一体化建设和发展。

1. 科学组群是专业群建设的应然条件

组群不是将专业进行简单集合,而是将资源、优势、劣势进行调和互补,进行资源的优化整合,从而获得"1+1>2"的效果。从院校层面出发,科学组群即院校整体专业布局与区域行业产业布局相协调。就地区经济发展而言,科学组群即行业产业结构与区域重点优质高职院校办学特色、办学资源相适应。高等职业教育适应高等教育的规律,同时又具有职业教育的类型特点,在进行专业建设时尤其要注意其"职业性"。我国的高等职业教育在历史与现实、传统与现代的碰撞下展现出其固有的时代价值,也在发展的浪潮下经历着时代"瓶颈"。与地区产业行业深度融合,根据经济发展与产业升级积极调整、自我调适,是优质高等职业教育在新的时代背景下的现实需要。就高职教育与外部区域产业结构的关系而言,思考高职院校专业布局时应与地区产业布局密切协作并辐射带动区域产业结构升级,参考地区经济结构为专业群建设定题,密切关注国家、企业、行业的发展趋势,制订并适时调整专业规划,适应产业转型升级带来的人才和技术技能需求变化,坚持产业需求与人才培养的高度匹配,实现地区经济发展、产业升级与高职院校专业群建设协同并进、相得益彰。就高职院校专业群内各具体专业而言,各具体专业应有内在的逻辑关系,体现职业分工的逻辑关系及专业之间的高度协同。组群可按照不同功能选择的逻辑进

---

① 杨勇,商译彤,康欢. 新时代高职院校高水平建设的逻辑框架、应然向度与战略抉择[J]. 教育与职业,2021(12):48-53.

行,如按照产业链要求组群、依据岗位需求组群、根据已有资源组群或利用优势专业组群[①]。首先,基于专业设置高度协同的情况,需明确体现面向职业岗位群的任务分工,满足产业发展对不同种类、层次技术人才的要求。其次,体现相关职业之间胜任能力的综合培养,突破专业发展瓶颈,组群建设对标企业行业需求,优化专业组群的资源配置,缩短组群发展磨合期,发挥组群集聚效应。最后,专业群要稳定、灵活。稳定是由于专业群从组建到成熟需要较长的时间积累,符合专业发展特点以及人的成长规律,是一个完整的人才培养体系,因此必须具有稳定性。同时群内专业设置要与时俱进,因时因地地主动适应产业发展的多样化需求,不断根据市场需求优化专业结构,因此也要强调灵活性。

2. 深耕内涵是发挥专业群集聚效应的保障

院校与企业结合,应遵从专业群发展规律,依托优势专业重构专业群体系,使专业群成为产教互通的桥梁。

一是持续优化人才培养方案。针对山东省经济发展需求、动能更新换代,设定与区域产业发展需求相匹配的人才培养目标,实施校企合作、产教融合,与行业企业协同制定人才培养方案,构建"命运共同体",形成"共治"局面。校企双方开发专业标准和课程,建立技术技能标准,建立和实施评价标准,校方根据自身定位,结合学生的成长发展规律,考虑育人导向;企业根据自身规划,结合社会需求,锻炼技能人才。二者进行资源与需求的整合,对已有专业进行优势发挥与劣势改造,并寻找新的专业生长点,将培养方案定位于培养出校方认可、企业需求的高质量人才。

二是重构课程体系。依据专业群面向岗位,合理分解知识点和技能点,重构教学内容,重组课程体系,依据每个专业都共享共建、知识点模块化组建的原则,建设专业群内底层公共基础课程可共享、中层专业基础课程可融合、上层专业核心课程可互选的"平台+模块"专业群课程体系,实现校内教学、课程与企业需求、行业标准精准对接。同时,课程应联系国家高端产业,促进国家高端产业发展。课程体系设置由不同主体实施,公共基础课可由校内相关教师进行,中层专业基础课需由专业内教师进行讲授,上层专业核心课除必须由本专业教师讲授外,还可由行业技能精英亲自传授。尤其在进行知识点与技能点的讲授时,技能点最好由具有丰富实践经验的教师或者行业能手亲自讲授,避免"纸上谈兵"。

三是开发教学资源库。高职院校不同于普通高校,随着社会进步、社会实践条件的改变,高职院校里老旧的学习内容可能"无用武之地"。因此,要发挥行业企业优势,校企协作发掘教学资源,融入信息技术、5G 技术、物联网技术等,将行业企业新工艺技术、新标准规范融入专业教学标准和教学内容,开发涵盖教学案例、视频动画、微课、安全教育、虚拟仿真等的数字化教学资源,完善课程平台,建立共享型、开放性专业教学资源

---

① 柴草,王志明. 高职特色高水平专业群建设的价值内核、逻辑、问题与路径 [J]. 成人教育,2021,41 (9):65 - 72.

库，依托资源库组建在线开放课程。让学生突破时间地点的限制，满足学生多样化、个性化学习需求，回归到人才培养质量提升的落脚点上。还可依据当地情况，开发特色教学资源，充实教学资源库，取之于当地，用之于当地。

四是锻造高水平结构化教学团队。根据专业群内的特点，组建符合专业背景和团队结构的教学团队，建立教学团队建设和发展规划，依据专业群面向的职业工作岗位方向，以不断强化专业素养和拓展实践能力为重点，不断优化和改善师资队伍结构，建立结构化的教学团队保障机制，组建专任教师为主、兼职教师为辅，高校教师和企业教师相结合的"双师型"队伍。通过教师进修班等方式促进专任教师的专业发展，提升教师技能；以开放的眼光引进行业精英、技术能手为兼职教师，指导学生的实践操作。"内培"与"外引"双管齐下，塑造高水平工匠之师。为此，政府需在上层建筑上进行引导与推动，加大供给侧支持力度，在把控教师准入机制的同时明确专业团队发展方向，并给予薪资待遇方面的激励，避免教师发展信心不足、动力不够。校企双方的指导教师要加强沟通，通过提供教师发展平台，允许校企人员流动，加大校企双方合作的深度。院校对于教师的管理规范化，与企业沟通好共同的管理机制，尤其是学校，无论是全职教师，还是企业内的流动教师，都需建立完善培育与管理制度，创造教师学习进步的条件，增加教师进修的动力。

五是完善实训教学体系。按专业群分类组建实习基地和实训基地，包括实践教学基地、职工培训基地、职业技能训练考核鉴定基地、技术开发应用与推广基地等，实现资源共享。部分现代化教学设施不完善、资源有限的院校可寻求企业合作，将部分基地设置在企业内，并且可以通过签订用工合同等方式破除企业人才流失的顾虑。如德国"双元制"大学为保证学生的实践操作量，让学生每周有两三天时间在校内学习，另外有三四天时间到企业内进行实践操作与锻炼。实训基地还可利用当前发达的信息技术建成虚拟仿真的形式，使学生有真实体验感，达到与在实训基地学习无二的学习效果。在硬件设施跟上之后，教师水平也需随之提升。在专业教师中可能存在不愿意也不会利用先进技术开展教学的情况，高职院校要积极动员教师参加现代技术的学习与培训、到企业参与研修，如仿真软件和计算机网络的使用，让教师的思想意识和实际操作水平得到双重提升。

六是健全专业群评价与保障体系。构建毕业单位、毕业生、行业等多元主体的监管机构，引入"第三方"评价机构，锚定人才培养质量提升，建立评价指标体系，实现常态化监控，动态反馈调整，对专业群设置不规范，课程设置不合理、不规范的部分及时予以调节与纠正，系统地建立专业群考核平台。依据不同学校的特色定位制定不同的指标体系，以评促学、以评促改。其中，在引入第三方评价机构时尤其要注意机构的公信力。首先，需对第三方机构进行严格筛查，可由教育部或其他权威部门依据该机构对行业的掌握程度等进行资格准入的核定。其次，教育部等部门要给予具有资质的第三方机构一定的自主权，在设定宏观标准的框架下，可由机构灵活制定具体细则。最后，监管机构由毕业单位、毕业生、行业等多元主体构成，引入第三方机构时要注意明确各个主体的职责权利，构建分工明确的评价与保障体系。

（四）德技兼修：实施强基工程，优化"双师型"教学团队

教师是教书育人的"排头兵"，是学校发展的"先锋队"，是发展教育事业的"主力军"，"双师型"教学团队建设是职业院校发展的基石，实施"双师型"教学团队强基工程，引领高素质"双师型"教学团队建设，打造工匠之师。

第一，加强师德师风建设。2021年9月8日，习近平总书记在给全国高校黄大年式教师团队代表回信中提出，教师应"立德修身，潜心治学，开拓创新""当好学生成长的引路人"，这要求高职院校将教师的思想政治工作放在首位、摆到更加突出的位置，提高教师教书育人的责任感。首先，加强引导教师做到以德立身、以德施教，弘扬时代楷模的师德典范精神，强化榜样引领，形成浓厚的立德树人氛围。其次，建立师德师风考评机制，从领导、部门、教师、家长、学生等多个层面实施师德评价，评价结果作为职称评聘、职位晋升、评优评奖的重要依据，做到奖优罚劣，着力解决师德失范等问题。

第二，坚持引育并重原则。一是加大引进力度，尤其对紧缺专业的专业带头人、行业影响力深厚的大师能手、高学历人才等，制定引进或柔性引进策略，采用灵活方式引进并给予充分的发展空间。二是加大培养力度，建立教师发展中心，完善教师职前培养、入职培训和在职研修体系，制定教师发展标准，构建多层次立体化的教师培养体系，形成"入职新教师—骨干教师—教学名师—专业带头人"的梯级发展模式。加强国际交流合作，加大新技术、新流程等培训力度，以企业项目为载体，重点培养一批解决企业生产技术难题、掌握技艺技能、具备产品创新能力的骨干教师，锤炼和提升教师技术技能。

第三，优化教师队伍结构。发挥团队集聚效应，健全师资队伍管理制度与保障机制，开发专业领军人物遴选标准和程序，制订领军人物人才引进计划，加大高层次高学历人才引进力度。鼓励跨专业联合组队，持续推进技术能手、企业骨干、能工巧匠进校园，为到学校兼课的企业技能高手建立"技能大师工作室""技术技能创新中心"，推动兼职教师参与专业职称评定。支持教师到一线企业挂职，参与技能鉴定和考取证书。

第四，改革教师评价和考核制度。建立教师成长规划，提高"双师"比例，改进考核制度，改革教师绩效工资制度。一是制定科学公平的考核方案。注重考核"重要指标、重点突破、重大贡献"，强化在教学、科研、高层次师资、学生竞赛、教育研究、校企合作等方面的重大贡献。二是优化设置合理的考核指标。根据各校实际，设定个性化考核指标并不断更新，主要关注重点突破特色创新项目。三是建立奖惩并举的激励机制。完善教师发展和成长激励机制，采用多元主体、多样化的激励方式，提高教师参与职业教育教学、科研、社会服务等的积极性。坚持以结果来优化过程，同时又以过程来保证结果，推动"优岗优酬"，加大考核结果与绩效分配挂钩的力度。教师开展技术研发与咨询、科技成果转让等技术服务工作，可依规获取报酬，提倡专业教师在企业任职，按照贡献度可在学校合作企业兼职技术工作岗位并领取相应报酬。多措并举协同推进学校事业发展，形成以实绩看能力、以贡献见高低、以发展论英雄、以作为定地位的奖惩机制。

(五) 内生动力:创新驱动,提升高水平高职院校建设的技术技能积累①

高职院校作为高等教育的特殊组成部分和新的生力军,"社会服务"是其发生学意义上的"天生使命"。近年来,我国职业教育在技术技能人才供给、区域产业行业发展助推、地区经济建设助力引领等方面做出了突出贡献,得到了学界及社会各界的认可与支持。当前,站在历史的拐点,站在国家产业升级的严峻形势面前,高职院校应积极响应党和国家的号召,继往开来,引领"中国制造"走向"中国质造",倾力培养"能工巧匠""大国工匠",以人才培养为主轴,以社会培训为己任,提升服务区域经济发展能力。

"中国制造2025"和"一带一路"建设,为高等职业技术教育和高职院校吹响了新的号角,对高职院校社会服务提出了新的要求。在新的时代背景下,高职院校的社会服务应变被动为主动,主动服务于地区经济发展、乡村振兴、产业升级,在科学理念的指引下培养新时代的高素质职业技术人才,建立起全方位服务于地区经济发展、社会进步的办学理念。

第一,打造综合性服务平台。社会服务平台意在以"服务"为纽带,实现高职院校与政府、企业三方的信息互联互通与资源优化配置,最终实现高职院校与政府、企业的深度合作、互惠共赢。

综合性社会服务平台的建设是一项复杂艰巨的任务,不仅需要借鉴并优化已有经验,更需要各方深入合作,在社会服务公益性和网络平台市场化之间寻求平衡,其过程必然"道阻且长"。首先各方在平台建设过程中应以互信互助、共同发展为共识,积极共享各方优质资源,营造良好的合作环境和氛围。其次政府、高职院校与企业三方在长期的建设过程中深度合作,不断沟通,加强共识,从而在三者之间形成"协同效应",最终获得"1+1+1>3"的理想效果。最后,综合服务平台的搭建将在政府、高职院校、企业之间建立起充足的交流空间,为三者提供互动机会,实现政府参与下的企业与高职院校深度融合的职业技术教育新突破,展现职业技术教育立足服务,面向地区,服务企业的新局面,充分发挥网络的媒介功能,建立服务的网络环境,以网络促进服务,以服务保障育人,以育人支撑区域产业转型升级需求。

平台应具备多样化功能。坚持以服务区域经济建设为宗旨,完善平台体制机制建设,加强组织管理,及时对接了解行业企业最新动态和需求,集信息发布、科技研发、成果转化与推广、技能鉴定、技术培训、继续教育等功能于一身,助力区域产业结构加速升级。

第二,打造休戚与共的校企命运共同体。为突破当前经济社会发展的新困境,助力高职院校职业人才培养,《国务院关于加快发展现代职业教育的决定》和《现代职业教育体系建设规划(2014—2020年)》均以"深化产教融合"为指导推动职业教育发展。2017年10月,习近平总书记在十九大报告中也提出要深化"产教融合"。时至今日,"产教融合"已成为高等职业教育现代化建设的应有之义。

---

① 高楠."双高计划"视域下高职院校提升社会服务能力路径研究[J].财富时代,2021(5):36-37.

教育部"双高计划"建设始于2019年,所谓"双高",即50所左右高水平高职院校和约150个高水平专业群。"双高计划"的开展实施将"产教融合"这个不新鲜的概念再一次推到了职业教育的"风口浪尖","产教融合"因其与"双高计划"的契合再一次成为高职院校在时代浪潮里的应然追求与实然选择。"双高计划"主张在高职院校与企业之间建立起共生关系,主张高职院校以目标人才供给促进产教融合、校企合作的实现,调动企业的参与热情与积极性,在校企之间建立起良性双边互动关系。在追求产教深度融合,打造优质高职院校与专业群的过程中,高职院校应坚持"能工巧匠"与"大国工匠"并行培养,建设集技术开发、技术服务、人才培养于一体的职业技术人才培养基地,积极服务于各类企业。

构建校企命运共同体,在政府层面,需要创设良好的合作氛围和环境,完善法治保障体系,出台相关政策、形成政策合力,明确校企双方的权责,统筹协调双方利益诉求,搭建双方沟通交流的桥梁,发挥政府的主动性,发挥政府的统筹调控功能。在校企层面,要加强协同发展、共同治理,校企双方对接需求、联合培养,深入实施双主体育人的现代学徒制,共建共享实习实训基地;校企共同推进科技创新与社会服务,依托综合性社会服务平台,发挥校企各自优势,面向社会不同群体开展服务,形成"职教集团""产业学院"等不同形式的命运共同体,将共同体建设不断推向更深层次。

第三,培育和扶持具有较强服务意识和较高服务水平的科研团队。社会服务是高职院校职能的应有之义,打造科研水平高、服务能力强的团队是高职院校职能实现的立身之本。"双高计划"还提出,培育和扶持具有较强社会服务能力的科研团队是高水平高职院校的重要任务。

高水平科研团队由在专业领域具有一定权威的专业带头人、骨干教师和行业专家组成,在行业领域内具有一定的权威性和话语权。高水平科研团队的组建与培养方式众多,高校在科研团队培养过程中应注重科研团队的全面建设,打造职业技能、工匠精神、职业素质兼备的高素质高水平科研团队。

高职院校的科研服务团队建设为开展社会服务工作提供人才和技术保障,好的团队能有效整合科研资源和科技力量,提升学术研究水平,提高综合竞争力。一要合理规划团队,强化内部管理。在统筹考虑的前提下兼顾团队成员个性化发展,合理配置资源,掌握科学研究方法,不断拓宽研究视野,提高研究能力。二要关注个体发展,培育打造专业带头人,特别是具有出类拔萃的学术素养、优秀卓越的领导才干,在基础研究、应用研究、技术服务、技术咨询等方面的应用型领军人才,提升整体科研能力。三要深化产教融合,全面对接企业需求,服务产业转型升级,将最新技术、科研成果融入教学,在增强教师科研能力和实践经验的同时,强化复合型、创新型技术技能人才的培养。

(六)内外联动:加快合作,推动高水平高职院校国际化发展

山东省建设高水平高职院校和专业,要放眼世界,瞄准尖端,不断拓展国际化办学的空间;要综合研判,统筹规划,精心组织和施策,不断提高国际化水平。

（1）高水平高职院校国际化办学目标和定位要有新高度。职业院校应服务国家重大战略，不断加强国际交流合作，这是现代职业教育发展的趋势，也是我国职业教育适应经济全球化发展的关键路径。在进一步扩大"对外开放"和"一带一路"建设的过程中，积极应对新一轮产业革命和技术变革，服务"中国制造2025"，高职院校应主动承担，砥砺向前，切实担负起应尽的责任。同时，高职院校在时代变革中应不断树立全球视野，加强自我审视，提高要求，对接国际标准，搭建国际交流平台，以世界一流职业教育的标准要求自己，综合分析自己的劣势和不足，助推国家经济建设，敢于开拓进取、敢于技术服务、敢于科技创新、敢于建设标准，努力在国际化办学中展示中国职业教育的经验、成果和形象，促进全球交流，助力推动全球一体化进程。

（2）高水平高职院校国际化办学要积极探索具有中国特色的教育教学新模式。教育质量是职业教育在人才培养中的核心和关键，山东省职业院校要敢于同国际同行"同台竞技""切磋技能"，同时要以提高人才教育质量为落脚点，以提升国际化人才核心竞争力为目标，不断探索和试点高水平高职院校国际化办学模式，通过不断学习和借鉴世界先进办学经验，融合校本特色，优化完善自身的职业教育教学体系，提高山东省职业院校培养国际化进程中急需人才的能力，拓展国际化办学空间。

一方面，高职院校要培养以专业技能+国际语言+创新研发为核心能力的复合型高素质技能型人才，在打牢专业技术知识和技能训练的基础上，引进消化国（境）外优质教育资源，优化原有课程体系，构建复合型国际化人才培养课程体系，开发设计国际语言模块，实施多语言教学，依托国际技能大赛、企业国际项目等完善课程内容和实训内容，丰富知识结构，加强实践项目设计，与合作企业和高校合作开展国（境）外文化交流、实习实践等活动。另一方面，高职院校应与国内外大型企业合作开展国际化人才培养，发挥企业技术领先、市场信息精准、资源丰富优势，依托学校人才培养体系、国际化办学优势，校企协同培养适应企业标准、满足国际化需求的人才。

（3）在更全方位、更宽领域、更多层次，更加主动地深化与职业教育发达国家，以及东盟、上海合作组织、"一带一路"沿线国家的合作交流。一是有计划地把国际优质资源"引进来"，系统引进国际领先、通用、适用的各类人才培养标准、专业课程标准、教材建设和选用体系以及数字化信息化资源、实验实训标准，推动山东省职业院校与国外高水平院校建立国际合作关系，实施"双元制"、TAFE等模式本土化建设工程。二是服务国家战略、山东经济发展战略，让山东省高职院校和企业"走出去"，建立鲁班工坊、研发中心、培训基地等，广泛开展合作办学、合作开发项目和职业教育培训，加快培养适应山东省海外企业要求的技术技能人才，同时加快开发对接国（境）外的专业教学标准，实现职业教育标准输出，全方位提升职业教育开放度。三是教师在职业教育国际化进程中起着举足轻重的作用，所以培养具有国际化视野的教师势在必行，应主要从提高教师国际化意识、加大教师国际交流力度、引进国际优秀教师等方面着手培育。

（七）科技支撑：实施技术支持，建设智慧育人环境

高水平职业院校要推进智能校园建设，建立人工智能、大数据、5G等智慧育人新生态，保障职业院校数字化校园建设的物质基础。

第一，优化网络基础设施，完善和提升网络环境。投入专项资金推动职业院校建设安全、高速、绿色的校园网络，保障师生开展线上教学，提供泛在学习便捷途径；实现无线网络全校园覆盖，建立行政办公OA、教职工管理、财务报销、学生管理、教育教学管理等智慧校园管理系统；搭建日常办公OA、线上教学、疫情防控、治安管理、顶岗实习、招生就业等业务工作的教育管理信息系统；建立网络中心、现代教育中心等技术支持部门；建立信息化管理服务制度，为职业院校提供信息化设备设施设计与运行服务、运行维护和信息技术支持与保障；建立高职院校智慧校园范式，提升学校教育信息化、教学管理信息化和服务信息化水平；建立学校信息化领导小组，包含教学、科研、后勤、学生管理和财务等人员，制定配套的方案和规章制度，加强组织部门的协同力度，全面提升学校信息化管理水平。

第二，搭建技术技能创新实践环境，提供个性化服务。职业院校注重培养目标的实践技能教学特殊性、工匠精神传承的延续性和企业精神的融入性，通过建立一批具有职业教育特色的示范性虚拟仿真实训基地，将企业的实训项目和教学实训结合起来，将实训教学的全过程和信息技术结合起来，以信息技术推进教学实践实施，提升学生的学习主动性，提升教师的信息技术水平，提高信息化教学水平；将5G技术引进企业流程、数字智能化融合企业生产、物联网＋技术嵌入生产管理等引入职业教育教学中，为学生提供智能化、信息化、可视化生产环境，提供虚拟操作、生产的机会；学校在行业指导下，可以依托合作企业积极参与职业院校数字化校园建设，努力适应科技、产业革命，真正做到产教融合，形成合作共赢新局面；融合大数据、互联网＋、物联网、云计算等新技术，线上开展实验实训教学，为学生提供真实情景模拟操作、标准化素材、大数据管理保障等个性化服务；职业院校依托信息技术，建设专业发展特点，建立职业教育信息化教学资源库，为社会和企业提供免费的教学资源，开展职业教育和终身教育，为学院实践信息技术教学提供信息网络资源保障。

第三，开发数字化教学资源，创新实施混合式教学模式。学校建立信息化教学环境，校企合作建立优质数字化资源库，依托信息技术建立线上课程，打造真实案例的虚拟生产场景和构建校企一体的生产实际教学案例等，利用互联网媒体做好资源共享平台的开发和完善，推动职业院校优质教学资源的共建共享；开发数字化教学平台，实施线上线下混合式教学模式；按职场要求，加大对学生课业成果、工匠精神和创新能力的培养，将线上考核与物化成果考核有机结合，激发学生学习兴趣，提升学生学习效率；满足多用户个性化学习需求，根据需求可系统化、精准化和高效化实现教学资源匹配，促进用户自主、泛在、个性化学习；加大职业院校决策系统、管理服务中的数字化、大数据等现代化信息技术手段的应用，提升职业院校技术支持服务能力以及实现信息化建设队伍可持续发展。

(八) 铸魂育人：激发内生动力，以文化引领高职院校高水平建设

文化是学校最隐性和最关键的内涵。高职院校应充分挖掘文化要素，培育高职院校文化品牌，提升高职院校文化质量，引领高职院校高水平高质量发展。山东省职业院校以"立德树人、文化育人"为引领，不断优化校园文化建设内容和载体，提升校园文化建设深度和广度，树立校园文化品牌，增强学校的内生发展动力。

第一，明确院校的办学方向，强化育人理念[①]。高职院校文化建设要紧紧围绕国家、省市职业教育发展规划和战略方针，明确院校办学方向，承担立德树人的责任与使命，形成文化育人的意识，将文化渗透于课程教学、学生管理等人才培养全过程，为学生职业能力和人文素养的双提升营造氛围，提供保障。

第二，做强文化建设与引领，搭建文化育人平台。职业院校校园文化建设，融入行业文化、企业文化，吸收优秀传统文化，形成开放化、立体化的校园文化生态系统，不断提升职业教育的认可度。校园文化生态系统应当包含精神文化、物质文化和制度文化元素。精神文化是高职院校校园文化生态系统的核心，展示了学校精神风貌，传承着学校核心价值观，体现着学校办学理念。精神文化应该得到办学者的精心培育，并使之积淀丰富，成为师生追求的最高境界。物质文化体现了高职院校校园文化的实力，物质文化表现形式丰富，既可以通过构建大师工作室文化和世界500强企业文化，也可以布局校园规划与建筑文化来彰显高职特色和学校育人理念。制度文化是高职院校校园文化建设的运行机制保障。学校要注重学校管理和服务制度文化的创新，使得师生发挥潜能，有效完成教学、科研、学习自主创新活动。

第三，创新文化传播载体，打造文化育人品牌。在校园内，利用"团日活动""主题报告""文化沙龙"等各种传播载体，丰富师生参与体验，打造"一校一品"文化品牌。如山东省滨州职业学院结合区域特色，创办高端学术文化讲坛——鲁彬之学术讲堂，进一步弘扬优秀文化，厚植文化情怀，提高文化自信，打造文化品牌，提升职业教育在城市文化事业发展方向的贡献度。在校园外，要积极开拓校企融合文化和德育基地文化育人载体，通过开展实习实训工作让学生更好地感知企业行业理念与精神，遵从企业的管理文化。利用博物馆、科技馆、档案馆、党性教育基地等载体，延续优秀传统文化发展，打造以齐鲁文化为特色的文化育人品牌。另外，新媒体凭借海量化、交互式等优势已经成为影响学生思想行为的主体媒介环境，高职院校要利用微信、微博等平台延展与丰富校园文化，实现线上线下协同育人。

(九) 战略导向：构建现代职教体系，加快高水平院校和专业群建设

山东省是职业教育大省也是职业教育强省，是首个教育部和省份共建的国家职业教育创新发展高地，始终将发展职业教育、建设职业教育放在战略高地位置，作为排头兵，山

---

① 廖伕. 高职院校开展文化育人的策略研究 [J]. 现代农村科技, 2021 (5): 117-118.

东省职业教育在新旧动能转换综合试验区、自由贸易试验区建设框架下，努力构建适应经济发展转型、产业升级以及满足人的全面发展要求的现代职业教育体系，切实推动山东职业教育高质量发展。

第一，拓展职业教育发展空间。职业教育与普通教育是同等重要的类型教育，通过拓展职教空间使更多高素质技术技能人才获得更广泛发展空间。现代化的职业教育体系应为受教育者搭建横向能够融通、纵向能够贯通的"人才立交桥"，实践终身教育，使职业教育受到企业、社会、家长的认可。从横向上，打通职教体系中职业教育和普通教育的渠道，实行学分互通互认，建立职业教育与普通教育的互通互认机制，为学生灵活选择不同的教育类型提供机遇和通道。在课堂教学实施过程中，要理论实践一体设计，建设工厂化实训车间，强化学生动手能力，提升学生解决生产问题的能力；在办学实施过程中，要加强校企合作，主动对接行业，提升办学与行业契合度问题；在国家管理过程中，要实施产教融合，职业教育要与产业同部署、同升级、同发展，相互支持、相互促进。在纵向上，山东省要立足产业体系发展和经济转型升级新要求，深化应用性学位制度建设，实行"中专、本科、硕士"多层次的贯通培养，强化学生在体系内部的接续培养，解决现有职业教育学段衔接断层的问题。同时，需要对技术技能人才成长发展进行整体设计，创新一体化发展路径，既为当下学段服务，也为下一学段打好基础，推动人才培养目标、专业课程体系、教学标准等方面的改革，明晰技术技能人才的成长路径。此外，山东职业教育体系应对接山东产业体系，适用山东经济发展和新旧动能转换需求，满足学生成长和成才规律，形成学生可以多样化选择、多路径发展的职业教育发展空间。

第二，开展本科职业教育改革。在现代职业教育体系中，本科职业教育是其中非常重要的一个环节，在体系中发挥着承上启下的关键节点作用，是服务经济社会发展的"发动机"，也是增强职业教育吸引力的"增压器"。2021年山东省GDP总量排在全国第三，山东省新旧动能转换、产业升级、新技术开发、战略新兴产业发展势头强劲，产业的发展需要大量技术技能人才支撑，在实践层面为开展本科职业教育教学改革提供机遇和人才需求支撑。山东省可以先行先试，尝试开展多种模式的职业教育本科办学，用实际来回答好"职业教育谁来办""如何办好职业教育""职业教育为谁办"三个问题，为其他省份乃至世界提供可复制可推广的职业教育实施方案和办学经验。从现有办学情况看，职业教育本科可以分为四种形式来开展：一是将应用技术较强的普通本科院校作为试点对象，借助此类院校原有专业的应用性、职业性和技术性优势拉动院校的快速转型；二是对发展较快、基础较好的民办高职院校开展本科试点，使民办高职院校灵活的机制体制成为该校试办职教本科的重要推力；三是根据市场需求和产业升级，支持地方政府新建或者重新组建职业教育本科学校；四是推动"双高计划"中高职院校的骨干专业结合自身特点，遴选一定数量专业，逐步试办本科层次职业教育，探索一条具备山东特色、符合院校实际需求和自身特点的学历教育发展模式。无论何种职教本科的办学模式，都要牢牢把握职业教育的类型特征，坚持突出特色、稳步发展的基本原则，厘清本科职业教育的办学类型定位，明晰办学层次定位、明确培养目标和定位①。

第三，完善职业教育标准体系②。首先，山东省应继续制定国家职业教育标准体系中的相关标准，牵头或参与国家层面职业教育标准的开发和建设，在人才培养、院校管理、产教融合、实训考核等方面开发地方职业教育标准，持续完善国家职业教育标准。建议山东省教育厅进一步修订《山东省职业院校基本工作规范》，在职业院校内部治理、师生管理、招生就业、实习实训、评价和考核等方面做出具体规定，为职业院校完善办学条件、强化内涵建设和坚持创新发展奠定基础并提供保障。其次，山东省应立足产业发展需求开发职业教育标准体系，突出山东特色、产业优势和区域文化。要对标山东产业升级、新旧动能转换和民生发展，加快建立和完善专业、教学、课程、实习实训、招生考试等办学标准，融入新技术新标准、弘扬工匠精神、植入爱国情怀，确保不同层次的职业教育培训标准、教学内容无缝衔接，探索职业教育本科阶段培养模式特点，培养更多高素质技术技能人才③。

---

① 孟庆男. 本科层次职业教育试点探究 [J]. 职教论坛, 2021, 37 (12): 79－85.
② 陈子季. 优化类型定位　加快构建现代职业教育体系 [J]. 中国职业技术教育, 2021 (12): 5－11.
③ 陈子季. 优化类型定位　加快构建现代职业教育体系 [J]. 中国职业技术教育, 2021 (12): 5－11.

第五章　山东省高水平高职院校和高水平专业群评价指标体系的构建

我国高等职业教育评估是在普通高等教育评估的基础上发展起来的，发展历程较短。1985 年发布的《关于教育体制改革的决定》中首次出现高教评估的表述，随后，国务院发布了《关于第七个五年计划的报告》，1990 年国家教委颁布了《普通高等学校教育评估暂行规定》，1991 年国家教委又颁布了《教育督导暂行规定》，为高等职业教育的评估工作奠定了基础，教育部职业院校教学诊断与改进工作也于 2015 年强调了开展高等职业教育评价的必要性。

本书从评价维度、指标类型、数据获取等视角对高等职业院校评价的指标体系进行探讨与比较，以期丰富职业院校评价的理论基础；基于人才培育、服务区域经济、社会服务、国际交流等方面，构建山东省高水平职业院校和高水平专业群评价指标体系，为开展中国职业院校和专业建设评价实践提供理论基础。

一、高水平职业院校和高水平专业群的评价理论基础

（一）标准化理论

标准化是确保质量的重要方式和手段。标准化与标准一样，同样是为了寻求特定领域内部的最佳秩序和综合效益，标准化的三个主要环节分别是标准编制过程、标准发布过程以及标准执行实施过程。经过标准化科学理论与应用的发展，标准化已作为科学有效的管理模式。常用的标准化形式主要有简化、通用化、统一化、系列化、组合化及模块化，这些不同的标准化形式具有共同的特点：相关性、继承性、统一性与简化性。信息标准化被认为是供应链的三大途径之一，其也是进行相关要素整合的有效管理策略。王琦认为标准化是一种意识，也是一种需求，标准是需求的标识，建立标准体系是方法。此外，谭福有也指出标准是一种规范性的文件，标准化是一种涉及对规范性文件进行科学管理的活动过程。可以认为，标准化活动的本质内涵就是涉及一定范围内规范性文件的制定过程、发布过程、执行实施过程的科学管理活动。此外，张明兰和蔡冠华认为标准化活动和公共管理都具有全行业覆盖性，两者结合使标准化活动所特有的特征既能提高公共管理的综合效率和科学性，又能大大增加其管理的柔性。可见，从本质上说，标准化是通过制定并实施领域范围内规范性文件来保障并完成一定目标的一项科学管理过程或一种科学管理活动，简单来说，标准就是标准化活动的成果和产物之一。

综上所述，标准与标准化均是为了寻求领域范围内部最佳活动秩序和最优综合效益，

不过前者强调标准作为规范性文件的统一性，是一种相对静态的概念，而后者强调与标准有关的过程化，是一种相对动态的概念。笔者认为，从标准化的内在本质来说，可以从狭义和广义两个层面来对其内涵进行理解：狭义上的标准化仅指围绕特定领域的管理活动，主要涉及标准的制定、公开发布、正式执行实施三个环节，也就是说，狭义的标准化仅仅是围绕标准展开的，其成果和产物就是相应的领域标准；而广义上的标准化除了包含狭义标准化所指的内涵外，还涉及对标准体系和标准化体系层面的各类科学管理活动，即广义上的标准化活动围绕整个标准化的过程开展，其成果和产物包括三类，分别是领域内的单个标准、若干相关标准构成的领域标准体系、领域标准化体系。

陈祥德认为标准化体系是指由各种相对独立的且与标准化相关的系统和内容要素，通过优化配置，使其在标准化领域内相互联系、相互制约、相互渗透而形成的科学有机整体。此外，熊勇认为标准化体系是指在开展标准化活动过程中相互作用与相互关联的包含如标准化战略、标准化组织机构、标准化法律法规等内容的一组要素。基于以上学者对标准化体系的研究探讨，笔者认为，标准化体系是对标准化工作本身进行科学管理的方法和工具，是集标准体系、标准监督管理体系和认证体系、标准法律法规与政策体系、标准信息服务体系、标准化组织机构体系等标准化相关体系于一体的科学有机体。

笔者根据标准化及其所涉及的标准、标准体系、标准化体系各自的基本内涵及互相关联，将标准化划分成三个阶段：标准化的初级阶段、中级阶段和高级阶段。其中，与单个标准管理有关的标准化活动是标准化的初级阶段和初步结果表现形式，科学合理地构建出相应的标准体系是标准化活动的中级阶段和实现其基本任务的表现形式，而实现领域范围内完善的标准化体系构建是标准化活动的高级阶段和实现其高级任务的表现形式。可根据标准、标准化、标准体系和标准化体系之间的内涵关系绘制广义上的标准化过程。

（二）评价学理论

广义的科学评价是指用科学的方法对一切对象所进行的评价，是作为一种支撑科学管理与决策的重要有效工具和方法。评价和评估两者的内涵基本相同，均包含着科学的评价活动与过程。无论是评价还是评估，都是对评价对象的价值进行评判的过程，故本书不对两者细微的区别进行区分，而将其看作一对同义词。评价（评估）是各学科领域都关注的问题，是很多学科领域走向科学管理的重要选择。可以说，综合评价是科学决策的前提，是科学决策的一项基础性工作，评价为了管理决策，而科学管理决策需要科学评价。评价已在多个学科领域有着广泛的应用实践，如各类竞争力评价、项目评价、科研评价、技术评价、机构评价、人才评价、教育评价、政策评价、图书馆评价、质量评价、期刊评价、学术评价、知识评价等实践活动。可将不同学科领域的研究看作是基于评价的内涵和原理并结合自己所处的学科领域内容来进行评价过程的研究与实践活动。无论不同学科领域是何种形式的评价实践，评价作为一种价值判断，总是服务于管理的。评价用于管理的目标对于评价提出了可操作性和运行效率等方面的要求，故而评价应在实现评价功能的基础上尽量简化整个评价过程，以提高评价运行效率，以便更好地为管理服务。

评价的科学实现离不开科学评价标准的支撑。评价标准是以评价客体的价值属性为基础，受到评价主体的情感、愿望、意志、兴趣的影响而产生的主体对客体进行评判的一种自我意识。无论何种形式的评价都必须基于一定的评价标准，可以说，评价标准系统是评价系统的子系统。叶继元指出评价标准作为整个评价活动的关键核心部分，是指在评价活动中应用于对象的价值尺度和界限，评价指标可看成是评价标准的细化。评价标准由整个评价目的所决定，而且两者具有一致性，而明确评价标准又对获得科学合理的评价结论、完成评价任务起着决定性的作用。评价标准对评价的重要价值体现在对评价指标体系构建的基础性指导方面，也就是说，可基于相应的评价标准分别找出与之对应的评价指标来构建相应的评价指标体系；也可以说，评价标准是评价指标体系构建的基础。综上所述，从评价标准的内涵来看，可发现评价标准本质上就是评判标准或评估准则，它是总体的评价衡量标尺，其细化的表现形式就是评价指标。

（三）全面质量理论

全面质量管理（Total Quality Management，TQM）被公认为是能提高顾客满意度和企业组织绩效的管理途径和模式，也被视为质量管理发展的新阶段。全面质量管理作为一种"管理哲学"已被用于多个领域的卓越质量管理框架体系之中。此外，在教育质量管理的发展进程中，全面质量管理模式也被引入各类教育质量管理领域。

随着我国高等职业教育大众化进程的不断加快，以及社会公众对高层次教育服务需求的增加，高等职业教育质量管理及其发展问题已成为我国社会各界人士所关注的热点问题。在此大背景下，各种高等职业教育类型全面质量管理的研究也开始增多，如高等职业院校全面质量管理。尽管全面质量管理的思维模式取得过大量的成功经验，但高等职业教育全面质量管理模式的运用还需要基于对全面质量管理原理在高等职业教育应用中的充分理解，并结合对高等职业教育自身特点的理解。Asif等指出，全面质量管理应用于高等职业教育中取得成功的关键因素有：领导才干、具有远见卓识的洞察分析、测量和分析、过程控制和评估、程序设计和资源配置、利益相关者集中参与。从高等职业教育质量管理研究的内容来看，全面质量管理理论已经成为高等职业教育质量管理理论的重要内容之一。全面质量管理作为一种管理过程已被许多发达国家的高等职业教育机构当成其管理方式。总的来说，全面质量管理理论就是借鉴质量管理思想，将全面质量管理的模式纳入高校各类管理过程之中，是实现高等职业教育"标准化"管理的途径之一。对于基于全面质量管理的高等职业教育质量管理体系来说，首先，要明确TQM的核心内涵，主要包括：强调以客户的实际需求为整体的策略导向、强调组织团队人员的积极广泛参与、强调数量化方法和技术在流程再造中的运用。其次，需基于高等职业教育及其管理自身的特征和目标要求来对企业和公共部门中运用的全面质量管理理论和方法进行改进。

二、高水平职业院校和高水平专业群的评价现状和存在的问题

（一）高等职业教育评价的基本内涵

高等职业教育是我国教育领域独有的一个特色概念。因而，国外与之相对应的则是职

业教育评估的相关研究。Bettina Lankard Brown 试图将普遍应用于工商业和服务业领域的质量管理体系应用到职业教育评估领域。Grubb W. Norton 和 Paul Ryan 在其文章 The Roles of Evaluation for Vocational Education and Training: Plain Talk on the Field of Dreams 中对职业教育评估领域中的诸多问题提出了质疑和反思。

国内高职教育质量评估的研究成果相对比较丰富，研究的视角比较多元，方法比较多样，关于高等职业教育评估的研究主要有以下两个方面：一方面认为当前我国高等职业教育评价存在很严重的问题，从理论的角度提出了优化高等职业教育评估的措施或构建了全新的评价指标体系，如王永林等认为教育评估应以人的发展为支点，促进学校在服从国家、社会的发展需求与坚守自身发展的逻辑规律两个维度上协调运转；王向红认为目前我国高等职业教育评估在主体、指标体系、结果、信息、机构与人员等方面存在着较严重的问题，导致评估质量不高；孔志华认为学生和家长、用人单位、政府部门都是教育消费者，将相关利益群体的需求作为评价活动的输入来源，在重视顾客评价的基础上积极构建校内外质量保障机制，全面完善了高等职业教育的评估指标体系；另一方面认为我国高等职业教育评价受多种因素影响，研究了影响高等职业教育评估的影响因素，如盛亚男从高职教育的"界说"理念出发，指出目前我国高等教育发展过程中，作为其中一部分的高等职业教育处于什么样的地位，由此展开积极探讨，对影响高职教学质量的因素进行全面分析，教学质量的评估是提高管理水平和保证教学质量的有效途径。

近代以来，高等职业教育的功能不断扩大，逐渐成为社会生活的中心。无论与社会的关系如何密切，教学始终是高校最重要的核心职能。评价高职院校的基本标准是能否培养"生产、建设、服务一线所需的高技能人才，强化教学的中心地位，促进教学质量的提高是评价的出发点和落脚点。作为我国高等教育体系的重要组成部分，职业教育与普通本科教育最大的区别在于其培养人才的应用性和技术性。

（二）高水平职业院校和高水平专业群的评价发展概述

我国高等职业教育始于20世纪80年代初。截至2003年，全国只有208所高职院校。2004年，这类机构的数量跃升至1 044所，到2011年达到1 280所。高职院校数量的飞跃，在中国高等教育史上实属罕见。由此产生的一项重要而紧迫的任务是规范高等职业教育机构的质量标准，使其既能满足高等职业教育水平的要求，又能体现职业教育的特殊性。评价的意义在于判断、干预、引导和促进。评价的首要任务是增强管理者的教育质量意识，规范职业院校的管理，加强对人才培养工作各方面的质量监控，促进事业单位内部质量保证体系的完善。

1. 高等职业教育评价

2004年，随着职业教育规模的迅速扩大，高等职业教育评价的实施及时满足了质量保证的客观要求。从内部看，评价介入了高职院校的教育活动。实施学校自我评价与外部专家的评价相结合，促使学校反思自己的教学，建立内部质量保证和监控机制。推动高校以评价方案为指导，及时纠正有悖于提高教学质量的教学管理思想和行为。从外部看，评价促进了高职院校宏观管理水平的提高，逐步形成了以学校为中心、教育主管部门为指导、社区参与的教育质量保障体系。

2020年，山东省教育厅按照部署要求，对山东省高等职业院校和专业进行年度考核评价，颁布了《山东省高等职业院校办学质量年度考核方案（试行）》。该方案主要对人才培养、产教融合、师资队伍、社会服务、国际合作交流、发展能力和特色创新进行考核评价。考核按自然年度组织实施，并根据每年重点任务，对相关指标进行调整，制定具体实施办法。

2. 高等职业教育立项遴选评价

2004年以后，以政府主导的立项遴选为主要手段的高等职业教育的评价进入快车道，主要分为3个阶段：国家示范性高职院校遴选评价、国家优质高等职业院校遴选评价以及中国特色高水平职业院校和高水平专业建设遴选评价。

教育部为了高等职业院校办学水平的提升，将《国务院关于大力发展职业教育的决定》文件精神落地，教育部与财政部安排专项资金于2006年11月3日启动了"国家示范性高等职业院校建设计划"。以国家示范性高等职业院校建设遴选为主要手段的高水平职业院校和高水平专业群评价拉开序幕。

2019年，教育部和财政部共同提出启动实施中国特色高水平高等职业学校和专业建设计划，国务院发布《国家职业教育改革实施方案》，正式启动中国特色高水平职业院校和高水平专业遴选评价。

3. 高等职业院校教学诊断与改进

除了以政府为主导的高水平职业院校和专业立项遴选评价外，2015年，教育部建立职业院校教学工作诊断与改进制度。主要是落实职业教育主动适应经济发展新常态、服务"中国制造2025"，提高技术技能人才培养质量，要求各级各类职业院校建立常态化的自主保证人才培养质量的机制。

职业院校通过对自身办学理念、办学定位、人才培养目标等人才培养工作要素进行整体评价，发现学校在办学过程中的不足，并针对不足改善相关工作。

4. 高等职业教育第三方评价

以上几类评价均以政府主导为主，随着职业教育的发展，职业教育也出现了第三方评价，其中由杭州电子科技大学中国科教评价研究院、浙江高等教育研究院和高教强省发展战略与评价研究中心、武汉大学中国科学评价研究中心联合中国科教评价网研发的"金平果"评价，主要评价和分析了全国高职院校的专业总体实力。金平果评价从单一的学校综合评价向深层次、多维度的专业领域评价、专业群综合竞争力评价扩展，对高职教育的评价进入新阶段。

（三）高水平职业院校和高水平专业（群）评价指标现状

1. 政府部门以考核评价为目的的高水平职业院校和高水平专业（群）评价

2020年6月，山东省教育厅发布的《山东省高等职业院校办学质量年度考核方案（试行）》中提出，对高等职业院校采取自评和委托第三方评价相结合的方式进行评价。该评价体系按照现有存量与发展增量相结合、总体数量与人均数量相结合的原则系统设计指标体系，由定性指标、定量指标组成，包括7个一级指标、20个二级指标，如表5-1所示。

表5-1 山东省高等职业院校办学质量年度考核评价指标体系

一级指标	二级指标	指标性质	权重
A1 人才培养（25%）	B1 立德树人	定性定量结合	4%
	B2 证书获取比例	定量	5%
	B3 学生技能大赛获奖	定量	6%
	B4 就业质量	定量	7%
	B5 中高职衔接	定量	3%
A2 产教融合（20%）	B6 专业与区域产业匹配度	定性	5%
	B7 生均共建共享生产性实训基地工位数	定量	5%
	B8 混合所有制办学	定性	5%
	B9 校企合作培养	定量	5%
A3 师资队伍（20%）	B10 "双师型"教师占比	定量	6%
	B11 教师教学创新团队、教学名师数	定量	5%
	B12 首席技师等高层次技术技能人才聘用数	定量	5%
	B13 教师评价与激励	定性	4%
A4 社会服务（10%）	B14 技术服务、培训及专利转化到款额	定量	10%
A5 国际合作交流（5%）	B15 中外合作办学项目	定量	3%
	B16 师生国（境）外访学交流量	定量	2%
A6 发展能力（20%）	B17 基本办学条件	定量	7%
	B18 信息化应用	定量	3%
	B19 师生满意度	定量	10%
A7 特色项目（20%）	B20 获得省级及以上教学项目、科研项目、竞赛项目和奖励以及在省内外产生积极重大影响的创新成果	定性定量结合	20%

从以上评价指标看，全部评价指标以定量评价为主、定性评价为辅，评价指标覆盖职业院校的人才培养、师资队伍建设、社会服务、国际合作交流、产教融合和发展能力等多

个维度,并且突出特色项目的评价。

特色是一个机构长期积累和发展起来的独特而稳定的特征、管理方式和发展模式。它们是区别于其他制度的特征和核心竞争力。加强院校特色有助于减少高校之间的同质化倾向,有助于产生差异化竞争。

2. 政府部门以立项遴选为目的的高水平职业院校和高水平专业群评价

进入 2006 年以来,教育部门主导的以立项遴选为目的的评价主要有国家示范校高等职业院校项目、国家优质高等职业院校项目、中国特色高水平职业院校和专业建设项目。这些项目均在立项建设前进行遴选评价。

国家示范性高等职业院校建设项目自 2006 年启动,经历了示范校和骨干校的两轮建设遴选评价,其遴评价共有 9 个一级指标、40 个二级指标,如表 5-2 所示。

表 5-2 国家示范性高等职业院校遴选评价指标体系

一级指标	二级指标	指标性质	权重
A1 办学理念	B1 学校领导班子团结、富有开拓进取精神;观念先进、工作投入、群众威信高,已成为学校事业发展的核心;学校积极推进校务公开,实行民主治校、管理和监督	定性	8%
	B2 学校办学理念清晰,经过长期的实践和提炼,集中体现了学校的定位与办学思路,符合高等职业教育规律,对学校的发展起着导向作用,并在本省或全国高等职业教育界有较大影响	定性	
	B3 学校领导重视高等职业教育理论的学习和研究,措施得力、效果明显;干部、教师对高等职业教育的认识水平普遍较高,树立了正确的人才观、质量观、教育观、发展观	定性	
	B4 全校干部教师近 3 年每年公开发表教育、教学研究论文,数量和质量均在全国有一定的影响	定量	
A2 办学模式	B5 定期进行市场调研、分析论证,具有较强的适应人才市场需求的办学机制和活力;专业设置有良好的行(企)业背景,结构优化,特色鲜明;产学研结合形成了互动互惠、效益良好的长效机制,增强了办学活力	定性	9%
	B6 积极探索和实践人才培养模式的创新,已有效地开展学制改为 2 年的试点,学籍管理也进行了相应的改革;积极开展国际合作教育,引进有利于提高人才培养质量的优质教育教学资源,取得了实际成效	定性	
	B7 学校高度重视科学研究工作,近 3 年学校对社会(企业)的应用技术研究与新产品开发等各类技术服务的年均到款额,规模≥5 000 人的学校≥300 万元,规模<5 000 人的学校≥100 万元	定量	

续表

一级指标	二级指标	指标性质	权重
A2 办学模式	B8 地方政府高度重视发展高等职业教育，在政策支持和经费投入上有基本保障；学校大力吸收社会人力物力财力和智力资源，有较强自筹资金能力。学校根据社会和企业的需要，积极承担非学历的职业技能培训和岗位培训任务，取得了明显的社会效益和可观的经济效益	定性	9%
A3 师资队伍	B9 专兼职结合教师队伍建设取得显著成效；特色鲜明、结构优化，学校有完整的师资管理制度，对提高师资水平成效明显。师资队伍的整体实力包括教学效果等居国内高职高专院校的先进水平	定性	11%
	B10 各专业特别是重点专业和精品课程已形成了以学历学位和教学水平均较高的、富有实践经验和成果的专业带头人或课程带头人为首的教师队伍梯队；重点专业均有在同行中有一定知名度和社会影响的专家	定性	
	B11 专任专业课教师职业教育能力强，每年有一定时间参与社会活动，能承接纵、横项研究课题，为相关行业企业解决技术难题，其中有获得省部级科研成果奖者	定性	
	B12 已建立一套重在提高教师职业教育理论、技术应用能力和师德的完整的师资培训体系，学院的教风和师德普遍受到学生的好评	定性	
A4 教学模式改革	B13 专业教学改革目标明确、政策到位、措施落实、效果明显；建立了科学的、职业特色鲜明的理论教学和实践教学相和谐的课程体系	定性	13%
	B14 积极开展精品课程建设并取得显著成效，在本省处于领先地位；有两门以上课程被列入省级以上精品课程建设试点	定量	
	B15 企业或用人单位直接参与了学校重点或主干专业的教学建设和教学环节。教学内容不断更新，能及时反映国内外新技术的运用和发展趋势；充分体现国家现行的相关规范、规程和标准	定性	
	B16 与重点专业教学改革和课程建设相配套的教材建设取得显著效果，使用率高，并已进行推广使用；重点或主干课程教学已经全部较好地使用现代化教育技术手段，有效地实现了教学目标	定性	
	B17 近4年内获省（部）级以上（含）优秀教学成果奖不少于1项	定量	

续表

一级指标	二级指标	指标性质	权重
A5 实践教学基地建设	B18 示范性职业技术院校建设资金除国家投入外，地方政府和学校有相应的配套并重点投入建设校内实训基地，已建成了适应专业培养目标要求的系列化、现代化的实训设备设施	定性	12%
	B19 重点或主干专业教学计划尤其是实践教学能保证实现学生职业能力的培养目标要求，校内部分实践教学训练设施实现了与用人单位要求零距离的对接；学生有足够的校内专业实训（习）时间，不少于整个实践教学时数的1/2	定性	
	B20 校内职业技能培训全部由"双师型"教师和来自企业的兼职教师或能工巧匠承担，学生的满意率高	定性	
	B21 有充分材料证明各专业都建立了稳定的校外实践训练基地，能保证学生顶岗操作需要，为毕业生今后胜任工作或就业奠定了可靠基础	定性	
A6 职业能力与职业素质教育	B22 学校2/3以上专业设有职业技能鉴定站或国内外行业资格证书授权认证点，并按照国家职业标准、职业资格考试大纲或订单要求强化职业技能培训，与职业资格证书的认证紧密结合	定量	11%
	B23 毕业生近3年的双证书平均获得率≥90%，其中有高级鉴定点的专业，其学生高级或高级以上资格证书获得率不低于15%，毕业生近3年双证书平均获得率≥90%	定量	
	B24 重视学生职业素质培养，有效地、创造性地开展有利于提高学生职业素质的校内、校外活动；活动主题内容能紧密与职业教育、专业实训实习内容相结合，着力培养学生的社会适应能力和就业竞争力	定性	
	B25 按照专业的基本技能和核心职业技能的训练要求或题库，随机抽测一个专业，在规定的时间内能完成的人数≥90%，优良率≥80%	定量	
	B26 学校积极组织学生参加各类技能（含数学建模）比赛，并获奖	定性定量结合	

续表

一级指标	二级指标	指标性质	权重
A7 教学管理与质量监控	B27 有健全的教学管理组织系统，遵循全面质量管理思想，突出质量管理在教学管理中的核心地位，质量标准体系、监控体系及评价体系完善，各项教学管理制度健全，执行严格，资料完备	定性	12%
	B28 建立了各个教学环节的质量标准和工作规范，特别强化了毕业生环节的质量要求，运行有序、效果明显；坚持每年一次的毕业生质量跟踪调查，有分析、有总结、有反馈，并对优化专业结构、推进教学改革和人才培养有实际的效果	定性	
	B29 教学管理队伍精干、高效，服务意识、合作意识和责任感强；整体素质高，年龄、学历、专业结构合理；管理职能、管理育人发挥好，服务对象满意率高	定性	
	B30 管理方法科学化和管理手段现代化，全面实现了计算机辅助教学管理，提高了工作效率	定性	
A8 学生管理与文明建设	B31 学校高度重视加强和改进学生思想政治教育，学生工作观念先进，有特色，效果好。学校建有心理健康咨询专门机构，按照有关规定配备了足够的专兼职人员，开展心理咨询活动，内容充实，取得实际成效	定性	10%
	B32 有健全的学生管理工作组织体系；有长效的队伍建设和优化措施；有良好的学生管理工作条件和环境；有一支按照有关规定指数配备的精干、稳定的专职学生管理工作队伍，专职学生管理干部队伍中，具有本科以上学历者≥80%	定性定量结合	
	B33 强化就业服务与指导机构及专兼职工作队伍建设，积极开拓就业市场、建立就业目标（订单教育）市场及人才需求信息网络系统；学生对就业服务工作的满意率高	定性	
	B34 学校重视校风、教风、学风建设，重视学生平时行为规范的养成和教育，形成了求实进取、积极向上的校园氛围；师生员工爱校敬业，遵纪守法，学校各项秩序稳定、良好，学生无严重违纪违法情况	定性	
	B35 学校高度重视校园文化建设，优化育人环境；校园环境优美，文明健康；学生社团活动内容丰富、积极向上，学生参与率高，效果好	定性	

续表

一级指标	二级指标	指标性质	权重
A9 就业质量与社会评价	B36 学校的毕业生得到充分就业，近3年毕业生当年平均就业率≥90%（西部地区和农林等类院校≥85%）	定量	14%
	B37 毕业生在社会、在本地区甚至全国有良好的声誉。毕业生岗位稳定率（2年以上）均在全省同类院校统计口径中名列前茅或经过抽查符合实际	定性定量结合	
	B38 社会用人单位对近3年毕业生的思想政治素质、道德素质、文化素质、心理素质、身体素质评价高，优良率≥80%	定性定量结合	
	B39 社会用人单位对近3年毕业生的业务素质、职业技能评价好，优良率≥80%或工作称职率≥90%	定性定量结合	
	B40 近3年招生的第一志愿报考上线率年平均≥70%（西部地区和农林等类院校≥50%），录取新生报到率≥90%（西部地区和农林等类院校≥85%）	定量	

从以上国家示范性高等职业院校建设遴选评价指标体系可以看出，该评价体系主要以定性评价为主，定量评价为辅（40个二级指标中仅有9个定量评价指标）。且在评价中虽然设计了二级指标，但是权重方面未对二级指标进行赋权，九个一级指标权重从8%到14%，相差很小。但是该评价体系能够很全面地对高等职业院校办学质量和人才培养质量进行评价。

为贯彻落实教育部《高等职业教育创新发展行动计划（2015—2018年）》（教职成〔2015〕9号）和《山东省人民政府关于贯彻国发〔2014〕19号文件进一步完善现代职业教育政策体系的意见》（鲁政发〔2015〕17号）的要求，山东省教育厅和山东省财政厅开启了优质高等职业院校建设遴选评价，其遴选评价共有基础条件和办学质量2个一级指标，7个二级指标，但是该评价体系设置了36个观测点，如表5-3所示。

表5-3 山东省优质高等职业院校建设项目遴选评价指标体系

一级指标	二级指标	观测点	指标性质	权重
建设基础——基础条件A1（100%）	B1 办学条件（45分）	C1 生师比	定量	9%
		C2 生均占地面积	定量	8%
		C3 生均教学科研仪器设备值	定量	10%
		C4 生均教学行政用房	定量	10%
		C5 财务收支平衡	定量	8%

续表

一级指标	二级指标	观测点	指标性质	权重
建设基础——基础条件 A1（100%）	B2 招生就业（20分）	C6 第一志愿上线率	定量	6%
		C7 新生报到率	定量	6%
		C8 总体就业率	定量	8%
	B3 教师队伍（35分）	C9 专任教师高级职称教师比例	定量	10%
		C10 专任教师"双师"素质教师比例	定量	8%
		C11 专任教师具有硕士以上学位教师比例	定量	10%
		C12 兼职专业教师承担课时比例	定量	7%
建设基础——办学质量 A2（100%）	B4 人才培养及标志性成果（60分）	C13 教学成果奖	定量	60%
		C14 教师荣誉	定量	
		C15 教学团队	定量	
		C16 专业建设	定量	
		C17 精品课程	定量	
		C18 实训基地	定量	
		C19 教学资源库	定量	
		C20 现代学徒制试点	定量	
		C21 对口贯通分段培养	定量	
		C22 校企合作	定量	
	B5 社会服务（20分）	C23 国家、省级创新平台	定量	4%
		C24 科研项目数	定量	4%
		C25 科研与技术服务到款额	定量	3%
		C26 授权发明专利数	定量	4%
		C27 承担国培、省培项目	定量	2%
		C28 社会培训	定量	2%
		C29 社会培训机构	定量	1%
	B6 国际交流与合作（20分）	C30 国际合作项目数	定量	5%
		C31 合作交流教师数	定量	7%
		C32 合作交流学生数	定量	8%

与国家示范性高等职业院校遴选评价指标体系相比，山东省优质高等职业院校遴选评价指标注重评审开展的可操作性，全部指标和观测点均为定量分析，且对所有观测点进一步赋权，使遴选评价指标更为具体，更具可操作性。从观测点设计可以看出山东省优质高等职业院校遴选评价更注重专业内涵建设，指标中设计专业内涵建设指标较具体且更加明确。

2019年4月16日，由教育部和财政部共同研究制定并联合实施，中国特色高水平职业院校和高水平专业遴选评价正式启动。中国特色高水平职业院校和高水平专业遴选评价指标体系共有3个一级指标，40个二级指标，如表5-4所示。

表5-4 中国特色高水平职业院校和高水平专业遴选评价指标体系

一级指标	二级指标	指标性质	权重
A1 办学条件 （30%）	B1 生均经费支出	定量	2.5%
	B2 生均教学科研仪器设备值	定量	2.5%
	B3 生均占地面积	定量	2.5%
	B4 生均教学行政用房	定量	2.5%
	B5 学校经费总支出	定量	2.5%
	B6 仪器设备值	定量	2.5%
	B7 内涵建设经费支出占经费总支出比	定量	2.5%
	B8 专任教师生师比	定量	2.5%
	B9 专任教师中具有博士学位教师占专任教师的比例	定量	2.5%
	B10 省高层次人才占专任教师比例	定量	2.5%
	B11 专任教师中具有"双师"素质教师占比	定量	2.5%
	B12 专任教师中海外研修半年及以上教师比例	定量	2.5%
A2 办学成果Ⅰ （20%）	B13 国家教学成果奖获奖	定量	2.5%
	B14 国家技能竞赛获奖	定量	2.5%
	B15 国家信息化教学大赛获奖	定量	2.5%
	B16 国家"挑战杯"、创新创业大赛获奖	定量	2.5%
	B17 国家科研项目	定量	2.5%
	B18 国家专业教学资源库、现代学徒制试点单位、诊断与改进试点学校	定量	2.5%
	B19 国家高层次团队、人才	定量	2.5%
	B20 国家教育教学改革平台、项目	定量	2.5%

续表

一级指标	二级指标	指标性质	权重
A2 办学成果Ⅱ（50%）	B21 省教学成果奖获奖	定量	2.5%
	B22 省品牌专业	定量	2.5%
	B23 国家精品课程、省精品课程、省在线开放课程	定量	2.5%
	B24 国家规划教材、省重点教材	定量	2.5%
	B25 国家、省实训基地	定量	2.5%
	B26 省技能大赛获奖	定量	2.5%
	B27 省信息化教学大赛获奖	定量	2.5%
	B28 省大学生"挑战杯"、创新创业大赛获奖	定量	2.5%
	B29 初次就业率	定量	2.5%
	B30 年终就业率	定量	2.5%
	B31 部、省科研成果奖获奖	定量	2.5%
	B32 部、省科研项目数，省教育厅科研项目数	定量	2.5%
	B33 省级科研、技术服务平台	定量	2.5%
	B34 授权发明专利	定量	2.5%
	B35 纵向课题收入	定量	2.5%
	B36 横向课题收入	定量	2.5%
	B37 社会培训规模	定量	2.5%
	B38 在校留学生	定量	2.5%
	B39 在校学历教育留学生	定量	2.5%
	B40 国际影响力	定性	2.5%

从中国特色高水平职业院校的评价指标体系来看，中国特色高水平职业院校和专业评价更加精准化，40个二级指标权重均为2.5%，但是更加聚焦办学成果，整个评价指标体系中28个指标为考核学校或专业办学成果，且40个评价指标中，仅有1个为定性评价，其余39个指标均为定量评价。另外中国特色高水平职业院校和专业遴选评价指标体系有一个显著变化，对很多定量指标的数据来源进行了界定，明确了二级指标数据采用教育事业统计报表、普通高等学校科技统计年报、普通高等学校社科统计年报、教育部高等职业院校人才培养工作状态数据采集与管理平台数据。

通过对比国家示范性高等职业院校遴选评价指标、山东省优质高等职业院校遴选评价指标以及中国特色高水平职业院校和专业评价指标可以发现，随着时间的推移，遴选评价指标体系呈现出以下几个特点：

一是从全面评价高等职业院校办学质量到聚焦高等职业院校内涵建设指标，国家示范性高等职业院校遴选评价一级指标分散在主要高等院校办学质量的9个方面；而进入山东省优质高等职业院校遴选后，在办学质量评估中，在办学质量中新增了人才培养及标志性成果的评价指标，且占到办学质量评价的60%；而进入中国特色高水平职业院校和专业遴选评价中，办学内涵成果指标权重占到了70%。可见，随着政府主导的立项遴选评价的推进，从全面关注高等职业院校办学状况转变到重点关注高等职业院校内涵建设成果。

二是从评价指标定性评价为主转为指标定量评价为主，国家示范性高等职业院校遴选40个评价指标中，31个定性或定性与定量结合的评价指标到山东省优质高等职业院校36个观测点全部为定量评价，再到中国特色高水平职业院校和专业遴选评价，40个遴选评价指标中仅有1个定性评价指标，可见政府主导的立项遴选评价指标体系从定性评价逐渐向定量评价转变。

三是高水平职业院校立项建设遴选更加注重原始数据的采集，从国家示范性高等职业院校遴选评价、山东省优质高等职业院校遴选评价中对数据采集以高校自评为主，到中国特色高水平职业院校和专业评价指标体系中特意强调，二级指标的数据采用教育事业统计报表、普通高等学校科技统计年报、普通高等学校社科统计年报、教育部高等职业院校人才培养工作状态数据采集与管理平台数据。

综上所述，随着政府部门主导的立项遴选评价的推进，评价体系指标覆盖方面不断完善，评价指标体系的可操作性在不断提高，对高等职业教育评价有很大的指引和参考。但是因为政府部门主导的立项遴选主要目的为立项建设，对人才培养质量和人才服务区域经济发展的关注度不够。

3. 第三方机构以评估办学质量为目的的高水平职业院校和高水平专业（群）评价

随着职业教育类型教育属性的确立，职业教育第三方机构评价开始兴起，如金平果发布的高等职业院校评价和高等职业专业评价，对全国1 488所高职院校19个专业大类、99个专业类、735个专业、253个专业群和1 098个群内专业的综合实力分布情况，并对全国各地区、各高职院校的专业总体实力进行了评价和分析，具有深层次、多维度的特点，该第三方评价指标体系，如表5-5、表5-6所示。

表5-5　金平果高等职业院校评价指标体系

一级指标	二级指标	指标性质	权重
A1 办学条件	B1 建筑面积	定量	25%
	B2 占地面积	定量	
	B3 教学仪器值	定量	
	B4 生均仪器值	定量	
	B5 图书总量	定量	
	B6 生均图书	定量	
	B7 生均经费	定量	
	B8 教研基地	定量	

续表

一级指标	二级指标	指标性质	权重
A2 师资力量	B9 杰出人才数量	定量	22.5%
	B10 专任教师数	定量	
	B11 高双比	定量	
	B12 教学团队	定量	
	B13 教学竞赛获奖	定量	
	B14 生师比	定量	
A3 科教产出	B15 人才培养	定性	32.5%
	B16 就业率	定量	
	B17 优势专业数	定性定量结合	
	B18 教学资源库	定量	
	B19 教学成果	定量	
	B20 学生竞赛获奖	定量	
	B21 科研项目	定量	
	B22 高质量论文	定量	
	B23 发明专利授权	定量	
A4 学校声誉	B24 "双高"建设	定性定量结合	20%
	B25 优质校	定性定量结合	
	B26 示范骨干	定性定量结合	
	B27 双百强	定性	
	B28 产教融合	定性	
	B29 创新创业	定性	
	B30 科技奖励	定量	
	B31 教改试点	定性定量结合	
	B32 本科试点教育	定性定量结合	

表5-6 金平果高等职业院校高水平专业（群）评价指标体系

一级指标	二级指标	指标性质	权重
A1 师资队伍	B1 专任教师	定量	20%
	B2 杰出人才	定量	
	B3 教学团队	定量	

续表

一级指标	二级指标	指标性质	权重
A2 平台基地	B4 教学资源库	定量	15%
	B5 教研基地	定量	
A3 教学水平	B6 人才培养	定性定量结合	30%
	B7 教学成果	定量	
	B8 学生竞赛	定量	
	B9 教师竞赛	定量	
A4 科研产出	B10 科研项目	定量	15%
	B11 高质量论文	定量	
	B12 发明专利	定量	
A5 声誉影响	B13 "双高"建设	定性定量结合	20%
	B14 办学历史	定性定量结合	
	B15 优势专业	定性定量结合	
	B16 教改试点	定性定量结合	

从金平果高水平职业院校评价指标体系和高水平专业（群）评价指标体系可以看出，与立项遴选评价不同，第三方金平果评价对职业院校和专业（群）制定了2套评价体系，且从指标体系看，在二级指标下还设置了三级观测点，高水平专业群共有教指委、行指委、万人计划、名师先进、实训基地、教学成果、技能大赛、教学竞赛、教改试点、产教融合、创新创业、"双高"建设、办学历史、"1+X"证书等36个方面，涉及70多个数据观测点。

从指标性质上看，该第三方评价体系定量指标多于定性指标，从评价指标权重方面看，评价体系科教产出和教学水平两个一级指标权重远远大于其他一级指标。

由上可见，我国高等职业教育第三方评价成果较多，也形成了较多、较完善的评价指标体系，对我国高等职业教育发展起到了积极的推动作用。但第三方评价存在脱离高等职业教育实践的问题，仅仅强调评价的公正性和独立性，同时部分第三方评价与高等职业教育的政策导向脱节。

（四）高水平职业院校和高水平专业群存在的问题

现有研究中，无论是国内还是国外都不乏对职业教育（职业院校）进行评价研究的学者，并取得了一定的成果。但对高等职业教育评估的大部分成果仅仅停留在对政策环境等外部因素的研究，多数成果都是总结国家层面评价的优劣、经验做法、价值取向等，在原有基础上完善高等职业教育的评价体系，未见基于职业教育类型教育背景下构建全面的评价指标体系。第三方评价体系成果虽然很多，但是大部分成果存在脱离高等职业教育实践的问题，与高等职业教育的政策导向脱节，仅仅强调评价的公正性和独立性。而高水平职业院校和高水平专业的建设是否有成效，必须要依据一定的标准进行衡量，否则就是"无的放矢"。就现有国内外研究现状来看，对高水平职业院校和高水平专业遴选标准、建设成效和社会效益全面进行系统评价的研究尚不多见。

适当的定位是高等职业院校良好管理的前提和基础。尤其是在竞争激烈的社会，学校只有在社会中找到自己的位置，才能保持对竞争的免疫力。在评价过程中，每个参与院校都召开了一系列的党、教职工大会、教学会议和学科发展会议，以集体的智慧集思广益。根据评价指标的要求，各高等职业院校根据时代特点和自身独特的特点，逐步形成自己的定位，从而推动高校自身发展。对50余所高等职业院校的访谈分析表明，高等职业院校遴选评价和考核评价等能够鼓励高等职业院校明确自身的社会责任，增强历史使命感，为全面的制度建设提供指导。对地方高等职业院校而言，评价加强了院校与区域经济发展的密切联系，提高了院校的综合实力和美誉度。

然而，当前我国高水平职业院校和高水平专业（群）在评价中仍存在一些问题，阻碍着我国高等职业教育的发展，主要表现为以下几个方面：

1. 评价指标体系不够完善

从当前已有高等职业院校和专业评价指标体系看，评价指标均是以学校的角度或者是显性人才培养质量角度来选取的，不能很好地评价职业院校和专业（群）服务区域产业发展、培养人才可持续发展和办学社会效益，构建成熟并开展执行的评价指标体系多以立项遴选为目的，目的性、时效性和指向性较强。

2. 社会参与评价覆盖面不够

虽然专家、社会人士、用人单位、教师和学生都在一定程度上参与了评价，但总体上还是受到行政观点的强烈支配，社会各方面的参与不够。评价既是一种价值判断，也是一种价值的集体建构。政府、社会和学生有资格参与评价，包括价值判断和价值构建。建立社会参与评价机制是必然的历史趋势和必然选择。从国际上看，高等职业教育评价已经形成了较为全面的理论体系教育，它有自己独特的方法。在条件成熟的情况下，有可能走向专业化评价。

3. 评价组织管理不到位

评价的组织和管理存在两大问题：第一是优秀率虚高，第二是评价时机不平衡。这两个问题直接影响了评估结论的可信度，成为公众关注的焦点。社会各界普遍认为，过度使用优秀评分是评价存在的问题之一。夸大的优秀率导致了社会各界对该报告可靠性的质疑。另外，评价结果也与我国高等教育的实际发展不符。将参评院校评为优秀、良好、合格、不合格，既不符合评估目的，也不符合高校实际情况。再加上优秀评级的膨胀，导致了严重的后果。对优秀等次的强烈渴望导致一些机构从事欺诈行为，破坏了校园学术氛围。一些参评院校采用了"应付评价"的方法,致力于迅速取得成功,当评价结束后,参评院校就放松了。形式主义有逐渐增多的趋势,消耗了大量的人力物力。

4. 评价不能满足多样化需求

高等职业院校评价工作取得了显著成效,基本达到了预期目标,积累了重要经验,但当前评价对所有参评院校和专业均采用相同的评价标准,对分类评价的指导不足,所有参与评价的高等职业院校采用相同的评估标准。没有根据不同层次和类型的机构进行分类指导。对不同层次、不同类型、不同学科结构的院校采用相同的评价标准,容易导致院校之间的不正当竞争,导致评价过程和结论偏离初衷和目标。

同时,我们必须注意到中国高等职业院校之间的显著地区差异。政府对高等职业教育的投入因地区间经济发展水平的差距而存在差异。比如,由于长期的地理因素和当地经济发展的制约,东西部高职院校的教育条件和师资资源存在较大差距。地方高职院校与省政府直接资助的高职院校,在同一地区内,在资源和教育条件上,也有同样大的差距。地方高职院校往往具有先天的薄弱基础,他们一定会花费更多的精力和资金来达到与省直高职院校相同的条件。

5. 评价数据采集缺乏规划性

当前以政府部门为主导的立项遴选评价已经逐渐成熟,但是在数据采集方面仅中国特色高水平职业院校和专业的立项遴选中对数据的获取做了说明,而其余立项遴选评价均缺乏数据采集的规划性,以各高职院校自评或提供数据为主,但是立项遴选带有政策优惠红利,因此各高校存在过度粉饰数据,以获得立项的行为。而第三方评价也多数依赖高职院校年度自评报告的数据,整体对高职院校的评价缺乏数据采集的规划性。

6. 缺乏有效的改革监督和跟进机制

在评价过程中,许多院校充分认识到改革工作对巩固评价成果的重要性,认识到建立确保人才培养质量长效机制的重要性。他们还采取有效措施,确保改革工作取得切实成果。然而,与专家组的自我评价和外部评价相比,一些高职院校在改革部分相对薄弱。第一,没有充分认识到改革工作的重要性。他们认为,当专家组完成评价赋分时,就意味着评价的结束,他们没有拓宽思路,把改革也包括进来。他们没有考虑改革工作的意义,没有从体制的长远发展和高等职业教育的整体来考虑。第二,一些高职院校缺乏改革愿景和后续行动的机制。由于缺乏后续跟进和监督约束机制,一些高职院校的改革工作流于形式,影响了高职院校评价工作的有效性。

三、高水平职业院校和高水平专业(群)评价指标的确定

(一)高水平职业院校和高水平专业(群)评价指标的内涵

通过对现有关于高水平职业院校和高水平专业群评价体系的分析和对现有立项遴选评价指标体系的分析,并对新时代高水平职业院校的时代使命和社会责任进行分析,基于前

人的研究基础，本书初步提出了包含学校办学条件、专业建设内涵、师资队伍建设水平、学生发展能力、国际影响力、社会效益和特色项目等 7 个一级指标，18 个二级指标的初步评价指标体系。

（二）基于熵权的专家评价法的评价指标遴选和权重确定

1. 基于熵权的专家评价法模型构建

熵权是反映在评估对象的各项评价指标的值确定的情况下，各指标在系统中竞争的相对激烈程度。熵权的具体计算步骤如下：

（1）假定系统中有 x 个评价指标，则效益评价指标集为 $M = \{m_1, m_2, m_3, \cdots, m_x\}$；有 y 个评价等级，则效益评价等级集为 $N = \{n_1, n_2, n_3, \cdots, n_y\}$。在高水平职业院校整体效益评价中，设有 x 个评价指标，z 个评价专家，形成初始数据矩阵：

$$U = (u_{ij})_{zx} = \begin{vmatrix} u_{11} & u_{12} & \cdots & u_{1j} & \cdots \\ u_{21} & u_{22} & \cdots & u_{2j} & \cdots \\ \vdots & \vdots & \vdots & \vdots \\ u_{i1} & u_{i2} & \cdots & u_{ij} \end{vmatrix}$$

其中，$u_{ij}(i=1,2,\cdots,x; j=1,2,\cdots,z)$ 为第 j 位评价专家对第 i 种评价指标效益等级的评价，效益等级在效益评价等级集 $N = \{n_1, n_2, n_3, \cdots, n_y\}$ 之内。

（2）系统的熵值 $L(l_1, l_2, \cdots, l_x)$ 如下：

$$L(l_1, l_2, \cdots, l_x) = -k \sum_{1}^{x} l_i \ln l_i$$

其中，$k = \dfrac{1}{\ln x}$，x 是系统可能处于的状态数。

l_i 必须满足 $0 \leq l_i \leq 1$，$\sum l_i = 1$，当 $l_i = 0$ 时，有 $l_i \ln l_i = 0$。

（3）对评价指标矩阵进行标准化处理。

$$u'_{ij} = \frac{u_{ij} - \min\{u_{i1}, u_{i2}, \cdots, u_{ij}\}}{\max\{u_{i1}, u_{i2}, \cdots, u_{ij}\} - \min\{u_{i1}, u_{i2}, \cdots, u_{ij}\}}$$

其中：$0 \leq u'_{ij} \leq 1$，且各个指标都转为正指标。

其中，$\max\{u_{i1}, u_{i2}, u_{i3} \cdots u_{ij}\}$、$\min\{u_{i1}, u_{i2}, u_{i3} \cdots u_{ij}\}$ 分别为同一评价指标下评价值的最大值和最小值；u'_{ij} 最优值为 1，最差值为 0。

（4）结合第三步得出的标准矩阵，计算出第 i 个评价指标的熵为：

$$L_i = \sum_{j=1}^{x} f_{ij} \ln f_{ij} (i = 1, 2, \cdots, y)$$

其中：$f_{ij} = \dfrac{u'_{ij}}{\sum_{j=1}^{x} u'_{ij}}$。

（5）评价指标中第 i 个熵权定义为：

$$p_i = \frac{1 - L_i}{\sum_{i=1}^{m}(1 - L_i)}$$

其中：$0 \leq p_i \leq 1$。

（6）基于上述，可推导出基于熵权的系统评价指巧的权向量集：

$$P = (p_1, p_2, p_3, \cdots, p_x)$$

2. 基于熵权的专家评价法的指标权重的确定

由于不同的评价指标对高水平职业院校和高水平专业群的整体效益正向促进作用不尽相同，本书将利用专家打分法对评价指标的效益正向促进作用进行打分。即选取有职业教育丰厚经验的专家、学者共10位，按照评价等级 $N = \{$无正向效益 n_1，正向效益一般 n_2，正向效益中等 n_3，正向效益良好 n_4，正向效益优秀 $n_5\} = \{1, 2, 3, 4, 5\}$，分别对18种评价指标对高水平职业院校和专业（群）整体效益的正向作用进行打分，得到如表5-7所示的专家打分表。

表5-7 高水平职业院校和专业（群）整体效益评价指标专家打分表

序号	评价指标	专家评价结果									
		ZJ 1	ZJ 2	ZJ 3	ZJ 4	ZJ 5	ZJ 6	ZJ 7	ZJ 8	ZJ 9	ZJ 10
1	生均经费支出 A11	4	3	2	3	3	4	5	3	4	5
2	生均共享共建实训工位数 A12	3	2	3	3	2	2	2	2	4	1
3	生均教学科研仪器值 A13	1	2	3	2	2	1	1	1	1	2
4	教学改革项目数 A21	3	2	1	3	2	1	1	1	2	2
5	技术服务、社会培训及专利转化到款额 A22	4	3	4	5	4	3	4	5	5	3
6	专业教师师生比 A31	4	3	5	5	5	3	2	3	5	2
7	专任教师中具有"双师"素质教师占比 A32	1	2	1	1	1	1	2	2	2	3
8	专业教师中高层次人才占比 A33	1	1	2	2	1	2	1	2	1	2
9	证书获取比例 A41	4	3	4	5	4	4	3	3	2	5
10	学生获奖数 A42	2	4	5	4	3	4	5	3	5	3
11	就业质量 A43	3	4	3	4	4	4	3	5	4	4
12	中外合作办学项目数 A51	3	4	4	4	5	4	4	3	4	5
13	师生国（境）外交流数占比 A52	1	2	3	2	2	2	1	1	2	1

续表

序号	评价指标	专家评价结果									
		ZJ 1	ZJ 2	ZJ 3	ZJ 4	ZJ 5	ZJ 6	ZJ 7	ZJ 8	ZJ 9	ZJ 10
14	服务区域产业发展能力 A61	1	2	3	4	3	2	3	2	3	3
15	教育扶贫指数 A62	2	1	2	1	1	1	2	3	2	1
16	创业及带动就业指数 A63	3	2	3	3	3	2	2	3	4	1
17	社会满意度 A64	3	4	5	2	3	4	5	3	3	3
18	获得国家级教学、科研奖励或学生管理、教学管理、科研创新、国际交流等在省级以上地域产生积极重大影响的创新成果 A71	1	2	1	2	1	2	2	2	1	1

由上面的专家打分数据可以得出初始矩阵：

$$U = \begin{bmatrix} 4 & 3 & 2 & 3 & 3 & 4 & 5 & 3 & 4 & 5 \\ 3 & 2 & 3 & 3 & 2 & 2 & 2 & 2 & 4 & 1 \\ 1 & 2 & 3 & 2 & 2 & 1 & 1 & 1 & 1 & 2 \\ 3 & 2 & 1 & 3 & 2 & 1 & 1 & 1 & 2 & 2 \\ 4 & 3 & 4 & 5 & 4 & 3 & 4 & 5 & 5 & 3 \\ 4 & 3 & 5 & 5 & 5 & 3 & 2 & 3 & 5 & 2 \\ 1 & 2 & 1 & 1 & 1 & 1 & 2 & 2 & 2 & 3 \\ 1 & 1 & 2 & 2 & 1 & 2 & 1 & 2 & 1 & 2 \\ 4 & 3 & 4 & 5 & 4 & 4 & 3 & 3 & 2 & 5 \\ 2 & 4 & 5 & 4 & 3 & 5 & 3 & 5 & 3 & 3 \\ 3 & 4 & 5 & 3 & 4 & 4 & 5 & 4 & 4 & 4 \\ 3 & 4 & 4 & 4 & 5 & 4 & 4 & 3 & 5 & 5 \\ 1 & 2 & 3 & 2 & 2 & 2 & 1 & 2 & 2 & 1 \\ 1 & 2 & 3 & 4 & 3 & 2 & 3 & 2 & 3 & 3 \\ 2 & 1 & 2 & 1 & 1 & 1 & 2 & 3 & 2 & 1 \\ 3 & 2 & 3 & 3 & 3 & 2 & 2 & 3 & 4 & 1 \\ 3 & 4 & 5 & 2 & 3 & 4 & 5 & 3 & 3 & 3 \\ 1 & 2 & 1 & 2 & 1 & 2 & 2 & 2 & 1 & 1 \end{bmatrix}$$

对原始矩阵 U 进行标准化处理得出标准矩阵 U'：

$$U' = \begin{bmatrix} 0.7 & 0.3 & 0 & 0.3 & 0.3 & 0.7 & 1 & 0.3 & 0.7 & 1 \\ 0.7 & 0.3 & 0.7 & 0.7 & 0.3 & 0.3 & 0.3 & 0.3 & 1 & 0 \\ 0 & 0.5 & 1 & 0.5 & 0.5 & 0 & 0 & 0 & 0 & 0.5 \\ 1 & 0.5 & 0 & 1 & 0.5 & 0 & 0 & 0.5 & 0.5 \\ 0.5 & 0 & 0.5 & 1 & 0.5 & 0 & 0.5 & 1 & 1 & 0 \\ 0.7 & 0.3 & 1 & 1 & 1 & 0.3 & 0 & 0.3 & 0 & 1 \\ 0 & 0.5 & 0 & 0 & 0 & 0 & 0.5 & 0.5 & 0.5 & 1 \\ 0 & 0 & 1 & 1 & 0 & 1 & 0 & 1 & 0 & 1 \\ 0.7 & 0.3 & 0.7 & 1 & 0.7 & 0.7 & 0.3 & 0.3 & 0 & 1 \\ 0 & 0.7 & 1 & 0.7 & 0.3 & 0.7 & 1 & 0.3 & 1 & 0.3 \\ 0 & 0.5 & 1 & 0 & 0.5 & 0.5 & 0.5 & 1 & 0.5 & 0.5 \\ 0 & 0.5 & 0.5 & 0.5 & 0.5 & 1 & 0.5 & 0.5 & 0 & 1 \\ 0 & 0.5 & 1 & 0.5 & 0.5 & 0.5 & 0 & 0 & 0.5 & 0 \\ 0 & 0.3 & 0.7 & 1 & 0.7 & 0.3 & 0.7 & 0.3 & 0.7 & 0.7 \\ 0.5 & 0 & 0.5 & 0 & 0 & 0 & 0.5 & 1 & 0.5 & 0 \\ 0.7 & 0.3 & 0.7 & 0.7 & 0.7 & 0.3 & 0.3 & 0.7 & 1 & 0 \\ 0.3 & 0.7 & 1 & 0 & 0.3 & 0.7 & 1 & 0.3 & 0.3 & 0.3 \\ 0 & 1 & 0 & 1 & 0 & 1 & 1 & 1 & 0 & 0 \end{bmatrix}$$

基于标准化矩阵 U',利用上述第四步和第五步计算公式得出评价指标的熵值和熵权,如表 5 – 8 所示。

表 5 – 8 高水平职业院校和专业(群)整体效益各评价指标熵值和熵权

一级指标	二级评价指标	熵值	权重值
办学条件 A1	生均经费支出 A11	0.112 3	0.157 3
	生均共享共建实训工位数 A12	0.122 2	0.155 5
	生均教学科研仪器值 A13	0.822 4	0.031 5
专业建设内涵 A2	教学改革项目数 A21	0.883 2	0.020 7
	技术服务、社会培训及专利转化到款额 A22	0.878 4	0.021 5
师资队伍建设水平 A3	专业教师师生比 A31	0.879 3	0.021 4
	专任教师中具有"双师"素质教师占比 A32	0.483 9	0.091 4
	专业教师中高层次人才占比 A33	0.580 2	0.074 4
学生发展能力 A4	证书获取比例 A41	0.782 6	0.038 5
	学生获奖数 A42	0.740 1	0.046 0
	就业质量 A43	0.631 2	0.065 3

续表

一级指标	二级评价指标	熵值	权重值
国际影响力 A5	中外合作办学项目数 A51	0.606 9	0.069 7
	师生国（境）外交流数占比 A52	0.412 8	0.104 0
社会效益 A6	服务区域产业发展能力指数 A61	0.611 1	0.068 9
	教育扶贫指数 A62	0.343 1	0.116 4
	创业及带动就业指数 A63	0.595 4	0.071 7
	社会满意度 A64	0.548 0	0.080 1
特色项目 A7	获得国家级教学、科研奖励或学生管理、教学管理、科研创新、国际交流等在省级以上地域产生积极重大影响的创新成果 A71	0.435 1	0.100 1

从上面的结果可知，18 个评价指标的权重分别为 $P=(p_1,p_2,p_3,\cdots,p_{14})=$（0.157 3，0.155 5，0.031 5，0.020 7，0.021 5，0.021 4，0.091 4，0.074 4，0.038 5，0.046 0，0.065 3，0.069 7，0.104 0，0.068 9，0.116 4，0.071 7，0.080 1，0.100 1）。

综合以上结果可知：办学条件、生均共享共建实训工位数、师资队伍建设水平、国际影响力和特色项目的整体熵值较低，反之对高等职业院校办学整体效益促进的作用权重最大，结合专家评分可以发现，生均经费支出 A11、生均共享共建实训工位数 A12、获得国家级教学、科研奖励或学生管理、教学管理、科研创新、国际交流等在省级以上地域产生积极重大影响的创新成果 A71 对高等职业院校办学整体效益促进最大，与当前我国高等职业教育发展的整体情况基本吻合。

（三）高水平职业院校和高水平专业（群）评价指标的确立和解读

1. 办学条件 A1

办学条件通常指学校开设办学的基本条件，根据教育部教育统计数据指标，办学条件主要包含教育基本建设投资、仪器设备和教育经费等方面。结合 20 世纪末期我国职业教育经历了中职院校合并转设，高等职业院校在规模上存在很大差距，各高等职业院校在基本办学条件投资方面存在很大差距，因此本次评价指标体系中办学条件的二级指标均采用生均值进行度量。另外，考虑到高等职业教育的特点，评价体系办学条件中首次将实训基础条件纳入办学条件进行评价，办学条件共包含生均经费支出、生均共享共建实训工位数、生均教学科研仪器值 3 个二级指标。

（1）生均经费支出 A11。

生均经费支出主要包含生均公用经费和生均教育经费。生均公用经费，则是由地方政府根据本地经济发展水平制定的、在该区域内统一实行的、对高等职业院校按照计划内学生人数的财政拨款标准。生均教育经费，是在省级政府部门或者市级政府按照当地的经济发展水平和教育发展实际，由政府制定的财政年度预算的依据，同时也是当地财政部门按照当地计划内在读学生数额，向相关教育部门拨款的依据。高等职业院校生均教育经费是指由主管部门当年财政预算中的教育经费除以近3年平均在校生数。高等职业院校生均经费支出等于生均公共经费支出和生均教育经费支出之和。参与评价的院校生均经费支出最多的为该项满分，其余参与评价的院校得分为该校生均经费支出除以生均经费支出最大数乘以该项满分。

（2）生均共享共建实训工位数A12。

共享共建实训工位数是指高等职业院校校企合作共建的实训基地工位数，要求保证不低于2平方米/生，生均共享共建实训工位数是指该高等职业院校校企共建共享生产性实训基地工位数除以该高等职业院校近3年平均在校生数。因该指标数据收集只能依靠学校自行申报，因此该指标下设观测点产教融合情况、实训设备值、立项建设国家产教融合实训基地、国家级及省级公共实训基地数。

（3）生均教学科研仪器值A13。

教学科研仪器值主要是指高等职业院校教学专用设备、科研专用设备、教学通用设备、科研通用设备、教学用陈列品、教学用软件、科研用软件价值的总和。生均教学科研仪器值是指高等职业院校教学科研仪器值除以该高等职业院校近3年平均在校生数。该指标包含教学设备值、科研仪器值两个观测点。

2. 专业建设内涵A2

广义上的内涵式发展是发展结构模式的一种类型，是以事物的内部因素作为动力和资源的发展模式。对于高等职业院校来说，就是注重学校理念、学校文化、教育科研、教师素质、人才培养工作质量和水平等方面建设的工作思路。

本评价指标体系中的专业建设内涵是指高等职业院校的两大职能教学和科研方面的内涵建设情况，主要包含教学改革项目数和技术服务、社会培训及专利转化到款额。

（1）教学改革项目数A21。

教学改革是指旨在促进高等职业教育进步，提高教学质量而进行的教学内容、方法、制度等方面的改革。教学改革项目是指高等职业院校教学改革项目或成果获得省级以上政府部门的立项或认定。本指标以参评院校最大数为满分，其余参评院校得分为该高等职业院校教学改革项目数除以最大数乘以该部门的满分。该二级评价指标主要包含省级及以上教学改革项目立项，省级及以上教学成果奖，各类创新平台、专业（群）建设项目等4个观测点。

（2）技术服务、社会培训及专利转化到款额A22。

高等职业院校技术服务是指高等职业院校为企业解决某一特定技术问题所提供的各种服务。如进行非常规性的计算、设计、测量、分析、安装、调试，以及提供技术信息、改进工艺流程、进行技术诊断、检验检测等服务。

高等职业院校社会培训是指高等职业院校在教育、医疗健康、养老、托育、家政、文化和旅游、体育等社会领域，为满足人民群众多层次多样化需求，依靠优势师资和设备提供服务的活动。

高等职业院校专利转化是指学校所有的专利成果产业化，得到推广应用。

技术服务、社会培训及专利转化到款额是指高等职业院校开展技术服务、社会培训和专利转化到账的总金额，参加评价的院校该指标总金额最高的为满分，其余参加评价的院校得分为该校总金额除以最高的总金额乘以满分。该指标包含技术服务到款额、社会培训到款额、专利转换到款额和专利转换率4个观测点。

3. 师资队伍建设水平A3

师资队伍建设对于高等职业院校的发展至关重要。而生师比反映了各级各类教育教师数量及其效益，是衡量广义办学条件及其效益的重要指标之一，也是进行教育国际比较和区域比较的重要指标之一。当然科学地确定生师比的标准，应综合考虑以下主要因素：学校的管理体制、教学目标、课程标准的难度系数、教学的物质和信息条件、教师的质量、教师教育的改革、教师的性别比和学科比、受教育人口的波动、民族问题以及区域的地理环境等。本评价体系中师资队伍建设水平分为3个方面：专业教师师生比、专任教师中具有"双师"素质教师占比和专业教师中高层次人才占比。

（1）专业教师师生比A31。

专业教师师生比主要按照全日制在校学生数计算，非全日制学生在校时间超过6个月的，按照1/5计入全日制学生数。参与评价的高等职业院校该指标得数最高的为满分，其余参加评价的院校得分为该校师生比除以最大数乘以该指标满分。该二级评价指标包含专业教师年龄结构、专业教师职称结构、专业教师学历结构等3个观测点。

（2）专任教师中具有"双师"素质教师占比A32。

专任教师中具有满足"双师"素质基本要求，并且高等职业院校开展对应的"双师"素质教师认定。专任教师中具有"双师"素质教师占比是指具有"双师"素质教师除以专任教师数量。所有参评高等职业院校得数最高的为满分，其余参评院校得分为该指标得数除以最大数乘以该指标的满分。

（3）专业教师中高层次人才占比A33。

高等职业院校专业教师中获得省级及以上政府部门颁发的各类高层次人才头衔或团队头衔，如省高层次人才，国家高层次团队、人才等，专业教师中高层次人才占比是指高等职业院校专业教师中获得高层次人才和团队成员的数量除以专业教师的总数。所有参评高等职业院校得数最高的为满分，其余参评院校得分为该指标得数除以最大数乘以该指标的满分。本二级指标包含专任教师中具有博士学位教师数、省级高层次人才数、省级职业教育教师教学创新团队数、国家级高层次人才数、国家职业教育教师教学创新团队数和其他高层次人才6个观测点。

4. 学生发展能力 A4

本评价指标体系中注重学生的发展能力，将学习能力、获奖能力和就业能力作为考核学生在校发展能力的评价核心。学生发展能力主要包含证书获取比例、学生获奖数和就业质量 3 个二级指标。

（1）证书获取比例 A41。

证书是指学生考取专业相关的由政府部门颁发的职业资格证书、"1+X"职业等级证书、其他政府部门颁发的职业等级证书。证书获取比例是指最近一届毕业生取得各类职业资格证书数量除以这一届毕业生数量。参加评价院校中该指标比例最高的得满分，其余参评院校得分为该指标数除以最高数乘以该指标满分。

（2）学生获奖数 A42。

学生获奖数是指学生在各级各类由政府部门组织的比赛中获得三等奖及以上奖项数量总和，如学生参加全国职业院校技能大赛获奖、省级职业院校技能大赛获奖、"挑战杯"获奖、"互联网+"创新创业大赛获奖等。参加评价院校中该指标数量最高的得满分，其余参评院校学生获奖数得分为该指标数除以最高数乘以该指标满分。

（3）就业质量 A43。

就业质量侧重考察当年毕业生一次性就业率、当年毕业生对口就业率、毕业 5 年对口就业率 3 项，就业质量为以上 3 项就业指标的平均值。参加评价院校中该指标数量最高的得满分，其余参评院校得分为该指标数除以最高数乘以该指标满分。

5. 国际影响力 A5

（1）中外合作办学项目数 A51。

中外合作办学项目，是指经国家教育部或省级教育主管部门批准的与国外高校中外合作的高职专科教育合作项目，中外合作办学项目数指各高等职业院校获批的项目数量总和。

（2）师生国（境）外交流数占比 A52。

师生国（境）外交流是指高等职业院校教师和学生到国外和境外交流 6 个月以上的。师生国（境）外交流数分为教师国（境）外交流和学生国（境）外交流数。师生国（境）外交流数占比分别指高等职业院校教师国（境）外交流数占全部专业教师的比例和高等职业院校学生国（境）外交流数占当年全部在校生的比例的总和。该二级指标包含教师国（境）外交流数和学生国（境）外交流数 2 个观测点。

6. 社会效益 A6

高等职业院校办学效益可分为经济效益和社会效益两个方面。社会效益是终极目标。而职业教育首先就是要服务区域产业发展，同时高等职业教育作为高等类型教育，还承担着教育扶贫和带动社会就业的职能，因此本评价体系一级指标主要包含服务区域产业发展能力指数、教育扶贫指数、创业及带动就业指数和社会满意度 4 个二级指标。

(1) 服务区域产业发展能力指数 A61。

服务区域产业发展能力指数是指高等职业院校以专业群为基准，各专业群当年毕业生数量除以该专业群对应的行业岗位人才需求（以人社部发布的数据为准）的比值的平均值。参加评价院校中该指标数量最高的得满分，其余参评院校得分为该指标数除以最高数乘以该指标满分。

(2) 教育扶贫指数 A62。

高等职业院校教育扶贫是指高等职业院校开展贫困地区教师培训，提高当地教学水平；开展贫困地区民众技能培训，提升当地民众脱贫致富的技能和本领；开展贫困地区农村基层干部培训，助力提高基层干部能力；开展贫困地区乡村医生培训，助力提高医疗卫生水平等工作。

教育扶贫指数是指高等职业院校开展所有的教育扶贫活动的受惠人数除以该校近 3 年在校生的平均数。参加评价院校中该指标数量最高的得满分，其余参评院校得分为该指标数除以最高数乘以该指标满分。

(3) 创业及带动就业指数 A63。

创业及带动就业指数是指高等职业院校近 5 年毕业生中创办企业数总和（以工商注册登记数据为准）除以所有创办企业提供的就业岗位数总和。该二级指标包含近 5 年毕业生创办企业数量、近 5 年毕业生创办企业提供就业岗位数 2 个观测点。

(4) 社会满意度 A64。

社会满意度主要采用高等职业院校毕业生评价和社会随机调查相结合的方式进行，各占 50% 权重，其中毕业生满意度调查以教育部的阳光高考信息平台中的整体满意度、环境满意度与生活满意度等 3 个子指标的评价得分为准。社会随机调查应以开展评价的教育主管部门随机调查问卷来实现。最终满意度得分为"毕业生满意度得分 $\times 0.5$ + 社会随机调查分数 $\times 0.5$"。社会满意度主要包含毕业生满意度和社会相关人员满意度 2 个观测点。

7. 特色项目 A7

特色项目为选择项目，参评高等职业院校在获得国家级教学、科研奖励或学生管理、教学管理、科研创新、国际交流等在省级以上地域产生积极重大影响的创新成果中选取一个最具特色的项目参加评价，该一级指标采用分等级赋分的形式。其中 A 级获得国家教学成果特等奖、国家科技进步特等奖的该指标得满分，B 级获得国家教学成果一等奖、国家科技进步一等奖的该指标得分为"满分 $\times 0.85$"，C 级获得国家教学成果二等奖、国家科技进步二等奖、省级教学成果特等奖、中国专利奖金奖的该指标得分为"满分 $\times 0.70$"，D 级获得省教学成果一等奖、省科技进步特等奖（或一等奖）、中国专利奖银奖以及其他国家级学生管理、教学管理、科研创新、国际交流奖的该指标得分为"满分 $\times 0.55$"，E 级获得其他省级学生管理、教学管理、科研创新、国际交流奖或成果的该指标得分为"满分 $\times 0.40$"。无以上五级特色项目成果的该项不得分。

(四) 高水平职业院校和高水平专业群评价指标体系的构建

根据以上对高水平职业院校高水平专业群评价指标的遴选、指标权重的测算和指标内涵的解读，本书构建了高水平职业院校和高水平专业群的评价指标体系，如表5-9所示。

表5-9 高水平职业院校和专业（群）整体效益评价指标体系

一级指标	二级评价指标	指标性质	赋分
办学条件 A1	生均经费支出 A11	定量	11.79 分
	生均共享共建实训工位数 A12	定量	11.65 分
	生均教学科研仪器值 A13	定量	2.36 分
专业建设内涵 A2	教学改革项目数 A21	定量	1.55 分
	技术服务、社会培训及专利转化到款额 A22	定量	1.61 分
师资队伍建设水平 A3	专业教师师生比 A31	定量	1.60 分
	专任教师中具有"双师"素质教师占比 A32	定量	6.85 分
	专业教师中高层次人才占比 A33	定量	5.58 分
学生发展能力 A4	证书获取比例 A41	定量	2.89 分
	学生获奖数 A42	定量	3.45 分
	就业质量 A43	定量	4.89 分
国际影响力 A5	中外合作办学项目数 A51	定量	5.22 分
	师生国（境）外交流数占比 A52	定量	7.79 分
社会效益 A6	服务区域产业发展能力指数 A61	定量	5.16 分
	教育扶贫指数 A62	定量	8.72 分
	创业及带动就业指数 A63	定量	5.37 分
	社会满意度 A64	定量	6.00 分
特色项目 A7	获得国家级教学、科研奖励或学生管理、教学管理、科研创新、国际交流等在省级以上地域产生积极重大影响的创新成果 A71	定量	7.50 分

注：以上数据的采集，以教育事业统计报表、普通高等学校科技统计年报、普通高等学校社科统计年报、教育部高等职业院校人才培养工作状态数据采集与管理平台数据为准，部分数据来自国家工商登记数据和地市人社发布数据。

四、反思与展望

技术、观念和制度是影响高等职业教育评价的三大驱动力。《国家中长期教育改革和发展规划纲要（2010—2020年）》明确要求整合国家教育质量监测评价机构和资源，完善监测评价体系。2011年颁布的《教育部关于普通高等学校本科教学评估工作的意见》将状态数据的日常监测作为高等教学评价体系的重要组成部分。构建监测评价体系，增加监测评价能力的政策选择，可以反映我国高等职业教育评价亟待变革的现实，适应高等职业教育体制变革和治理改革的需要。

第六章　山东省高水平职业院校和高水平专业群建设的政策建议

一、山东省高水平职业院校和高水平专业群案例研究对策建议

（一）国际层面

随着"一带一路"倡议以及"中国制造2025"战略的推进，我国职业教育进入了提质培优新阶段，面临着新的问题和新的挑战。借鉴国外已有的经验，山东省应在以下8个方面着手打造高水平职业院校和专业群。在人才培养方面，建立以实践能力为中心的人才培养目标、以市场需求为导向的专业与课程体系，探索深化订单式培养、现代学徒制的教学模式；在师资队伍建设方面，积极构建专兼结合的优质师资结构，规范教师考核评价体系，完善教师企业研修制度，打造"双师型"教师队伍；在校企合作方面，构建政府主导、多方参与的管理体制机制，形成联合培养、多方共赢的育人模式，搭建法律为基、政策引导的制度体系；在科技创新方面，以服务区域发展为目标，打造结构合理、分工明确、实力雄厚的科研团队，加大科研经费投入，加快科技成果转化；在社会服务方面，以服务社会为宗旨，以开放共享为根本，以课程资源为抓手，以管理体制为保障，切实提高高职院校服务区域经济发展的能力；在治理体系方面，进一步加强以立法战略为导向的国家全面统筹管理，完善以跨界合作为主体的社会力量协同治理，构建开放高效的内部管理运行机制，推进以学术自由为基础的教授治学民主治校，打造以质量提升为目标的分类评估保障体系；在信息化建设方面，加强基础设施建设，打造信息化教育环境，改造传统教学模式，完善信息化教学资源，建立长效培育机制，提升师生信息化素养；在国际化进程方面，拓宽设置国际专业，打通国际学位界限，积极推动师生交流，全面融入国际要素。总的来说，国外虽然没有"高水平"这一说法，但是其成功经验侧面印证了高职教育实施的水平之高，效果之好，影响之广。通过全方位、多角度对其进行分析和观察，总结优秀国家和地区的成功经验，从而明确山东省高水平职业院校的优势与不足，为进一步推进山东省高水平职业院校和高水平专业群建设提供参考。

（二）国内层面

纵观"双高计划"第一类（A档）院校，均有着雄厚的办学基础和发展实力，在人才培养、产教融合、专业群建设、师资建设、校企合作、社会服务、学校治理、信息化水平、国际化水平等方面进行了独具特色的建设思路和路径探索，为探索山东高水平院校和

高水平专业群建设路径提供了有参考价值的对策建议。

在人才培养方面，以德智体美劳、工学结合、知行合一、德技并修、工匠精神、"1+X"证书试点为重点。通过标准建设引领，构建独具特色的结构化课程体系、实践教学体系、多元评价体系，构建立体化人才培养体系，落实立德树人根本任务。

产教融合方面主要包括校企协同开展创新领域合作，开拓技术服务咨询领域，促进教学资源和科研成果的转移转化，解决行业产业技术难题，提升师资科研服务能力等。可以通过"人才培养与技术创新平台""产教融合平台""技术技能平台"实现技术技能创新服务平台打造；也可以聚焦产业前沿和高端产业，打造协同创新中心、产教融合技术创新平台、中小微企业服务中心等多种类型人才培养与技术技能创新平台。依托学校特色优势，打造高端智库，在政策咨询、技术服务等方面赋能地方产业和区域战略发展。

高水平专业群打造主要围绕专业资源整合、结构优化、课程教学资源开发、实践实训教学基地建设、"三教"改革开展、保障机制完善等层面开展。在专业资源整合、专业结构优化层面，面向区域或行业重点产业，依托优势特色专业，健全动态调整和完善机制。在开发高质量的课程教学资源和实践教学基地方面，对接行业产业发展需求，修订人才培养方案和课程标准，根据专业发展现状和行业发展确定组群逻辑，以岗位群的工作任务为依据设置课程，以工作任务为取向优化课程结构，以此重构课程体系。

师资建设主要集中于师资队伍建设规划、专业队伍建设，包括专业群、行业兼职教师等队伍建设、教师培训研修和职业生涯规划开展、创新评价机制、校企联合培育等。可根据学校发展实际和师资队伍现状，制定合理的双师队伍认定标准和团队配置标准，创新评价机制，动态规范调整学校绩效工资制度，构建能够激发内生动力的分配制度体系、管理用人机制和职称评聘机制，建立师资培养基地，实施校企"双师"双向流动。

校企合作应主要考虑校企命运共同体、现代学徒制、协同育人、职业教育集团化建设、共建产业学院、设立大师工作室等关键内容。要深化校企合作体制机制建设，探索混合所有制办学机制建设，以专业群作为基点构建校企合作共同体。通过构建有效的约束和激励机制，校企共建育人平台，创新人才培养模式，提升服务能力，促进校企合作水平更上新台阶。

社会服务要重点把握优化人才培养供给结构，应用技术创新服务，应用技术研发服务产品生产，开展成果转化和产品升级服务中小企业，助力乡村振兴战略服务区域产业发展，开展继续教育、专项教育培训，开展技能培训、社区教育和终身学习服务等要求。以国家战略为指导，结合学院自身优势、办学特色和区域经济发展需求，提供多样化技术研发与技能培训服务。

学校治理主要从健全多方参与的理事会或董事会、设立学术委员会、专业建设委员会、教材选用委员会、教职工代表大会等优化学校治理体系、扩大二级院系自主权、建立跨专业教学组织等方面着手提高学校教育治理能力。

信息化水平提升可通过校园信息化基础设施提档升级、综合服务与决策支持平台建设、智慧教育改革项目实施、智慧教育环境搭建、信息化教学资源共建共享 5 个层面实现。从探索信息技术着手，升级信息化基础设施，打造智慧教学环境，智能化融入人才培养全过程，实现教学资源共建共享，形成"互联网+"教与学新生态。

国际化水平提升要围绕国家发展战略，坚持共商、共建、共享原则，在"引进来""走出去"和搭建平台与合作交流方面下功夫。引进或开发国际通用的教育教学标准或育训标准，在境外设立职业教育培训中心，探索援助发展中国家职业教育新模式，联合开发示范性合作项目，成立职业教育联盟和专门学院，实施国际职业教育服务与教育互联互通合作计划，加强与境外院校职业教育合作交流。

二、山东省高水平职业院校和高水平专业群建设路径政策建议

（一）强化立德树人根本任务

高等职业教育在层次上，区别于中等职业教育，在类型上，区别于以升学为目的的普通教育。高等职业教育的核心任务是培养区域经济社会发展所需要的高素质技术技能人才，习近平总书记对职业教育寄予厚望：培养更多高素质技术技能人才、大国工匠、能工巧匠。建设中国特色高水平专业（群），必须始终把人才培养放在首位，作为一切工作的重中之重，坚持德才兼备、德技兼修。

在德的方面，要坚持用习近平新时代中国特色社会主义思想武装头脑、教育学生，努力做好习近平中国特色社会主义思想、社会主义核心价值观进课堂、进教材、进头脑；要自觉培育和践行社会主义核心价值观，让富强民主文明和谐、自由平等公正法治、爱国敬业诚信友善的要求内化于心、外化于行，做到行动一致、知行合一；要加强思想政治理论课建设，发挥好思政课主渠道主阵地作用，把爱国情、强国志、报国情融入思政课堂，培养学生正确的世界观、人生观、价值观、道德观、法治观。

在才的方面，遵循学生成长成才规律和经济社会发展规律，构建适宜学生成长、适合社会需要的人才培养机制和人才培养模式；根据新技术、新业态的发展要求与调整，把新一代信息技术、智能制造技术与教学内容有机结合，使学生在课堂上接受新鲜事物的同时，为更好地服务社会做好准备；按照专业设置与产业结构对接，课程内容与岗位需求对接，教育教学过程与生产制造过程对接，学生与师傅对接，理论教学与实践运用对接，着力在专业知识、专业技术、专业情意培养方面下功夫，尤其要重视解决好面向未来、面向发展之间的关系，解决好理论高度、实践需求的关系，努力把新工艺、新技术、新规范纳入教学要求、教学标准、教学评价，使学生不仅能适应和满足当前经济社会发展的实际需求，更能具备较强的适应未来生产生活的能力。在专业群建设过程中，人才培养质量始终处于首位，坚持立德树人根本任务、坚持培养德才兼备与德技并修的人才也是制定相关政策的起点。

（二）建立协同推进机制，实施项目化管理

加强组织领导，成立"双高计划"领导小组，明确工作职责。组建规划建设、专业建

设、人才引育、产教融合、体制机制、评估评价、基础保障等工作组，按照建设方案和建设任务书的要求制定专项工作方案，统筹推进规划编制、论证、咨询、实施，按年度分解目标任务，邀请知名专家、政府有关部门负责人、企业行业高管等作为咨询专家，为建设高水平高职院校和专业群提供决策支持。编制"高水平高职学校和专业建设任务书"，细化目标任务，明确路径、时间节点和责任单位，按照实施、评价、反馈、完善的流程进行项目化管理。

（三）建立多元投入机制，实施财政专项管理

积极争取各方资源，推进形成政府、行业、企业、学校合作共建，多元投入的格局，充分发挥中央财政杠杆作用、省级财政主导作用、学校事业性收入调配作用、自筹资金补充作用，为"双高计划"建设奠定经济基础，提供财力保障。制定项目建设资金专项管理办法，规范使用各级各类资金，建立绩效评价与经费安排相结合的动态调整机制。优化资源配置，实现资金投入绩效目标。

（四）利用配套政策支持，优化改革发展环境

积极争取教育行政部门对于高职相关试点项目的政策支持，及地方政府对于土地规划、土地置换、混合所有制办学、人事制度改革等方面的政策支持，为学校"双高"建设提供改革发展环境和保障。出台有关校企合作制度措施，优化、整合、共享优质教育资源，构建开放式的管理、服务新体系。出台学校改革创新容错纠错的机制办法，激发广大干部职工敢于担当的精神及干事创业的主动性、积极性，营造良好的改革发展环境。

随着国家"双高计划"战略性文件的出台，山东省高水平职业院校和专业群如何在"双高"建设大背景下实现快速发展？对于山东省高水平职业院校和专业群建设来说既有机遇又有挑战。鉴于前文对于山东省高水平职业院校和专业群建设困境的分析，可以从学科方向、学科文化、学科队伍、学科经费等4个层面对山东省高等职业教育推进"双高计划"提出较为可行的对策建议，希望能为山东省高水平职业院校和专业群发展提供帮助。

（五）科学定位发展方向，服务经济发展需求

2021年，山东省GDP总量为83 095.9亿元，在31省市中继续保持"领跑"状态，山东省域经济综合竞争力居全国第三。山东工业发达，其中一个典型就是纺织工业发达，具有代表性的是世界500强企业山东魏桥创业集团有限公司。山东省现有4所学校19个专业群入选国家"双高计划"布局行列，这与达到建成职教高地的目标还有一定差距。山东省高水平职业院校和专业群建设方向要聚焦到提升山东省经济社会发展、服务全面振兴的关键领域和紧跟科学技术的前沿领域上。所以，山东产业特点也决定了山东省高水平职业院校和专业群的重点方向，对于山东省高水平职业院校和专业群建设方向的选择，要从山东省经济社会发展的实际出发，紧紧围绕山东省重大技术、高端装备制造、生物医药研发、新材料开发、海洋化工开发等优势产业链，不断优化专业设置结构，强力打造作为山东省经济发展重要支撑的优势专业。在山东省高水平职业院校和专业群建设过程中，山东省高职院校需要与企业紧密联系起来，在产学研中提升专业实力，为高端装备制造等先进制造业、信息技术等新兴技术领域提供科技支持和人才支撑。

（六）对接区域发展规划，科学开展专业设置

山东省"双高"建设之路应着眼于服务区域经济发展，加强与区域重点科技、重点发展领域对接。《山东省国民经济和社会发展第十四个五年规划和2035年远景目标纲要》（以下简称"十四五"规划建议）中表明，未来山东省发展的重点围绕建设先进制造业强省，推动动力装备等进入全国前列；围绕建设新能源新材料强省，推动前沿新材料等产业发展，提高竞争力。"十四五"规划建议为山东省"双高"建设服务区域经济发展指明了发展方向。

山东轻重工业都有，涵盖了每个工业门类，是全国产业链最完整的省份之一，山东省也是全国唯一拥有41个工业大类的省份。石油化工、轻纺化工、装备制造、石油储备等产业在国家战略产业和重要产业布局中占据重要地位。通过分析山东省高水平专业群与重点发展领域对接情况可以发现，山东省高水平专业群主要分布在建筑、新能源、电气自动化、云计算、护理等专业，先进制造业相关专业布局较少。山东省制造业要向智能、高端方向升级依赖于先进制造业相关专业的技术支持，充分利用先进制造业专业，促进先进制造业专业与现有云计算等专业加强合作、融合发展，为制造产业赋能增效；深度对接优势产业，打造世界级石化产业基地建设，为化工、石油、海工等专业提供良好的建设空间，专业建设方向紧密对接产业发展需求，为推进冶金产业精简加工、深度开发高端精细化学品和化工新材料提供技术支持与人才保障；面对培育壮大传统产业发展需求，山东省职业院校应加大对高端装备制造、精细化工、生物医药等专业建设投入力度，深化产、学、研融合，形成知识创新和科技创新共同体，扩大技术服务规模，提高学校科研成果转化率。

（七）多元筹措经费，拓宽资金投入渠道

从公布的103所双高校2020年决算数据来看，决算总经费超过10亿元的学校有2所，其中深圳职业技术学院破20亿元，深圳信息职业技术学院破10亿元。广东省职教规模全国最大，值得一提的是，在2020年"双高"校决算前十位中，有5所学校在广东省，这也是职教大省实力的体现。山东省决算最高的是淄博职业学院，决算总金额为5.6亿元，仅排名全国第23，与全国首个部省共建职教高地明显不够匹配。

首先，建设经费是保障职业院校建设发展的重要因素之一。山东省要想有充裕的经费开展"双高"建设，除划拨专项经费外，还需要支持和鼓励高校拓宽经费筹措渠道，吸引行业企业、社会资本的多方支持，以保障"双高"建设具有充足的经费支撑。同时要加强经费的管理，山东省财政设立专项资金对"双高"建设进行支持，除定期开展审计外，在建设过程中可以采取一定激励机制，对于建设效果好的一流专业群给予一定的经费激励，对于没有完成规定指标的一流专业群减少或暂停额外经费的投入。

其次，山东省职业院校可以与企业展开合作共同推进"双高"建设。山东省职业院校要发挥现有科研成果的优势，扩大科研服务创收，采取科研成果转让的方式开展服务社会、服务产业的活动，通过合作项目获得收益为专业群建设提供资金支持。高校企业合作建立混合所有制利益共同体，构建产学研联盟，将技术技能创新成果转化为社会现实生产力。

最后，社会资本对于"双高"建设的支持。"双高"建设的办学资金可以来自社会捐赠，包括校友、公司、基金会等多种捐赠方式。对于"双高"建设经费的筹措，可以促进来自社会力量的经费投入学校建设之中。山东省职业院校应该认识到社会捐赠作为"双高"建设资金来源的重要性，社会捐赠不仅能够作为学校建设的经费投入，还可以提升学校的社会知名度。

三、山东省高水平职业院校和高水平专业（群）建设评价政策建议

（一）优先考虑内部质量保证体系和教学质量保证的长期机制

评价是促进高校教学条件发展、教育教学改革、提高人才培养质量的有效手段。外部评价是一种动力，高等职业院校必须建立自我发展和自我约束机制，使评价成为自觉的行为，这样才能更好地促进高校的可持续发展。外部质量保证体系推动院校为职业教育教学质量建立内部的、长期的机制。职业教育评价是建立内部自我监控和保障机制，提高教学质量，以及随时接受外部检查和评估的适应机制。职业教育评价逐渐成为学校教学工作的一个自然组成部分。

（二）建立基础教学数据库，鼓励社会广泛参与评价，积极开展机构研究，促进合理管理

社会越来越关注高等职业教育和教学的质量，各职业院校也在创建和改进有关其教学基本状况的数据库。这些发展将为评价形式提供有效帮助，同时也为社会广泛参与评价进程提供最直接的途径。因此，教育主管部门必须继续建立和完善基础教学数据库，并公布相关数据，让社会更多地了解院校的运作情况，更好地实现社会监督。同时，这类数据库的使用将开创促进科学管理机构研究的新阶段，为科学管理提供决策支持。今后，在高等职业院校评价中，要大力推进制度研究，推动高等职业院校科学管理的进步。

（三）对分类评价标准进行指导，使评价更具针对性和合理性

评价是各级教育主管部门积极适应外部治理结构变化，尊重和扩大高等职业院校自主权，从注重"过程管理"向"目标管理"转变，实现宏观调控的有效途径。未来的评价应该由教育部规划和协调，但省级教育部门必须发挥更大的作用。我国未来的评价趋势应该是：国家教育主管部门对高等职业院校的管理职能，通过立法、划拨经费等必要手段，逐步由行政管理向宏观管理转变。通过制定高等职业教育评价政策法规，政府可以建立质量标准，将评价工作的宏观管理、协调和监督作为首要任务。同时，随着第三方主体评价的出现，政府可以充分发挥其作用，在第三方评价机构的宏观管理和监督中占据应有的

地位。

今后的评价标准应包括分类评价的指导,不断提高评价的合理性。不同层次、不同类型院校的人才培养规模不尽相同,社会对人才的需求也不尽相同。因此,在坚持同一个评价方案的同时,还必须有对评价进行分类的指导。只有这样,才能鼓励院校提高自身素质、培养特色,以满足社会的多样化要求。

(四) 坚持定期法定评价,继续以教学评价为中心,逐步完善评价体系

对于今后的评价,我们必须借鉴立项遴选评价的经验,深刻认识其存在的问题,继续依法进行评价,完善评价方法、标准和机制。在政府依法组织管理评价工作的同时,还要积极创造条件,培育多种评价主体,逐步建立多主体参与评价的机制,从而为全社会关注和保障高等职业教育质量创造良好氛围。从宏观上讲,今后的评价是指在发展高等职业教育的大背景下,建立外部教学评价机制、内部机构教学质量保障体系和有效的社会监督机制。从微观上讲,它需要政府的参与,由来自社会不同领域的人员组成专家组,让他们了解院校,提高高等职业教育的透明度,从而实现学校与社会的良性互动。

今后的评价应继续围绕教学评价展开。在高等职业教育大众化初期,评价取得了显著成效,对保证教学质量起到了重要作用。但是,高等职业教育投入不足、教学质量不能适应社会发展需要的问题尚未得到根本解决。确保高等教育教学质量保障的基础性工作,必须始终把教学作为高等职业教育工作的重点,它仍然是现阶段质量保证的最基本要素。

附录一 高水平职业院校和高水平专业群评价指标体系（一般项目）各级评价指标相对重要性专家意见咨询表

尊敬的专家：

您好！感谢您能抽出十分宝贵的时间参与本次专家意见问卷咨询调查！本咨询调查的目的是确定高水平职业院校和高水平专业群评价体系适用性评价指标体系中各级指标相应的权重数值。本咨询表所有结果数据仅为学术研究与探讨所用，请放心并客观作答，您的帮助对于我们的课题研究十分重要，再次由衷感谢您的支持！

说明：下面的评价指标两两间相对重要性是指对两项评价指标之间的相对重要性进行评判，即前者比后者所具有的相对重要性等级，请根据您的专业知识和相关经验做出相应评判并在相应的重要性等级下方的方框内用"√"或其他可识别字符进行标记。

调查咨询表作答举例如下：对于高水平职业院校和高水平专业群建设成效 A 而言，进行评价一级指标内容 A1 与一级指标内容 A2 相对重要性的相互比较，如果您认为前者 A1 比后者 A2 所具有的相对重要性等级为十分重要，那么请在十分重要所对应的下方框内打"√"或用其他可识别的字符进行标记。为便于您的作答，附表 1-1 给出了高等教育质量标准体系适用性评价指标体系及各项指标的简要解释。

附表 1-1　高水平职业院校和高水平专业群建设成效评价指标体系及各项指标的简要解释

评价项目	一级指标	二级评价指标	指标内涵的简要解释
高水平职业院校和高水平专业群建设成效评价 A	办学条件 A1	生均经费支出 A11	生均经费支出主要包含生均公用经费和生均教育经费。生均公用经费，则是由地方政府根据本地经济发展水平制定的、在该区域内统一实行的、对高等职业院校按照计划内学生人数的财政拨款标准。生均教育经费，是在省级政府部门或者市级政府按照当地的经济发展水平和教育发展实际，由政府制定的财政年度预算的依据，同时也是当地财政部门按照当地计划内在读学生数额，向相关教育部门拨款的依据
		生均共享共建实训工位数 A12	共享共建实训工位数是指高等职业院校校企合作共建的实训基地工位数，要求保证不低于 2 平方米/生，生均共享共建实训工位数是指该高等职业院校校企共建共享生产性实训基地工位数除以该高等职业院校近 3 年平均在校生数

续表

评价项目	一级指标	二级评价指标	指标内涵的简要解释
高水平职业院校和高水平专业群建设成效评价 A	办学条件 A1	生均教学科研仪器值 A13	教学科研仪器值主要指高等职业院校教学专用设备、科研专用设备、教学通用设备、科研通用设备、教学用陈列品、教学用软件、科研用软件价值的总和。生均教学科研仪器值指高等职业院校教学科研仪器值除以该高等职业院校近3年平均在校生数
	专业建设内涵 A2	教学改革项目数 A21	教学改革是指旨在促进高等职业教育进步，提高教学质量而进行的教学内容、方法、制度等方面的改革。教学改革项目是指高等职业院校教学改革项目或成果获得省级以上政府部门的立项或认定
		技术服务、社会培训及专利转化到款额 A22	高等职业院校技术服务是指高等职业院校为企业解决某一特定技术问题所提供的各种服务。如进行非常规性的计算、设计、测量、分析、安装、调试，以及提供技术信息、改进工艺流程、进行技术诊断、检验检测等服务。
	师资队伍建设水平 A3	专业教师师生比 A31	专业教师师生比主要按照全日制在校学生数计算，非全日制学生在校时间超过6个月的，按照1/5计入全日制学生数
		专任教师中具有"双师"素质教师占比 A32	专任教师中具有满足"双师"素质基本要求，并且高等职业院校开展对应的"双师"素质教师认定。专任教师中具有"双师"素质教师占比是指具有"双师"素质教师除以专任教师数量
		专业教师中高层次人才占比 A33	高等职业院校专业教师中获得省级及以上政府部门颁发的各类高层次人才头衔或团队头衔，如省高层次人才，国家高层次团队、人才等，专业教师中高层次人才占比是指高等职业院校专业教师中获得高层次人才和团队成员的数量除以专业教师的总数
	学生发展能力 A4	证书获取比例 A41	证书是指学生考取专业相关的由政府部门颁发的职业资格证书、"1+X"职业等级证书、其他政府部门颁发的职业等级证书。证书获取比例是指最近一届毕业生取得各类职业资格证书数量除以这一届毕业生数量
		学生获奖数 A42	学生获奖数是指学生在各级各类由政府部门组织的比赛中获得三等奖及以上奖项数量总和，如学生参加全国职业院校技能大赛获奖、省级职业院校技能大赛获奖、"挑战杯"获奖、"互联网+"创新创业大赛获奖等

续表

评价项目	一级指标	二级评价指标	指标内涵的简要解释
高水平职业院校和高水平专业群建设成效评价 A	学生发展能力 A4	就业质量 A43	就业质量侧重考察当年毕业生一次性就业率、当年毕业生对口就业率、毕业5年对口就业率三项，就业质量为以上3项就业指标的平均值
	国际影响力 A5	中外合作办学项目数 A51	中外合作办学项目是指经国家教育部或省级教育主管部门批准的与国外高校合作的高职专科教育合作项目，中外合作办学项目数是指各高等职业院校获批的项目数量总和
		师生国（境）外交流数占比 A52	师生国（境）外交流是指高等职业院校教师和学生到国外和境外交流6个月以上的。师生国（境）外交流数分为教师国（境）外交流和学生国（境）外交流数。
	社会效益 A6	服务区域产业发展能力指数 A61	服务区域产业发展能力指数是指高等职业院校以专业群为基准，各专业群当年毕业生数量除以该专业群对应的行业岗位人才需求（以人社部发布的数据为准）的比值的平均值
		教育扶贫指数 A62	高等职业院校教育扶贫是指高等职业院校开展贫困地区教师培训，提高当地教学水平；开展贫困地区民众技能培训，提升当地民众脱贫致富的技能和本领；开展贫困地区农村基层干部培训，助力提高基层干部能力；开展贫困地区乡村医生培训，助力提高医疗卫生水平等工作。 教育扶贫指数是指高等职业院校开展的所有教育扶贫活动的受惠人数除以该校近3年在校生的平均数
		创业及带动就业指数 A63	创业及带动就业指数是指高等职业院校近5年毕业生中创办企业数总和（以工商注册登记数据为准）除以所有创办企业提供的就业岗位数总和
		社会满意度 A64	社会满意度主要采用高等职业院校毕业生评价和社会随机调查相结合的方式进行，各占50%权重，其中毕业生满意度调查以教育部的阳光高考信息平台中的整体满意度、环境满意度与生活满意度等3个子指标的评价得分为准

续表

评价项目	一级指标	二级评价指标	指标内涵的简要解释
高水平职业院校和高水平专业群建设成效评价A	特色项目A7	获得国家级教学、科研奖励或学生管理、教学管理、科研创新、国际交流等在省级以上地域产生积极重大影响的创新成果A71	特色项目为选择项目，参评高等职业院校在获得国家级教学、科研奖励或学生管理、教学管理、科研创新、国际交流等在省级以上地域产生积极重大影响的创新成果中选取一个最具特色的项目参加评价，该一级指标采用分等级赋分的形式。其中A级获得国家教学成果特等奖、国家科技进步特等奖的该指标得满分，B级获得国家教学成果一等奖、国家科技进步一等奖的该指标得分为满分×0.85，C级获得国家教学成果二等奖、国家科技进步二等奖、省级教学成果特等奖、中国专利奖金奖的该指标得分为满分×0.70，D级获得省教学成果一等奖、省科技进步特等奖（或一等奖）、中国专利奖银奖、其他国家级学生管理、教学管理、科研创新、国际交流奖的该指标得分为满分×0.55，E级获得其他省级学生管理、教学管理、科研创新、国际交流奖或成果的该指标得分为满分×0.40。无以上五级特色项目成果的该项不得分

专家姓名：　　　　职称：

1. 第一大题

对于高水平职业院校和高水平专业群建设成效评价A而言，下列各组关于高水平职业院校和高水平专业群建设成效评价指标体系中各一级评价指标相互间的相对重要性比较，前者相较于后者所具有的相对重要性等级是哪一级？请根据您的专业知识和相关经验做出相应评判（见附表1-2）。

附表1-2　各一级评价指标相互间的相对重要性比较

序号及对比内容	越偏向左边的各个等级所表示的相对重要性越强烈							同等重要	越偏向右边的各个等级所表示的相对不重要性越强烈						
	极端重要	更为强烈重要	强烈重要	十分重要	明显重要	更为重要	稍微重要	微微重要		微微不重要	稍微不重要	更为不重要	明显不重要	十分不重要	强烈不重要	更为强烈不重要	极端不重要
1. 办学条件A1与专业建设内涵A2相比，前者比后者所具有的相对重要性等级																

续表

序号及对比内容	越偏向左边的各个等级所表示的相对重要性越强烈							同等重要	越偏向右边的各个等级所表示的相对不重要性越强烈					
	极端重要	更为强烈重要	强烈重要	十分重要	明显重要	更为重要	稍微重要	微微重要	同等重要	微微不重要	稍微不重要	更为不重要	明显不重要	十分不重要	强烈不重要	更为强烈不重要	极端不重要
2. 办学条件A1与师资队伍建设水平A3相比，前者比后者所具有的相对重要性等级																	
3. 办学条件A1与学生发展能力A4相比，前者比后者所具有的相对重要性等级																	
4. 办学条件A1与学生发展能力A4相比，前者比后者所具有的相对重要性等级																	
5. 办学条件A1与国际影响力A5相比，前者比后者所具有的相对重要性等级																	
6. 办学条件A1与社会效益A6相比，前者比后者所具有的相对重要性等级																	

续表

序号及对比内容	越偏向左边的各个等级所表示的相对重要性越强烈							同等重要	越偏向右边的各个等级所表示的相对不重要性越强烈						
	极端重要	更为强烈重要	强烈重要	十分重要	明显重要	更为重要	稍微重要	微微重要	微微不重要	稍微不重要	更为不重要	明显不重要	十分不重要	强烈不重要	更为强烈不重要	极端不重要
7. 办学条件A1与特色项目A7相比，前者比后者所具有的相对重要性等级																
8. 专业建设内涵A2与师资队伍建设水平A3相比，前者比后者所具有的相对重要性等级																
9. 专业建设内涵A2与学生发展能力A4相比，前者比后者所具有的相对重要性等级																
10. 专业建设内涵A2与国际影响力A5相比，前者比后者所具有的相对重要性等级																
11. 专业建设内涵A2与社会效益A6相比，前者比后者所具有的相对重要性等级																

续表

序号及对比内容	越偏向左边的各个等级所表示的相对重要性越强烈							同等重要	越偏向右边的各个等级所表示的相对不重要性越强烈					
	极端重要	更为强烈重要	强烈重要	十分重要	明显重要	更为重要	稍微重要	微微重要	微微不重要	稍微不重要	更为不重要	明显不重要	十分不重要	强烈不重要	更为强烈不重要	极端不重要
12. 专业建设内涵 A2 与特色项目 A7 相比，前者比后者所具有的相对重要性等级																
13. 师资队伍建设水平 A3 与学生发展能力 A4 相比，前者比后者所具有的相对重要性等级																
14. 师资队伍建设水平 A3 与国际影响力 A5 相比，前者比后者所具有的相对重要性等级																
15. 师资队伍建设水平 A3 与社会效益 A6 相比，前者比后者所具有的相对重要性等级																
16. 师资队伍建设水平 A3 与特色项目 A7 相比，前者比后者所具有的相对重要性等级																

续表

序号及对比内容	越偏向左边的各个等级所表示的相对重要性越强烈							同等重要	越偏向右边的各个等级所表示的相对不重要性越强烈						
	极端重要	更为强烈重要	强烈重要	十分重要	明显重要	更为重要	稍微重要	微微重要	微微不重要	稍微不重要	更为不重要	明显不重要	十分不重要	强烈不重要	更为强烈不重要	极端不重要
17. 学生发展能力 A4 与国际影响力 A5 相比，前者比后者所具有的相对重要性等级																
18. 学生发展能力 A4 与社会效益 A6 相比，前者比后者所具有的相对重要性等级																
19. 学生发展能力 A4 与特色项目 A7 相比，前者比后者所具有的相对重要性等级																
20. 国际影响力 A5 与社会效益 A6 相比，前者比后者所具有的相对重要性等级																
21. 国际影响力 A5 与特色项目 A7 相比，前者比后者所具有的相对重要性等级																

续表

序号及对比内容	越偏向左边的各个等级所表示的相对重要性越强烈							同等重要	越偏向右边的各个等级所表示的相对不重要性越强烈					
	极端重要	更为强烈重要	强烈重要	十分重要	明显重要	更为重要	稍微重要	微微重要	微微不重要	稍微不重要	更为不重要	明显不重要	十分不重要	强烈不重要	更为强烈不重要	极端不重要
22. 社会效益 A6 与特色项目 A7 相比,前者比后者所具有的相对重要性等级																

2. 第二大题

对于高水平职业院校和高水平专业群评价体系一级指标办学条件 A1 而言,下列各组关于高水平职业院校和高水平专业群建设成效评价指标体系各办学条件下的二级指标相互间的相对重要性比较,前者相较于后者所具有的相对重要性等级是哪一级？请根据您的专业知识和相关经验做出相应评判（见附表 1-3）。

附表 1-3　办学条件 A1 各二级评价指标相互间的相对重要性比较

序号及对比内容	越偏向左边的各个等级所表示的相对重要性越强烈							同等重要	越偏向右边的各个等级所表示的相对不重要性越强烈					
	极端重要	更为强烈重要	强烈重要	十分重要	明显重要	更为重要	稍微重要	微微重要	微微不重要	稍微不重要	更为不重要	明显不重要	十分不重要	强烈不重要	更为强烈不重要	极端不重要
1. 生均经费支出 A11 与生均共享共建实训工位数 A12 相比,前者比后者所具有的相对重要性等级																

序号及对比内容	越偏向左边的各个等级所表示的相对重要性越强烈							同等重要	越偏向右边的各个等级所表示的相对不重要性越强烈						
	极端重要	更为强烈重要	强烈重要	十分重要	明显重要	更为重要	稍微重要	微微重要	微微不重要	稍微不重要	更为不重要	明显不重要	十分不重要	强烈不重要	更为强烈不重要	极端不重要
2. 生均经费支出 A11 与生均教学科研仪器值 A13 相比，前者比后者所具有的相对重要性等级																
3. 生均共享共建实训工位数 A12 与生均教学科研仪器值 A13 相比，前者比后者所具有的相对重要性等级																

3. **第三大题**

对于高水平职业院校和高水平专业群评价体系一级指标专业建设内涵 A2 而言，下列各组关于高水平职业院校和高水平专业群建设成效评价指标体系各办学条件下的二级指标相互间的相对重要性比较，前者相较于后者所具有的相对重要性等级是哪一级？请根据您的专业知识和相关经验做出相应评判（见附表 1-4）。

附表 1-4　专业建设内涵 A2 各二级评价指标相互间的相对重要性比较

序号及对比内容	越偏向左边的各个等级所表示的相对重要性越强烈							同等重要	越偏向右边的各个等级所表示的相对不重要性越强烈						
	极端重要	更为强烈重要	强烈重要	十分重要	明显重要	更为重要	稍微重要	微微重要		微微不重要	稍微不重要	更为不重要	明显不重要	十分不重要	强烈不重要	更为强烈不重要	极端不重要
教学改革项目数 A21 与技术服务、社会培训及专利转化到款额 A22 相比，前者比后者所具有的相对重要性等级																

4. 第四大题

对于高水平职业院校和高水平专业群评价体系一级指标师资队伍建设水平 A3 而言，下列各组关于高水平职业院校和高水平专业群建设成效评价指标体系各办学条件下的二级指标相互间的相对重要性比较，前者相较于后者所具有的相对重要性等级是哪一级？请根据您的专业知识和相关经验做出相应评判（见附表 1-5）。

附表 1-5　师资队伍建设水平 A3 各二级评价指标相互间的相对重要性比较

序号及对比内容	越偏向左边的各个等级所表示的相对重要性越强烈							同等重要	越偏向右边的各个等级所表示的相对不重要性越强烈						
	极端重要	更为强烈重要	强烈重要	十分重要	明显重要	更为重要	稍微重要	微微重要		微微不重要	稍微不重要	更为不重要	明显不重要	十分不重要	强烈不重要	更为强烈不重要	极端不重要
1. 专业教师师生比 A31 与专任教师中具有"双师"素质教师占比 A32 相比，前者比后者所具有的相对重要性等级																

续表

序号及对比内容	越偏向左边的各个等级所表示的相对重要性越强烈							同等重要	越偏向右边的各个等级所表示的相对不重要性越强烈						
	极端重要	更为强烈重要	强烈重要	十分重要	明显重要	更为重要	稍微重要	微微重要	微微不重要	稍微不重要	更为不重要	明显不重要	十分不重要	强烈不重要	更为强烈不重要	极端不重要
2. 专业教师师生比 A31 与专业教师中高层次人才占比 A33 相比,前者比后者所具有的相对重要性等级																
3. 专任教师中具有"双师"素质教师占比 A32 与专业教师中高层次人才占比 A33 相比,前者比后者所具有的相对重要性等级																

5. 第五大题

对于高水平职业院校和高水平专业群评价体系一级指标学生发展能力 A4 而言,下列各组关于高水平职业院校和高水平专业群建设成效评价指标体系各学生发展能力 A4 下的二级指标相互间的相对重要性比较,前者相较于后者所具有的相对重要性等级是哪一级?请根据您的专业知识和相关经验做出相应评判(见附表 1-6)。

附表1-6　学生发展能力A4各二级评价指标相互间的相对重要性比较

序号及对比内容	越偏向左边的各个等级所表示的相对重要性越强烈							同等重要	越偏向右边的各个等级所表示的相对不重要性越强烈						
	极端重要	更为强烈重要	强烈重要	十分重要	明显重要	更为重要	稍微重要		微微不重要	稍微不重要	更为不重要	明显不重要	十分不重要	强烈不重要	更为强烈不重要	极端不重要
1. 证书获取比例A41与学生获奖数A42相比，前者比后者所具有的相对重要性等级																
2. 证书获取比例A41与就业质量A43相比，前者比后者所具有的相对重要性等级																
3. 学生获奖数A42与就业质量A43相比，前者比后者所具有的相对重要性等级																

6. 第六大题

对于高水平职业院校和高水平专业群评价体系一级指标国际影响力A5而言，下列各组关于高水平职业院校和高水平专业群建设成效评价指标体系各国际影响力A5下的二级指标相互间的相对重要性比较，前者相较于后者所具有的相对重要性等级是哪一级？请根据您的专业知识和相关经验做出相应评判（见附表1-7）。

附表 1-7　国际影响力 A5 各二级评价指标相互间的相对重要性比较

序号及对比内容	越偏向左边的各个等级所表示的相对重要性越强烈							同等重要	越偏向右边的各个等级所表示的相对不重要性越强烈					
	极端重要	更为强烈重要	强烈重要	十分重要	明显重要	更为重要	稍微重要		微微不重要	稍微不重要	更为不重要	明显不重要	十分不重要	强烈不重要	更为强烈不重要	极端不重要
中外合作办学项目数 A51 与师生国（境）外交流数占比 A52 相比，前者比后者所具有的相对重要性等级														

7. 第七大题

对于高水平职业院校和高水平专业群评价体系一级指标社会效益 A6 而言，下列各组关于高水平职业院校和高水平专业群建设成效评价指标体系各社会效益 A6 下的二级指标相互间的相对重要性比较，前者相较于后者所具有的相对重要性等级是哪一级？请根据您的专业知识和相关经验做出相应评判（见附表 1-8）。

附表 1-8　社会效益 A6 各二级评价指标相互间的相对重要性比较

序号及对比内容	越偏向左边的各个等级所表示的相对重要性越强烈							同等重要	越偏向右边的各个等级所表示的相对不重要性越强烈						
	极端重要	更为强烈重要	强烈重要	十分重要	明显重要	更为重要	稍微重要		微微不重要	稍微不重要	更为不重要	明显不重要	十分不重要	强烈不重要	极端不重要
1. 服务区域产业发展能力指数 A61 与教育扶贫指数 A62 相比，前者比后者所具有的相对重要性等级															

续表

序号及对比内容	越偏向左边的各个等级所表示的相对重要性越强烈							同等重要	越偏向右边的各个等级所表示的相对不重要性越强烈					
	极端重要	更为强烈重要	强烈重要	十分重要	明显重要	更为重要	稍微重要	微微重要		微微不重要	稍微不重要	更为不重要	明显不重要	十分不重要	强烈不重要	更为强烈不重要	极端不重要
2. 服务区域产业发展能力指数A61与创业及带动就业指数A63相比，前者比后者所具有的相对重要性等级															
3. 服务区域产业发展能力指数A61与社会满意度A64相比，前者比后者所具有的相对重要性等级															
4. 教育扶贫指数A62与创业及带动就业指数A63相比，前者比后者所具有的相对重要性等级															
5. 教育扶贫指数A62与社会满意度A64相比，前者比后者所具有的相对重要性等级															
6. 创业及带动就业指数A63与社会满意度A64相比，前者比后者所具有的相对重要性等级															

附录二　滨州职业学院"双高"建设方案

滨州职业学院
BINZHOU POLYTECHNIC

中国特色高水平高职学校和专业建设计划项目

建设方案

滨州职业学院

二〇二〇年八月

第一部分　建设目标

一、指导思想

以习近平新时代中国特色社会主义思想和党的十九大精神领航定向，落实《国家职业教育改革实施方案》《教育部 财政部关于实施中国特色高水平高职学校和专业建设计划的意见》《教育部 山东省人民政府关于整省推进提质培优建设职业教育创新发展高地的意见》文件精神，扎根齐鲁、融通中外、立足时代、布局未来，改革寻求突破、创新引领跨越，扬起龙头、走在前列，聚焦大战略，助力大融合，坚持党建引领，坚持育人为本，坚持类型发展，紧盯高端产业、高端岗位、高端技能"三高"定位，深化教师、教材、教法"三教"改革，勇担新时代职业教育改革重任，打造"齐鲁特色、世界水平"高职院校。

二、建设思路

1. 特色引领，构筑高地

坚持"服务、融入、引领"，扎根齐鲁、放眼全国、对标世界，发挥"头雁"效应，汇聚国内外、政行企优势资源，凸显类型特色、培养特色、文化特色、国际特色，构筑"践行改革发展理念的高地、产教融合一体育人的高地、引领区域技术创新的高地、多元参与现代治理的高地、各类人才成就出彩人生的高地、弘扬文明传承文化的高地"。

2. 贯通四链，支撑发展

坚持"大情怀、大格局、大平台、大创新"，对接乡村振兴、海洋强省、军民融合和新旧动能转换工程等重大战略，推动教育链、人才链、产业链、创新链"四链"贯通，促进政校行企军"五方"统筹，实现校产城"三方"融合，点燃技术引擎，建成引领产业升级的重要创新源、技术源和人才源，打造滨州发展的"增长极"。

3. 融通中外，链接全球

以建设国际知名的高职学校为目标，服务"一带一路"倡议，坚持"引进来、走出去"，在开放办学中链接汇聚国际资源，在国际合作中培养锻造国际人才。深度融入全球职业教育，变革办学理念、重塑教学体系、再造管理流程，加强职教模式的理论化、系统化和标准化建设，提升职业教育国际话语权，在"走出去办学、输出国际标准"上走在全国前列。

4. 崇德尚能，责承天下

坚持党的领导，坚守"责任"校训，以"崇德尚能、知行垂范、博知敏行"作为滨职人的共同价值追求，坚持"家国情怀、人文素养、工匠精神、技术技能"育人理念，创新办学模式，强化文化治理，培养杰出工匠，为引领学校改革发展、加快"双高"建设步伐提供精神力量，建设有崇高理想追求和共同精神情怀的高职学校。

三、建设目标

按照"引领改革、支撑发展、中国特色、世界水平"发展定位，坚持职业教育类型特征，通过夯实传统优势、突破关键领域、培育质量特色、提升办学条件，着力补足补强治理模式、人才培养、技术研发、教师队伍、国际办学等短板弱项，建成具有鲜明特色的高水平高职学校，建立符合类型要求的职业教育特色制度和模式，创立与区域深度融合的内涵发展道路，为全国其他院校探索可复制、可推广的经验和模式，打造全国职业教育创新发展高地，为世界职业教育发展贡献"滨职方案"、提供"齐鲁标准"。

到2023年，学校办学和专业群建设达到国内领先水平。内部治理水平再上台阶，办学活力不断增强，综合改革走在前列；专业群集聚效应明显提升，"1+X"证书制度顺利实施，人才培养模式、教学模式改革取得明显成效，形成一大批具有世界水平、中国特色的教学标准，高水平双师队伍、智慧校园等保障条件大幅提升，办学水平走在前列；产教深度融合平台和技术技能创新平台愈加完善，引领产业技术升级的关键技术研发取得明显进展，服务区域经济社会发展的能力走在前列；国际化办学环境不断优化，服务"一带一路"倡议的能力增强，与企业携手走出去办学取得突破，国际合作办学走在前列。2个专业群综合实力进入全国前10强，学院在管理、服务贡献、国际化办学、教学资源等方面进入全国50强。

到2035年，学校办学和专业群建设达到国际先进水平。形成运转高效、机制灵活的现代学校治理体系，汇聚一批绝技绝艺大师和技术创新人才，突破一批引领产业技术升级的重大关键技术，成为区域技术技能人才培养高地和技术技能创新积累中心；工学结合的教育教学模式改革走在全国前列，专业群标准与课程标准处于世界领先，在国际合作与交流中取得话语权，专业群建设获得一批具有重大影响的标志性成果；服务高端产业和产业高端、乡村发展和终身教育的能力处于区域核心，成为地方离不了的高端服务供给中心；学校文化软实力处于国际领先，形成成熟的办学治校制度、标准体系，学校和护理专业群、机械制造与自动化专业群排位进入世界职业院校前列，成为引领国际国内职教发展的顶尖高职院校。

第二部分　建设内容与举措

任务一：举旗定向、强基提质，以高水平党建引领高质量发展

一、思路与目标

坚持以习近平新时代中国特色社会主义思想为指导，深入贯彻落实新时代党的建设总要求，以实施"领航工程""导航工程""护航工程"为总抓手，把党的全面领导贯彻到办学治校全过程，确保学院沿着社会主义办学方向坚定前行；优化形成全员、全程、全方位育人的"三全育人"大格局，确保立德树人根本任务落实到位；着力增强政治功能和组织力，确保基层党组织全面进步、全面过硬，实现党建工作与事业发展互促共赢，为培养

新时代高层次高素质技术技能人才、推动学院在高质量发展中走在全国前列提供坚强组织保证。

——实施"领航工程",校内巡察常态化开展,打造党建、群团工作品牌3个,建成融媒体中心、智慧融媒平台。

——实施"导航工程","3+3+10"工作模式成为高职院校"三全育人"样本,"数字马院"成为辐射山东省乃至全国的高职思政教育研究和思政课教学信息资源平台,入选全省文明校园,建成校史馆。

——实施"护航工程",建成"全省党建工作示范高校"和"全国党建工作样板支部"1个、"全省党建工作标杆院(系)"2个、"全省党建工作样板支部"3个,获省级以上党建研究优秀成果4项。

二、任务与举措

(一)实施"领航工程",把牢社会主义办学方向

1. 落实新时代党的建设总要求

坚持以党的政治建设为统领,把政治标准和政治要求贯穿党的思想建设、组织建设、作风建设、纪律建设以及制度建设、反腐败斗争始终,培养造就德智体美劳全面发展的社会主义建设者和接班人。制定完善《关于进一步落实基层党建工作责任制的实施意见》,健全党委主体责任、党委书记第一责任、班子成员"一岗双责"、基层党组织主体责任的"四责协同"工作机制。建构符合中央要求、具有高职特色、符合自身特点的"不忘初心、牢记使命"制度及落实长效机制,把制度优势转化为办学治校的治理效能。开展校内巡察,完善考核办法,规范述职评议,强化结果运用。

2. 抓实党委领导下的校长负责制

坚持党委全面领导,做到把方向过硬、管大局过硬、做决策过硬、保落实过硬。支持校长依法独立负责地行使职权,保证完成以人才培养为中心的各项任务。完善党委决策、议事机制,进一步明晰议事决策内容、程序和要求。坚持民主集中制,"三重一大"事项必须由党委集体研究决定。加强党代会、"双代会"等民主管理制度建设,实行科学决策、民主决策、依法决策,统筹推进学校改革发展稳定、教学科研管理等各项工作。

3. 压实意识形态工作责任制

全面落实《意识形态工作责任制实施细则》,构建以理论武装、责任落实、阵地建设、队伍培养为主要内容的"四位一体"工作模式,扣紧"明责、履责、量责、问责"四环相扣的责任落实"闭环链条"。严守课堂教学意识形态安全底线和红线,严格落实哲学社会科学报告会、研讨会、讲座、论坛"一会一报"制度,教材、出版物等编写、选用审查机制,宣传信息审核发布机制,涉外项目管理和接受境外基金资助审批制度,校园安全稳定、抵御和防范宗教渗透的联动机制等。成立融媒体中心,集思政教育、新闻宣传、舆情应对、互动服务等功能于一体;建设智慧融媒平台,建立"一体策划、一次采集、多元生

成、多端发布"的工作流程,打造全省乃至全国有影响力的高职融媒体品牌。

4. 扎实做好党的群团工作

聚焦"凝聚师生、服务大局、当好桥梁、促进和谐"四个维度,构建项目化、扁平化、分众化、制度化的群团工作方式,形成党建带群建"五个共同"工作模式,即组织共同建设、队伍共同培育、活动共同开展、阵地共同建设、品牌共同打造,打造责任群团、活力群团、特色群团。以"工作项目化、项目品牌化、品牌精细化"为驱动,打造融入滨职元素、体现职教特色的群团工作品牌。

(二) 实施"导航工程",落实立德树人根本任务

1. 切实增强理论武装实效性

深学笃用习近平新时代中国特色社会主义思想,构建"3+1"理论武装工作机制(理论学习、理论宣教、理论研究+理论实践)。完善"学习强国"每日一学、"灯塔——党建在线"每周一学、"主题党日"每半月一学、集中政治学习每两周一学、党委理论学习中心组集中学习研讨每月一学、教职工寒暑假集中培训每半年一学为主要内容的"六个一"理论学习体系;推行百场讲堂、宣讲团、新媒体等线上线下融通的理论宣教模式,打造"重大主题+热点专题"系列工作品牌;建设"数字马院",打造成为辐射山东省乃至全国的高职思政教育研究和思政课教学信息资源平台;基于问题导向、需求导向、实践导向,开展调查研究、实践创新、体会交流,形成一批理论水平高、实际应用强、转化效果好的优秀成果。

2. 构建形成"三全育人"新格局

坚持育人为本、德育为先,形成"3+3+10""三全育人"工作模式,即学校、家庭、社会"三主体",校内校外、课上课下、线上线下"三阵地",课程育人、科研育人、实践育人、文化育人、心理育人、网络育人、管理育人、服务育人、资助育人、组织育人"十育人"。扎实开展文明创建活动,争创文明校园,打造集良好育人环境、人文环境、校园生态环境等于一体的高品位文明校园。落实党员领导干部联系基层及师生制度,校领导、院部党政负责人经常性深入基层与师生"论政""论课""论学",畅通育人"最后一公里"。持续深化思政课程教学改革,构建完善的课程思政育人体系,建立专业课程育人评价机制。构建高职社会主义核心价值观涵养机制,做大鲁彬之学术讲堂、文化沙龙,做强校史馆、民俗文化馆等特色育人平台,做优"务实滨职""师生面对面"等校园文化活动,做靓"南丁格尔"志愿服务队等实践育人品牌。实行学生事务"最多跑一次"改革,推行"一链式"服务模式,建设"一站式"学生社区。

3. 实现职业技能和工匠精神融合培养

将劳模精神、劳动精神、工匠精神以及班墨奚文化、南丁格尔精神等纳入教育教学目标和人才培养方案,开发工匠精神校本教材,开设专业导论课,深入挖掘专业实训的教育效能,加强人生观、职业观、择业观教育,强化专业职责、职业精神、产业使命教育。校

企共建文化协同育人机制，联合开展"企业理念""制度规范""技术技能""质量效率""奋斗故事""工作创新"等主题式沉浸式体验教育活动。充分发挥鲁彬之学术讲堂、技能大师工作室等引领效应和优秀毕业生示范影响，以及企业展馆、实训基地、文化场馆等阵地作用，营造浓厚的校园职场文化氛围。策划建设、评选认定以二级学院为主体、以专业文化为核心的特色校园文化阵地和品牌。

（三）实施"护航工程"，夯实基层党建工作基础

1. 开展"先锋引领"专项行动

推动基层党组织"对标争先"，重点围绕"四个过硬""五个到位""七个有力"目标，对标自查、争先创建、选树培育、推广运用。实施党员量化考核和积分管理，评定"先锋之星"，在教工党员中开展"立德树人当先锋"活动，在学生党员中开展"立志成才当先锋"活动，培育一批有影响力的"先锋引领人物"。深入开展教师党支部书记"双带头人"培育工程，选拔思想政治素质高、党务工作能力强、业务水平高、师德师风好的教学科研骨干担任"双带头人"，覆盖率达100%。

2. 开展"扩面提质"专项行动

创新党组织设置形式，建立师生联合党组织、专业群党组织，推动教工党组织进项目组、研究团队、学术组织，学生党组织进学生公寓、社团组织、大赛团队，在校外师生党员较为集中的研修地、实习点建立临时党组织，确保党的基层组织和党的工作全覆盖。高标准建设基层党组织，建立"规范化党支部""示范性党支部""红旗党支部"晋位升级机制，每年评估定级、遴选命名。严格落实"三会一课"等制度，完善基层党建督查机制。

3. 开展"党建创新"专项活动

围绕中心工作，聚焦问题导向，深化"一院一品"党建创新工作，构建有目标、有责任、有监督、有评价、有考核的管理机制，打造一批过得硬、叫得响、可推广的党建工作品牌和特色项目，推动基层党建工作实践创新。设立高职党建专项研究课题，每年遴选资助一批重点课题、优秀成果，培育一批高质量、有深度、有分量的研究成果，推动基层党建工作理论创新。

任务二：提质培优、增值赋能，打造技术技能人才培养高地

一、思路与目标

落实新时代职业教育"三个转变"要求，以提质培优、增值赋能为主线，建立"全人、博雅、通识"职业素质教育体系，构建"上下贯通、书证融通、普职沟通"人才培养体系，创新"产教融合、校企耦合、工学结合"人才培养模式，建立"德技并修、知能并重、双创并举"课程体系和教学内容，建设一批突出"四化四新"、符合国际规范的高水平教学标准和课程群，夯实类型特征，拓展办学层次，提升内涵质量，为现代产业和先进企业培养大批创新型、复合型、发展型、高素质、高层次"三型、两高"技术技能人才，为山东新旧动能转换提供强有力的人才支持和智力支撑，打造全国技术技能人才培养高地，在建设"中国特色、世界水平"职教体系上探索齐鲁样板。

——建立"全人、博雅、通识"职业素质教育体系。实施思政教育体系创新工程、素质教育体系提升工程、通识课程体系改革工程、齐鲁工匠精神养成工程、文化浸润悦读悦美工程等五项工程。每年遴选20门思政课程与课程思政教学改革优质课，每年培养100名杰出工匠后备人才。

——构建"上下贯通、书证融通、普职沟通"人才培养体系。推动中、高、本、硕衔接贯通，职业教育与终身教育相融通、与普通教育相沟通。建成山东省高水平专业群6个，2个中国特色高水平高职专业综合实力进入全国前10强。开展职业教育本科试点专业10个、职业技术师范本科专业1个、长学制培养试点专业2个、专业硕士培养试点专业2个。开发制定职业教育本科专业教学标准10个。开发20个职业技能培训包。开展"1+X"制度试点的专业覆盖率达到90%以上，毕业生职业技能证书获取率达到90%以上，与企业合作开发职业技能等级证书标准5个。引进融入国际行业头部企业标准及国际通用认证标准10个。开发职业教育启蒙课程及读物5种。建立区域本科高校协作联盟。

——创新"产教融合、校企耦合、工学结合"人才培养模式。推动产业链、岗位链与专业链、人才链深度融合，建设校企命运共同体。各专业群探索形成独具特色的人才培养模式。组建全国高端生活服务业职业教育集团，依据新旧动能转换产业成立产业学院、职教联盟。总结提升推广学院"契约共订、标准共建、人才共育"现代学徒制试点模式。开展省级以上现代学徒制的专业达到8个。

——建立"德技并修、知能并重、双创并举"课程体系和教学内容。推动专业精神与技能培训、知识体系与能力体系、创新创业与专业教学实现"三个融合"，完善"平台+模块"专业（群）课程体系结构，建立"能力进阶+实习实训"实践教学体系。力争获国赛奖项5项、省赛奖项10项。承办国赛赛项2项（次）、省赛赛项3项（次）。

——建设一批符合国际规范、高水平教学标准和课程群。深化教材、教法改革，强化"四化、四新"，开发具有世界水平、中国特色的专业群教学标准体系5个，建成省级在线开放精品课程30门、国家级在线开放精品课程2门。建成省级专业教学资源库3个、国家级专业教学资源库2个。建成智慧教室14间、交互式多媒体教室100间、录播教室5个。建成省级规划教材15种、国家级职业教育规划教材15种。

二、任务与举措

（一）实施"五项工程"，创新"全人、博雅、通识"职业素质教育体系

1. 实施思政教育体系创新工程

实施思政课程、专业思政、课程思政"三个思政"建设。以增强思政课的思想性、理论性和亲和力、针对性为重点，大力推动思政课程"三教"改革，完善"两课"及形势政策课程内容，推动习近平新时代中国特色社会主义思想进教室、进课堂、进学生头

脑。健全马克思主义学院与市委宣传部、市委党校共建机制，实施"增岗、转岗、兼岗"计划，建设一支政治强、情怀深、思维新、视野广、自律严、人格正的思政课教师队伍。实施教法改革，坚持集体备课制度，实施线上线下混合教学，建设"两课"及形势政策课在线课程，采取典型案例、情景模拟、示范观摩等教学方法。专业、课程全程融入思政教育，完善学院《关于加强课程思政建设工作的指导意见》，强化全体教师思政意识和思政授课能力，强化所有专业和课程的德育职责，实现专业教育与通识教育在德育中的有机融合、相辅相成。

每年遴选20个思政课程与课程思政教学改革优质课，培育20门充满思政元素、发挥思政功能的精品课程，培养5名思政课程与课程思政教学名师，提炼一系列可推广的教育教学改革典型经验和特色做法，形成一套科学有效的课程思政教学质量考核评价体系。

2. 实施素质教育体系提升工程

（1）健全"体育、美育、劳动教育"三个育人体系。一是加强体育教学。坚持必修与选修、课内与课外、群体活动与运动竞赛"三个"结合，完善"教学、训练、竞赛"体系，开足开好体育课程，使学生掌握一至两项运动技能，开展足球、篮球、排球、乒乓球、羽毛球等五项赛事项目以及秋季田径运动会和教工运动会，打造"一小时、两技能、五球赛、两运会"的"1252"校园体育品牌。二是加强美育教育，构建"课堂教学、课外活动、校园文化、艺术展演"四位一体的美育实施体系，加强"公共艺术（美术篇）""公共艺术（音乐篇）"在线课程建设，推动中华传统文化和滨州地域文化进校园、进课堂。开展大学生科技文化艺术节、社团文化节、大学生校园艺术节"三节"，策划具有地域文化和革命文化特色"渤海之滨"大型舞台剧，打造形成学院"渤海·黄河"文化品牌。三是加强劳动教育，完善劳动教育体系，以"爱劳动、会劳动、懂劳动"为目标，实施专门课程、指导教师、实践基地"三位一体"建设，探索"专题教育16学时、1学分和公益劳动1周、1学分"课程实施模式，落实国家《劳动课程标准》并采用劳动教育统编教材，明确公益劳动内容、管理、评价要求，推动劳动教育与专业教学、第二课堂、社会实践相融合，打造农业科技示范园劳动实践基地品牌。

（2）打造"心理健康教育、职业核心能力、信息技术素养"3个课程品牌。加强心理健康教育，建设"大学生心理素质训练"在线课程，完善学生心理危机干预预警机制，持续建设"学生心理健康教育中心"，建设"心灵花海"、"5·25"心理健康教育月活动品牌。完善职业核心能力课程，加强团队合作、职业沟通、自我管理和解决问题等4个模块建设，提升学生素质拓展基地，实施内训外训相结合、项目化体验式教学，开展注重过程考核、能力考核和多元化评价机制改革，引入职业核心能力测评体系并实施学生测评。加强"计算机文化基础"课程建设，实现课程内容由办公软件操作向云计算、物联网、大数据、人工智能等新一代信息技术拓展，增设"人工智能"课程，着力培养学生人工智能素养，加强信息技术专兼职教师培养。

建设省级以上素质教育在线精品课程5门、课程教学资源库1个，打造优秀素质教育实践教学基地 20 个。

3. 实施通识课程体系改革工程

建设"六大板块"通识选修课程体系。依据八大专业群对于职业素质培养的不同要求,设置人文科学、社会科学、自然科学、工程技术、创新创业和基础提升等六大板块。按照"文理渗透、理工结合、专业交叉"的原则修读学分,财经类专业主要选修自然科学、工程技术、创新创业类模块,工科类专业主要选修人文科学、社会科学、创新创业类模块,继续升学学生主要选修基础提升模块和创新创业类模块,促进各类思维方法实现跨专业交叉。开展公共慕课引进、应用和管理,每年引进通识课程公共慕课 15 门。

4. 实施齐鲁工匠精神养成工程

以"传承班墨、精修技艺"为重点,实施齐鲁文化与班墨精神研究,建设"齐鲁文化""班墨精神"等工匠精神课程,推动各专业制定《工匠精神培育方案》。建立劳模和工匠大讲堂,发挥技能大师工作室作用,邀请劳动模范、技能大师、"能工巧匠"等担任兼职教师、德育导师。促进优秀产业文化、企业文化、职业文化等进校园,在实训场所营造职场氛围,打造体现职业文化、工匠精神的校园文化。建立校企协同育人机制,加强实习实训教学,组织师生参加国赛、省赛,在实战岗位上锻造、磨炼精湛技艺技能。实施"齐鲁工匠"后备人才培育计划,每年培养 100 名杰出工匠后备人才。

5. 实施文化浸润悦读悦美工程

实施文化浸润工程,持续打造鲁彬之学术讲堂和鲁彬之文化沙龙两个文化品牌,完善摄影协会、美术协会、书法协会"三会",改建校史馆、民俗文化馆"两馆"。实施悦读悦美工程,将指导学生阅读与理想信念、职业素质、专业精神、创新精神等紧密结合,纳入第一、第二课堂学分,完善经典诵读、阅读日等系列活动,实施教室学习阅读环境提升计划。实施图书馆升级工程,优化阅读环境,建设专业阅览室、学术讨论室、休闲书吧等,拓展图书馆育人服务、专业服务、阅读推广、文化休闲等功能;提升馆藏图书质量数量,扩大电子馆藏资源和数据库;引进智能管理系统,实施智能化管理。

(二)推进"十项计划",构建"上下贯通、书证融通、普职沟通"人才培养体系

1. 上下贯通,推动中、高、本、硕衔接贯通

以培养创新型、复合型、发展型、高素质、高层次"三型、两高"技术技能人才为目标,实施"中职教育引领计划、高职质量夯实计划、长学制培养提升计划、职教本科专业试点计划、专硕培养贯通计划"5 项计划,以职业需求为导向,以技能、技术应用能力提升为主线,以人才培养要素升级为重点,按照职业教育规律和技术技能人才成长规律,贯通培养目标、课程体系、实验实训、教师队伍、技术研发、质量管理等并实现梯级衔接,实现由技术技能人才、高层次技术技能人才向高层次应用型专门人才的贯通提升。

(1) 实施"中职教育引领计划"。以三二连读和五年一贯制高职教育为重点,搭建专业类合作办学联盟,实施中高职协同的品牌专业、在线课程、教改教研等内涵建设项目,引导中职教育在课程体系、实训体系、教师队伍、质量管理等方面实行全方位对接，开展面向中职教育的教学改革、内涵建设、素质提升等专题培训，引领中职教育改革发展。为渤海科技职业学院、滨州健康职业学院等区域民办高职建设、技师学院纳入高职学校序列项目提供支持。

(2) 实施"高职质量夯实计划"。按照"七个一批"要求，即"一批高水平产教融合平台、一批国际通用的教学标准、一批高水平专业带头人和高层次人才、一批高水平'双师型'，教师、一批高水平实践教学基地和技术技能创新平台、一批高水平合作企业、一批对外合作交流项目"，全面推动8大专业群、45个高职专业提档升级、质量提升。建成山东省高水平专业群6个，2个中国特色高水平高职专业综合实力进入全国前10强。

(3) 实施"长学制培养提升计划"。按照"一体化"培养要求，积极探索"2+3"（2年本科、3年高职）、"2+2+1"（2年本科、2年高职、1年本科）、"1+2+2"（1年本科、2年高职、2年本科）等不同模式，完善专业一体化人才培养方案，发挥学院与本科高校各自在技术技能培养和技术应用能力培养方面的优势，持续提升数控技术、计算机网络技术分别与青岛科技大学机械工程、山东科技大学网络工程的"3+2"对口贯通分段办学质量。

(4) 实施"职教本科专业试点计划"。扎实推动职业教育本科专业试点，重点实施目标定位、培养模式、课程体系、教师队伍、实验实训、技术研发、质量管理等"七项升级"，完善人才培养保障条件，培养具备理论基础、跨岗位复合能力、技术应用能力的高层次技术技能人才，与中职、专科高职的技能型人才、技术技能人才有机衔接，形成支撑产业转型升级的人才链。开展职业教育本科专业试点达到10个，开发制定职业教育本科专业教学标准10个。

(5) 实施"专业硕士培养贯通计划"。与滨州医学院、山东理工大学、山东师范大学、山东科技大学、青岛科技大学等本科高校开展合作，探索在护理、机械制造与自动化等专业开展专业硕士培养，以职业需求为导向，以实践能力培养为重点，以产学研结合为途径，着力培养掌握职业领域相关理论知识、具有较强解决实际问题的能力、能够承担专业技术或管理工作高层次应用型专门人才。

2. 书证融通，推动职业教育、终身教育相融通

落实学历教育和培训并举并重的法定职责，实现职业标准与专业"培养目标、教学标准、培养模式、评价制度"实现全方位对接，促进学历证书与职业技能（职业资格）证书、与行业企业标准融通，打造职业教育与就业的"旋转门"，建立"学习—就业—再学习"的培训通道，实现职业教育的全程教育和终身教育。

(1) 实施"职业技能（职业资格）证书融通计划"。推动职业技能（职业资格）证书与人才培养方案、职业培训相融通，促进各专业对接国家颁布实施的职业技能证书，实施在校生证书培训和评价考核，完善校内培训师和培训基地等保障条件，设立职业技能证书考试培训基地，面向社会积极开展职业培训。根据国家及山东省学分银行建设安排，逐步实现职业培训学习成果认定、积累和转换。试点"1+X"制度专业覆盖率达到90%以上、毕业生职业技能证书获取率达到90%以上。与企业合作开发职业技能等级证书标准5个。

(2) 实施"职业技能培训包开发计划"。以职业技能证书（职业资格证书）获取为切入点，实施面向"职业技能提升行动计划"的专项培训，服务企业职工、农民工、在校生、"两后生"、退役军人、职业农民等不同群体，依托专业建设20个精品培训品牌，开发20个以上职业技能培训包，建设职业技能培训示范课程50门，打造面向区域技能提升的精品培训超市。

(3) 实施"国际行业头部企业标准引入计划"。建立标准引入机制，将最新行业企业标准、国际认证标准融入专业和课程标准，推动各专业群与国内外行业头部企业最新标准进行对接，如电子信息类专业引入华为、思科等世界顶级企业的认证标准，装备制造类专业引入西门子公司等企业认证。推动各专业积极参与专业认证和发展水平评价，探索有条件的专业参与悉尼协议认证。引进融入国际行业头部企业标准及国际通用认证标准10个。

3. 普职沟通，推动基础教育、普通本科教育相沟通

(1) 实施"职业教育启蒙计划"。发挥学院区域引领作用，面向全市中小学，开发一批职业教育启蒙课程和教学资源，开展中小学生职业性向测试服务；依托实训基地建设一批职业教育展示馆或体验馆，打造区域职业教育启蒙中心。支持各县区综合高中、特色高中的多样化课程体系建设，依托学院特色专业打造面向春季高考学生的专业技能考试培训品牌。开发职业教育启蒙课程及读物5种。

(2) 实施"本科院校协作计划"。与滨州医学院、山东理工大学、山东师范大学、山东科技大学、青岛科技大学等建立区域本科高校协作联盟，实施面向普通本科转型应用型本科、学院开展职业教育本科专业试点的协作计划，协同开展专业建设、课程改革、实习实训、技术研发、教改教研等，推动优势资源共享，共同提升高层次技术技能人才和技术应用型人才的培养质量，增强服务区域新旧动能转换的能力。

（三）落实"六项任务"，创新"产教融合、校企耦合、工学结合"人才培养模式

1. 产教融合，推动产业链与专业链深度融合

(1) 实施"专业产业链接提升项目"。按照"专业链对接产业链、人才链对接岗位链"的要求，构建与山东省及滨州市新旧动能转换工程"5+5"产业紧密对接的"224"专业发展体系，推动医药卫生、装备制造、生物化工、电子信息、财经商贸、土木建筑、海洋运输、教育等8大专业群围绕产业转型升级、企业技术创新和流程再造、生产全要素和产品质量提升，与区域产业人才、智力、技术、资本、管理等资源要素集聚融合，全面提升人才培养、技术研发及社会服务能力。

(2) 实施"产教融合平台建设项目"。以滨州市科教园区和产教融合园区建设为依托，由学院牵头，联合区域行业、规模以上企业等，组建集实训基地、技术研发中心、博

士研究中心、研究院、培训中心、技能大师工作室等于一体，融科技攻关、智库咨询、英才培养、创新创业功能于一身，产教深度融合、校企紧密合作的平台。医药卫生、装备制造、化工生物等3个专业群牵头，分别组建智慧康养综合体、智能制造综合体、化工生物综合体等3个产教融合综合体，提升滨州市应用科技研究院市级综合研究平台功能与作用。

2. 校企耦合，建设校企命运共同体

（1）实施集团化办学改革项目。建设全国高端生活服务业职业教育集团、全国高端铝职教联盟、全国护理职教联盟等3个全国性职教集团（联盟）。依据新旧动能转换产业，建设黄河三角洲高端化工职教联盟、滨州市学前教育职教联盟、滨州市建筑产业联盟、黄河三角洲（滨州）职教集团等4个区域性职教联盟。

（2）实施产业学院建设项目。以推动二级学院混合所有制改革为重点，校企共建ICT产业学院、中裕商学院、兴洋海事产业学院等3个产业学院。全面深化知识产权学院、中德合心国际交流学院产权制度改革，打造校企命运共同体。

3. 工学结合，实施校企双元育人

（1）实施人才培养模式创新项目。推动各专业创新具有自身特色的人才培养模式，积极推行面向企业真实生产环境的任务式培养模式，开展"引企入教"改革，吸引企业深度参与专业人才培养过程，以企业真实工作任务、工作项目组织教学内容，在岗位实战中提升学生职业能力和职业素质。如，护理专业群创新"校企融通、学岗直通"分类分层次人才培养模式，机械制造与自动化专业群创新"校企共育、分段递进、纵横双通"人才培养模式等。

（2）实施特色现代学徒制项目。施行校企联合培养、双主体育人的中国特色现代学徒制，创新教学组织形式和工学结合模式，总结、提升、推广机械制造与自动化、应用化工技术"契约共订、标准共建、人才共育"现代学徒制国家级试点经验，全面推动机电一体化技术、口腔医学技术、计算机网络技术、数控技术、康复治疗技术等省级现代学徒制工作，积极拓展校内现代学徒制试点专业。

（四）促进"三个融合"，构建"德技并修、知能并重、'双创'并举"课程体系和教学内容

1. 德技并修，推动专业精神与技能培养相融合

以德为先，把立德树人融入思想道德教育、文化知识教育、社会实践教育各环节，贯穿专业体系、教学体系、教材体系、管理体系。将工匠精神培育贯穿于专业教育中，渗透到专业课程、实习实训、技能大赛中，引导和激励学生敬业专注、精益求精、追求卓越，潜移默化地培育"匠心"，涵养工匠精神。如机械制造与自动化专业群，确立"严谨、细致、专业、专注、精准、创新"的职业态度，将"对工作执着、对事业负责、对产品精益求精"的专业精神，融入专业人才培养方案和课程标准及教室、实训室文化建设中，在专

业教学中实现学生专业精神的培养。护理专业群将"爱心、耐心、细心和责任心"的南丁格尔精神融入专业教学、专业文化中,坚持每天诵读南丁格尔名言,建立南丁格尔服务队,开展南丁格尔校园文化活动,潜移默化引导学生行为。

2. 知能并重,推动知识体系与能力体系相融合

(1) 构建知识体系和能力体系并重的课程体系。建立完善的公共基础课程和专业基础课程体系,培养学生扎实的基础知识、迁移能力和可持续发展能力。在此基础上,坚持从高端产业、高端企业、高端岗位需求出发,以技能复杂程度和技术应用水平作为依据,确定中职、高职、本科职业教育专业不同层次人才培养定位;以面向不同层次岗位作为专业课程体系构建逻辑,融合职业技能(资格)标准、行业头部企业标准、国际认证标准,以职业能力培养为本位,培养学生在复杂的工作过程中做出判断并采取行动的综合职业能力和技术应用能力。

(2) 完善"平台+模块"专业(群)课程体系结构。以学分制为载体,坚持按照"平台共享、模块分立"的原则,打造底层可共享、中层可融合、上层可互选的"平台+模块"专业群课程体系。平台课程由公共必修、专业类必修、专业核心必修等平台课程组成;公共必修平台课程和专业类必修平台课程着力培养学生的基础能力和可持续发展能力;专业核心必修平台课程着力培养学生专业综合能力、岗位适应能力、岗位迁移能力,群内学生根据自身发展需要进行辅修。模块课程由公共限选、公共任选、专业选修等三类模块课程以及第二课堂活动模块组成,培养学生综合素质和职业能力,促进学生个性发展。实施第二课堂成绩单制度,围绕思想素质养成等内容实施德育学分转换。

(3) 建立"能力进阶+实习实训"实践教学体系。服务学生能力提升,促进校内实训和校外实习双线并行、相互融合,建立和完善"职业通用能力实训、专业基础能力实训、专业综合能力实训"校内实训教学体系和"认识实习、跟岗实习、顶岗实习"校外实践教学体系,开发综合实践课程标准,科学设计校内校外两个体系的实训及实习模块内容,落实基础实践、课程实践、专业实践等环节设置,促进学生能力实现"职业通用能力、专业基础能力、专业综合能力、岗位能力"的层层进阶。积极参加全国、全省职业院校技能大赛,依托优势专业申请承办赛项,开发基于人才培养标准规范和体现新技术、新工艺的赛项,面向产业、行业、企业、社会,建立开放式、普及性大赛新形式。力争获国赛奖项5项、省赛奖项10项,承办国赛赛项2项(次)、省赛赛项3项(次)。

3. "双创"并举,推动创新创业与专业教学相融合

成立创新创业学院,与各县区和全市创新创业基地共建一批创客空间、创业园。建立由创新创业课程、训练、实战三种形式,基础培养和卓越人才培养两个层面组成的"三形式、两层面"创新创业教育体系。

(1) 建立创新创业基础教育体系。面向全体学生,进一步将大赛项目、科研课题、创业实例融入课程内容与教学环节,建设由"创新创业教育"必修和选修等通识课程组成的

依次递进、有机衔接、科学合理的创新创业课程体系，开展基础创新创业教育，提升学生创新创业意识。

（2）建立创新创业卓越人才培养体系。面向具有创新创业潜质的学生，分专业成立创新创业团队，搭建实训平台、创新平台、创业平台，实施创新创业实践训练，开展科技创新、创意设计、创业计划展示等活动，完善学院、山东省、国家三级大学生创新创业大赛参赛体系和激励机制。拓展"师研生随、师导生创、师生同创"三种形式，推动实训、研发、创业紧密结合，开展创新创业实战，促进具有创新创业突出能力的卓越人才脱颖而出、快速成长。

（五）突出"四化四新"，建设一批符合国际规范、高水平的教学标准和课程群

深化教材、教法改革，强化双元化、模块化、任务化、智能化，融入新技术、新工艺、新规范、新资源，建设一批符合国际规范、高水平的教学标准和课程群。将基本原理和生产案例融合，建设新型活页式、工作手册式教材。

1. 研制一批世界水平、中国特色的教学标准

紧跟新技术、新产业、新业态、新模式发展，充分发挥学院各类产教融合平台、技术技能创新平台、校企合作平台的作用，建立人才培养方案的校企联合设计、实施、修订机制，落实国家和山东省专业教学标准要求，完善专业（群）教学标准、课程标准、顶岗实习标准、实训条件建设标准，引进、融合国际发达国家先进标准，全面形成具有世界水平、中国特色的教学标准体系。开发具有世界水平、中国特色的高职专业群标准体系5个。

2. 建设一批高水平、模块化的专业课程群

深入对接区域新旧动能转换"5+5"产业发展，引入产业及企业岗位需求以及新技术、新工艺、新流程，对接国家职业标准与新动能企业生产标准，按照"课程设置模块化、教学过程一体化"要求，以专业群为基础，按照公共基础课程、通识选修课程、专业类课程、专业核心课程、综合实践课程、"双创"课程等不同类别，组成课程群。并以课程群为依据，组成结构化教学创新团队实施教学。完善网络教学平台，普及项目教学、案例教学、情境教学、模块化教学等教学方式，广泛运用启发式、探究式、讨论式、参与式等教学方法，推广翻转课堂、混合式教学、"理实一体化"教学等新型教学模式，推动课堂教学革命。建成智慧教室12间、交互式多媒体教室100间、录播教室5个。建设学院智能资源开发中心，积极推动高水平课程建设，每年立项建设在线精品课程20门，力争建成省级在线开放精品课程30门。

3. 开发一批高水平新型教材及信息化教学资源

严格教材选用标准，加强优秀教材的选用。按照新型活页式、工作手册式教材要求，开发配套信息化教学资源，大力推动教材建设与改革。开发智能化教学资源，建设专业教学资源库10个、建成省级专业教学资源库3个、国家级专业教学资源库2个。立项建设校企合作开发教材60种，建成省级规划教材15种、国家级规划教材15种。

任务三：多维融合、校企同创，打造区域技术技能创新服务平台

一、思路与目标

主动对接服务滨州"世界铝谷"建设以及"5+5"产业发展，突出需求和应用"双导向"，坚持"多维融合、协同创新、开放共享"的服务理念，联合名校名所、龙头企业、技术大师，多维度、分层次共建人才培养与技术技能创新平台、产教融合平台，开展关键技术研发，提供行业智库咨询，锻造精英工匠人才，全力打造区域顶尖技术技能创新高地，在科技创新与技术技能融合发展上为职业教育高地建设探索新路径。建成国家级协同创新中心1个、山东省技术研发和推广服务中心1个，获批发明专利20项，立项省科技项目1项、省社科项目5项，获省科技进步奖2项。

——建设高端铝智能制造技术创新服务平台。成立应用技术研究所、技能大师工作室、院士工作站研究室、博士后实践工作站、博士研究中心、中小微企业技术服务中心，打造引领高端铝加工产业发展方向、创新创造高端铝生产技术、培育行业大师、培养高技能人才技术创新和成长互相融合的"高端铝智能制造技术创新服务平台"。

——建设黄河三角洲医养健康技术技能创新平台。建设"三室三中心一平台"，即推拿按摩技能大师工作室、护理大师工作室、山东省名师工作室、抗衰老研究中心、康复医疗器械研发中心、健康睡眠研究中心、山东省护理技艺技能传承创新平台，发挥大师效应，打造技艺传承新模式。

——打造黄河三角生物技术研发基地。建设化工生物技术技能创新平台、现代化农业工程重点实验室、生物技术发酵生产性实训基地、现代智慧农业创新平台，立项课题3~5项，力争申报省部级科技计划项目1项，申报专利3项，力争转化成果1~2项，培训人数5 000人次以上。

——建设黄河三角洲BIM（建筑信息模型）工程技术研究应用综合体。建成国家级协同创新中心1个、市级研发中心1个，立项课题5项，开展咨询服务交流500次，孵化创新创业项目2个，完成社会技术培训3 000人次。建设省内一流的数字建造技术综合平台，建成黄河三角洲建筑行业信息化基础研究和制定地方标准的重要基地。

——建设智能VR研发基地。依托省级"良好船艺"技艺传承创新平台，升级航海NVR研发中心，建成具有示范及研究意义的涉海、涉军VR实验室。申报专利2~3项，力争转化成果1~2项。发挥"良好船艺"技艺传承创新平台的作用，开发VR新课程，促进绝招绝技代际传承，力争实现每年完成技术服务20次，年培训5 000人次，技术服务收入1 000万元以上。

——建设滨州新一代信息技术研发中心。依托新一代信息技术专业群，以现有ICT研发中心和"云计算"产学研合作平台为基础，校企多方共建ICT产业产教融合服务平台。建设服务滨州特色产业的新一代信息技术研发中心，紧密结合产业需求每年承接各类研发课题项目6项以上，实现成果转化及产业化产值不低于1 500万元。

——建设新型高效智库。建设鲁彬之现代职业教育研究工作室、黄河三角洲区域乡村振兴战略研究中心、黄河三角洲区域智能财税技术服务中心、中小企业管理咨询中心,力争申报市级以上课题3项,培训300人次以上。

二、任务与举措

(一)打造高端铝智能制造技术创新服务平台

高端铝智能制造技术创新服务平台是以智能制造技术应用为主体,面向高端铝行业企业需求解决技术问题,为企业的自动化升级改造提供技术支持和服务,是一个集科技研发、科技创新和服务团队培育、技能技艺传承、技能鉴定及培训、技能竞赛、技术服务与创新研发为一体的综合服务平台。包括5个应用技术研究所、2个技能大师工作室,以及院士工作站研究室、博士后实践工作站、博士研究中心、中小微企业技术服务中心等。

(详见《机械制造与自动化专业群中国特色高水平专业建设方案》)

(二)建设黄河三角洲医养健康技术技能创新平台

校企共建服务型技术技能创新平台,包括"三室三中心一平台",即推拿按摩技能大师工作室、护理大师工作室、山东省名师工作室、抗衰老研究中心、康复医疗器械研发中心、健康睡眠研究中心、山东省护理技艺技能传承创新平台。发挥大师效应,以师傅带徒弟的形式,带徒传技,由技能大师遴选兴趣高、敬业精神好的学生,学习传承技能大师的绝技绝活和新时期的工匠精神,打造技艺传承新模式。

(详见《护理专业群中国特色高水平专业建设方案》)

(三)打造黄河三角洲生物技术研发基地

主动与知名高校和研究机构合作,引入高端智力和高端成果,共建研究中心和实验室,共同申报省、市重大科技创新项目、重点实验室和产品开发中心,为区域支柱产业和特色产业服务。以滨州市农业生物技术重点实验室为基础,升级省级"黄河三角洲生物工程研发中心",对接高端化工生物产业链,与京博集团、三元生物、东营新发制药等企业合作共建打造黄河三角洲生物技术研发基地,开展功能生物产品研发、工艺开发、技术推广、大师培育。

1. 搭建化工生物技术技能创新平台

与中国科学院、中国海洋大学等合作升级"黄河三角洲生物工程研发中心",依托省级生物工程技术研发平台,市级重点实验室平台、生物发酵技术研发平台和1个博士研究中心,共建"化工生物技术技能创新平台"。联合中国海洋大学池哲教授、三元生物科技有限公司技术骨干侯惠芳等校企专兼职教授,合作开展异麦芽酮糖生物功能性糖研究与成果转化,解决三元生物科技企业的生产技术难题,完成横向课题3~5项,申报专利2~3项,力争转化成果1~2项。与龙福环能科技股份有限公司等企业合作,利用聚酯纤维研发中心平台,与企业联合研发"聚乳酸膨化纤维技术及在地毯中应用"项目,力争申报省部级科技计划项目1项。

2. 建设现代化农业工程重点实验室

依托农业工程重点实验室，与中国科学院黄海研究所王致鹏教授联合开展微生物、植物种质资源的开发与利用研究。同时积极开展面向农村的职业教育、化工生物相关技术培训，建设现代化农业工程重点实验室，开展服务化工生物企业转型升级的技术技能提升培训和职业资格鉴定，培训5 000人次以上。

3. 搭建现代智慧农业创新平台

与东北农业大学等合作，依托现代设施农业博士研究中心和科技园实验基地，搭建"现代智慧农业创新平台"，把传统农业生产技术和大数据物联网信息化手段有机结合起来，通过智能技术实现农业生产中的远程监控、问题预测以及远程管理，为企业和大型农场提供有效的模型，更有效地解决降低人工成本等问题，提高农业生产效率、农产品质量和企业经济效益。与山东安基克生物发展有限公司、滨州三安农业发展公司等企业合作，通过生物技术提取多种甲壳素衍生物，研发多种抗虫剂和抑菌剂。申报市级以上课题3项，申请专利3项。

（四）建设黄河三角洲BIM工程技术研究应用综合体

与地方政府合作共建新型研究机构，推进产教融合。积极参与滨州市渤海先进技术研究院建设，建设体制灵活、机制灵巧的"四不像"研究机构，打造区域科技产品展示和交易中心、检验（检疫）检测中心、创意设计中心、数据中心、设备共享中心、学术中心、人力资源中心、商务中心、信息咨询服务中心。

1. 建设数字建造技术综合平台

依托黄河三角洲建筑工程项目，联合滨州城建集团、青岛建工集团、滨州泽信建筑设计有限公司、广联达科技股份有限公司等企业，密切跟踪建设行业信息化领域的国际前沿方向，利用云计算平台、工作站、Revit、Navisworks、Lumion、After Effects Premiere、3ds Max等软件打造省内一流的数字建造技术综合平台。

2. 成立BIM技术研发平台

配备BIM应用软件、VR设备及开发软件、工程计量计价软件等，组织高水平BIM、数字工地、数字建造、数字安全等BIM培训和应用研究，建设成为黄河三角洲建筑行业信息化基础研究和制定地方标准的重要基地。

3. 成立黄河三角洲BIM联盟

依据BIM技术研发平台，成立黄河三角洲BIM联盟，与廊坊市中科建筑产业化创新研究中心、广州中望龙腾软件股份有限公司、中关村数字建筑绿色发展联盟、广联达科技股份有限公司等企业联合，开展社会技术培训与交流，进行"1+X"证书认证，完成BIM建模设计相关技能、建筑工程识图职业技能、BIM造价系列或者BIM5D等证书的认证。推进黄河三角洲建设行业信息共享发展。

建成国家级协同创新中心1个、市级研发中心1个，立项课题5项，开展咨询服务交流500次，孵化创新创业项目2个，完成社会技术培训3 000人次。

（五）打造智能VR研发基地

依托省级"良好船艺"技艺传承创新平台，在原航海模拟实训室基础上，升级航海NVR研发中心。联合上海兴洋船务有限公司、大连海事大学、郑州捷安高科股份有限公司、北京捷安申谋军工科技有限公司等，对接行业前沿技术，开展VR研发、技艺传承、技术推广、课程开发、人才培养等，共同打造涉海、涉军类智能研发基地，最终实现VR项目的自主研发，具有自主的VR产品。

1. 完善NVR研发中心

与企业合作，依托NVR研发中心的自主研发核心平台，包括分布式技术、三维图形图像模型、视景生成技术、数学模型和运动学模型五大核心技术，升级改造实验室及平台，最终形成VR云平台系统，用于独立的虚拟仿真实验、计算资源云端管理，实现课程体系编辑开发等功能。独立完成课程开发2～3门，形成具有知识产权的VR产品。完成申报专利2～3项，力争转化成果1～2项。

2. 建成具有示范及研究意义的涉海、涉军VR实验室

发挥"良好船艺"技艺传承创新平台的作用，开发VR新课程。实施"师带徒"新模式，开辟师徒传承和合作研发新途径，促进绝招绝技代际传承，提升师生创新创造能力，提高现代化航海类人才培养质量。力争实现每年完成技术服务20次，年培训5 000人次，技术服务收入1 000万元以上。

（六）建设滨州新一代信息技术研发中心

以现有ICT研发中心和"云计算"产学研合作平台为基础，融入地方经济社会发展，打造服务地方产教融合平台，深化拓展与山东乃至全国龙头行业企业的战略合作，创新校地、校企合作模式和对接落实机制，建设服务滨州特色产业的新一代信息技术研发中心，促进科技成果转化和产业化，与滨州地方行业企业开展横向课题研究，承接政府科技研发项目，紧密结合产业需求每年承接各类研发课题项目6项以上，实现成果转化及产业化产值不低于1 500万元。

（七）建设新型高效智库

加强新型高校智库建设，围绕黄河三角洲区域重大经济、社会问题，重点开展滨州市精准扶贫、农村养老需求、传统农业供给侧结构性改革、乡村旅游、中小企业创新发展、港产城联动等领域开展研究。围绕职业教育综合改革、职业教育与产业对接、职业院校自身发展、院校内部体制机制改革、国际化战略、职业院校社会培训、终身教育等开展职业教育研究，为地方经济转型升级提供智力支持。

1. 建设鲁彬之现代职业教育研究工作室

提升鲁彬之现代职业教育研究工作室研究能力，围绕职业教育综合改革、职业教育与

产业对接、职业院校自身发展、院校内部体制机制改革、国际化战略、职业院校社会培训、终身教育等开展职业教育研究，参与省、市职教文件的起草和修订，力争立项省级以上课题3项。

2. 建设黄河三角洲区域乡村振兴战略研究中心

与山东农业大学、南开大学等合作建设黄河三角洲区域乡村振兴战略研究中心，依托博兴县庞家镇，开展合作社、经教社一体化、农村电商等问题研究，为地方政府提供政策建议。完成市级课题1项。

3. 建设黄河三角洲区域智能财税技术服务中心

与中联集团教育科技有限公司、航天信息科技有限公司等企业单位合作，积极开展面向黄河三角洲区域中小企业的智能财税技术研发与培训、职业技能等级鉴定，培训300人次以上。

4. 成立中小企业管理咨询中心

依托财经商贸专业群，与中裕集团共建中裕商学院，校企双方设立管理委员会共同管理产业学院的运作，根据产业发展构建与产业链对接的人才培养体系，配备互兼的师资队伍。共建财经商贸综合实训基地，成立中小企业管理咨询中心，实施现代学徒制培养，提升学生财税服务、物流服务、企业管理、市场营销等综合技能。重点为中小企业提供现场管理、质量管理、素质测评、绩效管理等专业培训与咨询服务，构建公共服务、知识产权服务、管理咨询服务等多方面、多层次的社会化服务体系。每年为企业提供咨询20次，培训500余人。

任务四：链接产业、跨界集聚，打造高水平专业群建设样板

一、思路与目标

服务山东建设国家新旧动能转换综合试验区和自由贸易试验区，围绕山东省及滨州市新旧动能转换"5+5"产业发展，对标高端产业、高端企业、高端岗位，推动专业智能化、融合化、集群化发展，着力建设医药卫生、装备制造、生物化工、电子信息、财经商贸、土木建筑、海洋运输、教育等8大专业群，建立"融合衔接、动态调整"的专业群建设发展机制，形成与产业链、创新链紧密对接的专业链、人才链，为山东及滨州市产业走向全球产业中高端提供支撑，在专业组群、四链融合上提供"滨职"方案。

结合学院专业发展现状，对接滨州市高端铝、新型化工两大传统产业，分别建设装备制造专业群（含机械制造与自动化专业群）、生物化工专业群；对接滨州市新一代信息技术、医养健康两大新兴产业，分别建设电子信息专业群、医药卫生专业群（含护理专业群）；对接滨州市现代服务业中的城乡建设、临港产业、现代金融、旅游业、商贸流通业、教育产业等，分别整合建设土木建筑专业群、海洋运输专业群、财经商贸专业群、教育专业群，着力打造"224"专业发展体系。按照"国家、山东省、学院"梯级发展要求，2

个中国特色高水平高职专业综合实力进入全国前 10 强，建成山东省高水平专业群 6 个。

二、任务与举措

（一）贯通"四链"，完善"融合衔接、动态调整"专业群建设发展机制

1. 完善"融合衔接、动态调整"专业群建设发展机制

组建学院改革发展决策咨询委员会，对学院重大改革、发展规划、专业建设提出意见建议。建立专业建设五年规划，建立对接产业、动态调整、自我完善的专业群建设发展机制，促进教育链、人才链与产业链、创新链融合衔接，推动专业向中国智造、"互联网+"、现代服务业转型，撤销、停招劣势专业，升级改造传统工科、医科专业，加快设置和培育新动能专业，使招生专业稳定在 40 个左右，逐步建立起结构优化、布局合理、特色鲜明的专业体系。

2. 推动专业结构向"智能化、网络化、新兴化"升级

实施专业"互联网+"、人工智能+改造，服务互联网+行动计划、"中国制造 2025"发展，适应 AI 赋能要求，对接云计算、物联网、大数据、智能制造发展，增加机电一体化技术等传统工科专业"智能"含量以及管理服务类专业"新职业"形态，增设高档数控机床、3D 打印、老年护理等方向，培育云计算技术、大数据技术、物联网技术等新兴专业。依据新技术、新产业、新业态、新模式发展，研究开发新专业。落实专业设置负面清单制度，撤销一批无产业背景、市场需求少、基础条件差、社会认可度低的专业。

3. 推动专业建设向"高端化、融合化、集群化"转型

面向高端产业和产业高端，深度对接滨州新动能"5+5"产业，以专业群建设为重点，推动人才培养供给侧和产业需求侧结构要素全方位融合，在全力建设护理专业群、机械制造与自动化群 2 个高水平专业群的基础上，推动医药卫生（医养健康）、装备制造（智能制造）、生物化工（高端化工）、电子信息（新一代信息技术）、财经商贸、土木建筑（城乡建设）、海洋运输、教育（学前教育）等 8 大专业群协调发展，促进专业群内师资、课程、实训、科研、管理资源共建共享，提升办学条件，集聚发展优势，促进跨界融合，培育区域特色。建设山东省高水平专业群 6 个。

（二）对接"五业"，完善"224"专业梯级发展体系

1. 对接全市高端铝、新型化工产业两大传统产业，建设装备制造专业群（含机械制造与自动化专业群）、生物化工专业群

（1）重点支持装备制造专业群（含机械制造与自动化专业群）建设。对接全市以高端铝产业为核心，形成的汽车轻量化、高端铝合金建筑模板、铝合金高端航空型材、电子铝箔等一系列高端产品和产业链条，面向高端铝产品智能生产线运行与维护、智能生产线装调与维修、智能检测与管理服务岗位群，以机械制造与自动化专业为核心，辐射带动数控技术、工业机器人、机电一体化技术、电气自动化技术、智能控制技术、汽车检测与维修技术等 6 个专业，形成装备制造专业群，培养具备智能制造生产线运行与维护、智能生

产线设备装调与维修、控制系统升级改造、产品智能检测与管理服务等能力"创新型、复合型、发展型"高素质技术技能人才。

(2)积极支持生物化工专业群建设。对接全市高端化工产业，面向化工生产单元操作岗、质量控制岗、产品营销岗位群，以化工生物技术、应用化工技术专业为核心，辐射带动电厂化学与环保技术、石油化工技术、药品生产技术等专业，培养具备高端化工生产单元操作、产品质量控制与检验、产品营销岗位等能力的"创新型、复合型、发展型"高素质技术技能人才。

2. 对接新一代信息技术、医养健康两大新兴产业，建设电子信息专业群、医药卫生专业群（含护理专业群）

重点支持医药卫生专业群（含护理专业群）建设。对接全市健康服务产业中医疗服务、养生养老、健康教育与管理等产业发展，面向医疗服务、健康教育与管理、健康养老、健康大数据等岗位群，以护理专业为核心，辐射带动老年服务与管理、健康管理（专业方向）、助产、康复治疗技术、口腔医学技术、药学、医学检验技术、医学影像技术、眼视光技术等专业，培养具备及时发现和处理常见健康状况并实施整体照护的能力，具有良好职业道德，在医养健康领域从事医、护、康、养、育等全面发展的"创新型、复合型、发展型"高素质技术技能人才。

大力支持电子信息专业群建设。对接全市电子信息产业，面向网络、软件、电子商务岗位群，以计算机网络技术专业为核心，辐射带动电子商务、计算机应用技术、软件技术、云计算技术与应用等4个专业，培养具备网络运行管理与维护、软件开发与实施、电子商务平台管理与设计等能力的"创新型、复合型、发展型"高素质技术技能人才。

3. 对接现代服务业，建设土木建筑专业群、海洋运输专业群、财经商贸专业群、教育专业群

(1)积极支持财经商贸专业群建设。对接全市生产制造业、商业服务业，面向政府部门、经济管理部门、第三方物流、工商企业等行业企业，以会计、物流管理专业为核心，辐射带动工商企业管理、空中乘务、旅游管理、市场营销、知识产权管理、互联网金融等6个专业，培养具备会计处理、物流管理、企业管理、空乘服务、旅游服务、市场营销、知识产权服务与管理、互联网金融服务等能力的"创新型、复合型、发展型"高素质技术技能人才。

(2)积极支持土木建筑专业群建设。对接全市建筑产业，面向建筑装配化施工、信息化管理、工程造价咨询服务、建筑室内装饰设计与项目管理等岗位群，以建筑工程技术专业为核心，辐射带动工程造价、建筑室内设计技术等2个专业，培养具备装配式建筑施工员、建筑工程质量员、建筑信息模型（BIM）技术员、工程造价员、室内装饰设计员、装饰工程项目管理员等岗位能力的"创新型、复合型、发展型"高素质技术技能人才。

(3)大力支持海洋运输专业群建设。对接全市航运产业、临港产业，面向水上运输行业的船舶指挥和引航人员岗位群、航运企业管理岗位群和港口企业管理岗位群，以航海技术专业为核心，辐射带动轮机工程技术、港口与航运管理等2个专业，培养具备船舶驾驶、船舶运输管理、港航企业船舶理货、港口库场理货、码头生产业务管理、集装箱进出口单船作业和海运单证操作等能力的"创新型、复合型、发展型"高素质技术技能人才。

（4）大力支持教育专业群建设。对接全市学前教育事业，面向学前儿童教育、学前儿童保育、学前儿童健康管理、早幼教机构管理以及学前教育科研等岗位，以学前教育专业为核心，辐射带动幼儿早期教育、幼儿发展与健康管理等专业，培养具备可持续发展的专业能力、创新精神和实践能力的"创新型、复合型、发展型"高素质技术技能型人才。

（三）打造高水平护理专业群

服务国家健康战略，助力区域产业转型升级，成立健康学院，创新校企合作机制，链接医养健康优质社会资源，打造"产学研训创"深度融合智慧康养综合体；创新"产教融合·校企耦合""双主体"分层次人才培养模式，提升人才培养质量；深化"1+X"证书制度试点，推进"双元"教材建设，实施多元化教法改革；基于人才培养目标及岗位标准，构建专业群新型育人体系，构建"四位一体"专业群培养体系，开发集教学、培训、评价于一体的教学资源，深化"五化相融"教学模式改革；内培外引，跨界整合，打造高水平、结构化教师教学创新团队；多元办学，开放共享，推进专业群实践教学基地提质建设；打造"三室三中心一平台"，共建黄河三角洲医养健康技术技能创新平台；靶向发力，精准对接，定向带动，提升社会服务；服务医养健康产业发展，推进国（境）外交流与合作水平；多方协同，环形闭合，建立健全专业群可持续发展体制机制和保障措施，建成引领改革、支撑发展、中国特色、世界水平的"地方离不开、业内都认可、国际可交流"高水平护理专业群。

到2023年，形成成熟完善的可借鉴可推广的专业教学标准和教学模式，为社会输送一批优秀的技术技能拔尖人才，率先建成国内领先、国际有影响的高水平专业群。

到2035年，培养一批在业内具有影响力的高端人才，综合实力处于全国同类专业群领军地位，为医养健康事业发展提供优质人才资源支撑。

（四）打造高水平机械制造与自动化专业群

对接高端铝业和铝业高端，建成智能制造产教融合共同体，打造以铝深加工为媒的"利益同频共振、机制灵活高效"的高端铝加工产业"产学研创转"相融合的实体平台；创新"校企共育、分段递进、纵横双通"+N个技能人才培养模式；开展四年制本科职业教育、探索专业硕士联合培养模式；构建"分段推进、能力递进、素质提升"专业群人才培养体系；建成具有鲜明高端铝加工产业特色的国家级专业教学资源库；开发新型活页式、工作手册式教材，研制国内示范、国际推广的专业群人才培养方案和课程标准；推行基于"1+X"证书制度的教师分工协作教学模式；依托中国高端铝产业职教联盟，培育国家级职业院校结构化教学创新团队；建成"四中心一工厂"开放型、共享型的高端铝加工产教融合实训基地；成立"五所三室两中心"，搭建高端铝智能制造技术创新服务平台；

成立国际交流中心，建设机电学院海外分校，拓宽服务"世界铝谷"战略的国际交流渠道；建成高端铝加工技术技能人才培养高地；成为引领高职院校机械制造与自动化专业群建设和发展的标杆。

到 2023 年，人才培养质量显著提高，形成区域内智能制造人才培养基地，全面建成校企深度融合的实体平台，校内外实训科研基地初具规模，建成机电学院海外分院，国际交流实现较大突破，面向世界输出高端铝智能制造人才培养的中国标准和中国方案，专业群建成国内领先、国际有较大影响的高水平专业群。

到 2035 年，高端铝加工人才培养质量国内一流，培养一支国内外具有较高影响的师资队伍，成为国内高端铝加工智能制造人才培养的高地，成就一批业内具有影响力的工匠大师，综合实力居全国同类专业前茅，国际影响力不断增强，成为铝产业智能制造海外人才培养基地，形成具有鲜明辨识度的专业品牌。

任务五：高端引领、双岗互聘，锻造高水平工匠之师

一、思路与目标

贯彻落实新时代职业教育改革和教师队伍建设等政策要求，以"四有"好老师为标准，以实施高水平"工匠之师"锻造工程为总抓手，以加强"双师型"教师队伍和领军人才队伍建设为重点，实施"领军骨干人才引进与培育计划""校企互聘互兼计划""教学创新团队培育计划""教师素质提高计划""教师激励计划"，全力打造一支师德高尚、技艺精湛、专兼结合、充满活力的高水平"工匠之师"。

——引进（或柔性引进）高水平专业群领军人才 10 人、海外高层次人才 10 人，省级以上教学名师、博士 30 人；"高精尖缺"高级技师 30 人；

——培养"教练型"教学名师 30 人，专业带头人 50 人，青年骨干教师 100 人；培养国家"万人计划"教学名师 1 人，省有突出贡献的中青年专家 2 人，省级教学名师 3 人，省青年技能名师 3 人；建成省职业教育名师工作室 5 个，国家级"双师型"名师工作室 3 个；培养高水平专业群带头人 8 人；

——保持 700 人左右的兼职教师队伍，企业兼职教师专业课时占比 30% 以上；聘任产业教授 20 人；

——建设院级教师教学创新团队 20 个，培育国家级职业院校教师教学创新团队 2 个、省级团队 4 个；

——建成国家级"双师型"教师培训基地 1 个、省级"双师型"教师培训基地 2 个，培育职业院校国家培训名师 2 人；参加实践锻炼教师 1 000 人次，"双师型"教师比例达 90% 以上；参加国家级、省级培训教师 500 人次；培养博士 10 人；教师出国（境）培训达 200 人次，柔性引进专业外教 7 人；

——健全师德长效机制，实施教师考核评价、教师招聘制度和绩效工资制度改革，构建"能上能下、合理流动、优绩优酬"的灵活用人和分配机制。

二、任务与举措

(一) 实施"领军骨干人才引进与培育计划",打造高水平领军团队

1. 实施"领军人才汇聚项目"

落实《滨州职业学院高层次人才引进管理办法》,制订高层次人才引进规划,结合重点专业群建设和职业本科专业建设,引进一批对接"5+5"产业行业有权威、国际有影响的专业领军人才、专业拔尖人才、高技能人才和具有博士学位的优秀人才。设置特聘教授岗位,以校企双聘、项目委托、短期服务等方式,柔性引进具有国际视野、引领专业群发展的海内外专业群带头人。每个重点建设专业群至少引进1~2名行业有权威、国际有影响的专业群带头人。设立"渤海学者"专家工作站,搭建高层次和高技能人才创新创业平台。建设期内,引进(或柔性引进)高水平专业群领军人才10人、海外高层次人才10人,省级以上教学名师、博士30人。

2. 实施"技能大师引培项目"

出台技术技能大师培养相关制度,依托与区域龙头企业共建的重点实验室、技术研发中心、博士研究中心等技术技能平台,校企合力培育一批具有绝技绝艺的技术技能大师。实施技能大师带徒计划,通过传绝技、解难题、带高徒,培养打造一批技艺精湛的"渤海工匠"。新建4~6个技能大师工作室,支持教师参加"十佳滨州首席技师"、齐鲁首席技师等评选。建设期内,引进(或柔性引进)获"技术能手"或"首席技师"等称号的"高精尖缺"高级技师30人。

3. 实施"骨干教师攀登项目"

一是建立阶梯式教师培养体系。完善教师成长发展标准,建立"新进教师→合格教师→青年骨干教师→专业带头人→'教练型'教学名师"(专业群带头人、大师名匠)阶梯式教师培养体系。每年遴选一批青年骨干教师、专业带头人和"教练型"教学名师。根据教师发展阶段层次,通过国内外研修、实践锻炼、企业挂职、参与企业生产与技术研发等,有计划地开展分层次、递进式、针对性的培养培训。对青年骨干教师、专业带头人和"教练型"教学名师实行定期考核、动态管理。建设期内,培养"教练型"教学名师30人、专业带头人50人、青年骨干教师100人。培养国家"万人计划"教学名师1人,省有突出贡献的中青年专家2人,省级教学名师3人、省职业教育青年技能名师3人。建成省职业教育名师工作室5个,国家级"双师型"名师工作室3个。

二是培养高水平专业群带头人。制定高水平专业群带头人标准,从引进的高层次人才、技能大师和技术技能高超的专业带头人中选拔专业群带头人。学院为专业群带头人提供实践锻炼、企业挂职、参与企业生产实践与技术研发、国内外研修培训等机会,培养一批具有较大行业影响力、全面了解专业人才培养规格、行业技术发展趋势、掌握企业新产品、新技术和新工艺,具有国际视野的专业群带头人。建设期内,培养行业有权威、国际有影响的专业群带头人8人。

(二) 实施"校企互聘互兼计划",建设专兼结合的"双师型"教师队伍

1. 稳定700人左右的兼职教师队伍

落实职业院校教职工编制总额的20%由学校自主聘用专业兼职教师政策。与校企深度合作企业共同设立"双向流动岗",在学院设立"双师教学岗",聘任劳动模范、能工巧匠、技术能手等担任兼职教师;在企业设立"双师生产岗",选派专业教师到企业锻炼提升,实现校企岗位互通、人员互聘和双向流动。落实校企双挂制度,选派优秀教师到企业挂职锻炼,聘任企业高管、技术专家兼职担任二级学院副院长。开展兼职教师教学能力培训,提高教育教学能力;完善考核评价和激励制度,调动兼职教师工作积极性。企业兼职教师专业课时占比30%以上,兼职教师资源库稳定在700人左右。

2. 聘任20名产业教授

设置产业教授特设岗位,制定产业教授聘任管理办法,每年聘任5名以上行业企业一流人才和具有创新实践经验的企业管理专家、科技人才、技能人才等担任产业教授,参照高级专业技术职务人员平均薪酬支付经费。成立产业教授工作室,支持产业教授带领科技创新团队开展项目研究、科技研发、技能创新等,培养一批学院专业领军人才和大师名匠。

(三) 实施"教学创新团队培育计划",打造高水平教师教学创新团队

1. 组建结构化教师教学创新团队

依托现有八大专业群,对接高端产业和产业高端,在专业群内依据公共基础课程、通识选修课程、专业类课程、专业核心课程、综合实践课程、双创课程等不同性质课程群,以整体设计、分工协作的方式,整合利用校内外优质资源,选聘企业高级技术人员担任产业导师,组建跨学科专业、跨产业企业的高水平、结构化教师教学创新团队,教师分工负责教授学生职业技能模块,建设跨专业的联合聘任教师制度,形成团队合作的教学组织新形式,推动行动导向、模块化教学模式全面实施,促进职业教学方式创新与改革,实现"1+X"证书制度落地。

2. 培育高水平结构化教师教学创新团队

实施"教学创新团队培育计划",以增强团队职业教育教学能力为重点,开展专业教学法、课程开发技术、信息技术应用培训以及专业教学标准、职业技能等级标准等专项培训,着力提升教师模块化教学设计实施能力、课程标准开发能力、教学评价能力、团队协作能力和信息技术应用能力。完善团队企业研修制度,组织团队教师定期到企业实践,学习专业领域先进技术,促进关键技能改进与创新,提升教师实习实训指导能力和技术技能积累创新能力。建设院级教师教学创新团队20个,建成省级教师教学创新团队4个、国家级职业院校教师教学创新团队2个。

(四)实施"教师素质提高计划",构建"专业化、制度化、常态化"的教师培养培训体系

1. 建设教师发展中心

适应高水平"双师型"教师队伍需求,以"服务、分享、激励、成长"为宗旨,建设集教师培养培训、教学发展咨询与研究、培训资源建设等多功能于一体的教师发展中心。面向新进教师、合格教师、青年骨干教师、专业带头人、"教练型"教学名师、技术技能教师、企业兼职教师等不同对象,规划设计系列培训项目,满足教师个性化、专业化发展需求。开设"雏鹰计划""名师讲堂""精工"研习营等品牌活动,构建"专业化、制度化、常态化"的教师发展新生态。

2. 校企共建"双师型"教师培训基地

制定"双师型"教师培训基地建设标准,结合重点专业群建设,联合区域龙头企业共建教师培训基地,合力培育执教能力强、能够改进企业产品工艺、解决生产技术难题的骨干教师。建设期内,建成国家级"双师型"教师培训基地1个、省级"双师型"教师培训基地2个。培育职业院校国家培训名师2人。

3. 全方位落实教师实践培训制度

选派专任教师利用无课时间、周末、寒暑假到行业企业(实训基地)、校内外教师培训基地实践锻炼,专任教师每3年实践锻炼时间累计不少于6个月。每年开展"双师"素质教师资格认定。落实全员培训制度,选派教师参加国家级、省级培训,鼓励教师参加学历进修、国内外访学;选派团组赴国(境)外短期研修。建设期内,参加实践锻炼教师不少于1 000人次,"双师型"教师比例达90%以上;参加国家级、省级培训教师不少于500人次,培养博士10人;教师出国(境)培训达200人次,柔性引进专业外教7人。

(五)实施"教师激励计划",建立以目标管理和目标考核为重点的教师评价和绩效考核机制

1. 健全师德长效机制

落实《新时代高校教师职业行为十项准则》,完善师德考核办法,建立师德考核负面清单制度,在党员发展、职务晋升、专业技术职务评价、评先树优等方面实行师德"一票否决制"。完善师德师风问责机制,杜绝师德失范、学术不端等行为。开展"师德建设月"活动,组织开展教师宣誓、师德演讲比赛、师德征文等活动,引导广大教师争做"四有"好老师。

2. 实施教师考核评价改革

制定教师考核评价制度改革实施方案,根据不同类型教师的岗位职责和工作特点,界定不同教师任职资格标准,分类设置考核内容和考核方式,完善教师多元化的考核评价方法,将考核评价结果作为职称(职务)评定、绩效分配、评优评先、继续培养的重要依

据。修订《专业技术职务评价管理办法（试行）》，将师德师风、工匠精神、技术技能和教育教学业绩作为职称评聘的主要依据。适应8大专业群建设，完善跨专业师资建设机制，完善专业教师评聘制度和激励机制。深化人事制度改革，推行按岗聘用、竞聘上岗、双向选择、全员聘任，逐步实现"职务能上能下、人员能进能出"的动态管理体制。推进岗位设置改革，调动广大教师的积极性、主动性、创造性。

3. 改革教师招聘制度和绩效工资制度

落实《教育部 山东省人民政府关于整省推进提质培优建设职业教育创新发展高地的意见》，聘用一批具有3年以上企业工作经历且有突出业绩的人员，进一步优化教师队伍"双师"结构。按照上级政策，自主招聘各类人才，自主聘用内设机构干部，对优秀人才通过直接考察方式招聘。改革教师绩效工资制度，建立以业绩贡献和能力水平为导向、以目标管理和目标考核为重点的绩效工资动态调整机制。将对外开展技术开发、技术转让、技术咨询、技术服务取得的收入结余，按一定比例用于教师劳动报酬；专业教师可在校企合作企业兼职取酬。对引进高层次人才，探索年薪制、协议工资、项目工资等分配形式。

任务六：协同互融、一体育人，打造职教校企命运共同体

一、思路与目标

以共建实体化职教集团（联盟）和产业学院为切入点，以建设大型智能（仿真）实习实训基地为重点，与行业领先企业在人才培养、技术创新、社会服务、就业创业、文化传承等方面深度合作，总结提升推广现代学徒制经验，实施校企双元育人，完善校企合作长效机制，实现校企共建共享，形成命运共同体，在深化校企合作产教融合、打造校企命运共同体、一体化育人上积极探索新模式。建成1个全国示范性职教集团、2个省级骨干职教集团，1个产业学院纳入省混合所有制改革试点。

——建设3个全国性职教联盟（集团）。组建全国高端生活服务业职业教育集团、中国高端铝产教联盟，提升全国护理职教联盟。依托3个全国性职教联盟，分别推动医药卫生专业群、装备制造专业群2个中国特色高水平高职专业建设产教融合综合体，建设智慧康养实习实训基地、高端铝加工产教融合实训基地，开展校企"双元育人"。

——建设4个区域性职教联盟（集团）。成立黄河三角洲高端化工职教联盟、滨州市学前教育职教联盟、滨州市建筑产业联盟，提升黄河三角洲（滨州）职教集团。建设第二实训基地，依托4个区域性职教联盟，分别推动化工生物专业群、教育专业群、土木建筑专业群深化改革，建设化工生物智能（仿真）实训中心、学前教育综合实训基地、土木建筑智能（仿真）实习实训基地3个智能（仿真）实习实训基地，打造技术技能创新平台，提升推广现代学徒制经验，形成校企命运共同体。

——共建3个产业学院。共建ICT产业学院、中裕商学院、兴洋海事产业学院，提升知识产权学院、中德合心国际交流学院。在混合所有制产业学院框架下，推动电子信息专业群、财经商贸专业群、海洋运输专业群，建设新一代信息技术实习实训基地、财经商贸智能（仿真）实习实训基地、航海智能（仿真）实习实训基地等3个大型智能（仿真）实习实训基地，打造技术技能创新平台，实现产教深度融合、校企深度合作。

二、任务与举措

（一）汇聚国内优势产教资源，建设3个全国性职教联盟

1. 提升全国护理职教联盟水平

依托学院护理专业群，持续提升全国护理职教联盟实体化运作能力，发挥中国"标准化病人"（SP）实践教学指导委员会以及全国25个省市自治区的106家单位作用，发挥学院秘书处作用，完善定期会议、活动机制，依托学院智慧康养实习实训基地，建设标准化病人（SP）实训中心，继续组织开展护理专业建设、改革和发展研究，实施职业教育教学能力培训、标准化病人（SP）教学能力培训等专业技能培养，合作开展护理国际交流与合作项目，完善全国职业院校护理专业教师教学能力大赛定期举办机制，提升护理专业实践教学水平。（具体见护理专业群建设项目）

2. 组建全国高端生活服务业职业教育集团

服务家政服务业提质扩容，中国服务贸易协会、全国电子商务职业教育教学指导委员会、滨州职业学院牵头，联合全国开设家政服务相关专业的职业院校、行业、企业、社会组织等，组建全国高端生活服务业职业教育集团。依托学院护理专业群，积极拓展相关专业，成立家政服务职业技能证书开发相关组织，开展"1+X"证书制度试点，开发家政服务职业技能等级标准及职业培训教材和培训包。依托学院智慧康养实习实训基地，建设家政服务实训中心，建设技能大师工作室，开展母婴护理师、育婴师、养老护理师、婴幼推拿师等家政服务类职业资格培训。（具体见护理专业群建设项目）

3. 组建中国高端铝产教联盟

依托高端铝专业群，服务滨州打造"世界铝谷"需要，依托中国铝业协会，与山东铝业协会、魏桥铝电、海纳川（滨州）、渤海活塞、盟威戴卡等企业合作共建中国高端铝产业职教联盟。提升中德合心国际交流学院，与企业合作共建高端铝加工产教融合实训基地，建设先进制造技术实训中心、先进控制技术实训中心、西门子先进自动化技术联合示范实训中心、数字化服务中心、生产型智能制造工厂等"四中心一工厂"，搭建高端铝智能制造技术创新服务平台。创新"校企共育、分段递进、纵横双通"人才培养模式，实现专、本、硕贯通。（具体见机械制造与自动化专业群建设项目）

（二）集聚区域优质产教资源，建设4个区域性职教联盟

1. 建设黄河三角洲高端化工职业教育联盟

依托化工生物专业群，立足滨州及周边区域，联合京博、绿都等10余家大型企业、行业协会、职业院校，与中国石油与化学工业联合会共同牵头成立"黄河三角洲高端化工职业教育联盟"，建立理事会，完善定期会议机制、联系沟通机制和工作机制；建设化工

生物综合实训中心,打造化工生物人才培养与技术技能创新平台,实施现代学徒制培养,在人才培养、技术创新、就业创业、社会服务、文化传承等方面开展实体化运作。

(1) 建设化工生物智能(仿真)实训中心。与京博集团等企业合作升级"化工生物发酵实训中心、化工生物产品分离提取中心、化工生物检测实训中心、化工生产实训中心、化工设备实训中心、化工自动控制实训中心"6个实训中心,将6个中心整合在化工生产线中,实现真实生产与仿真相结合,实现产品生产、分离提取、纯化、检验贯通。

(2) 建设化工生物人才培养与技术技能创新平台。建立完善"李民堂化工大师工作室""程斌生生物材料大师工作室",强化行业领军人物作用;拓展完善"全国示范性石油化工实训基地""山东省化工技艺技能传承创新平台",开展课程建设、技艺传承、社会培训、科技创新等活动。立项市级及以上课题8项,申报专利2~3项,转化成果2~3项,技术推广3项,技术服务到款额30万元,智库咨询5次,完成大学生创新创业项目6项。解决化工企业生产中的实际问题30项以上,优化产品工艺5个以上,开发绿色化工技术1项。培训在职职工技能提升及职业资格鉴定6 000人次,培训新型农民1 500人次。

(3) 实施现代学徒制培养。将高端化工产业炼化一体化、生物基材料等新技术、新方法、新标准,整合于化工生产典型工作任务,推动专业单项训练、专业综合实训、专业轮岗实训、顶岗实习相结合,将现代学徒基础技能、专项技能和综合技能相互衔接、相互渗透。采用"2.0+0.5+0.5"的形式,第1~4学期,学徒在校内进行职业基础知识的培养和基本技能训练,其中第1学期完成企业识岗见习两周,第2学期后的暑假学徒参加企业融岗见习;第5学期在合作企业实训基地完成企业轮岗实训;第6学期安排学生到实习企业开展顶岗实习,进行岗位核心能力的反复训练,掌握就业所需核心能力,推动产学结合育人。化工生物专业群现代学徒制培养模式如附图2-1所示。

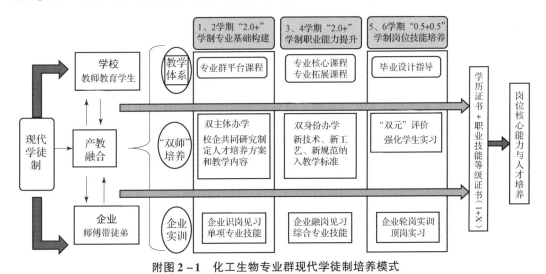

附图2-1 化工生物专业群现代学徒制培养模式

2. 建设滨州市建筑产业联盟

依托土木建筑专业群,与滨州建筑业协会共同发起,联合滨州学院、滨州技术学院、鲁中职业学院等驻滨高校、中等专业学校与建筑行业培训机构，滨州建筑设计院、滨州市规划研究院、滨州市 BIM 工程技术研究中心等建筑产业设计、科研单位，建筑施工、部品部件生产、建筑装饰设计、造价咨询、工程监理、实验检测等行业协会，建筑产业现代化技术应用推广相关企（事）业单位，成立"滨州建筑产业现代化技术应用联盟"。参与滨州市建筑产业现代化标准体系建设，开展建筑产业现代化应用技术研究，承接建筑产业应用技术研发任务和跨领域联合技术攻关，实施装配化施工技术、质量管理与安全体验培训及继续教育，为建筑产业科技人才成长提供服务。

（1）建设土木建筑智能（仿真）实习实训基地。依托滨州建筑产业现代化技术应用联盟，建设 BIM 造价全过程管控实训室、智慧实训室、数字城市虚拟建造平台、建筑课程资源加工厂等实训室，扩建室内设计实训室、计算机辅助设计实训（实验）室、建筑室内设计专业内装饰施工（实验）室，提升建筑材料检测生产性实训室、建筑工程测量生产性实训室、建筑 BIM 实训室、装配式建筑实训基地，打造设备条件先进、管理科学规范，集教学、培训、生产、科研等多项功能为一体，特色鲜明的实习实训基地。

（2）打造建筑工程技术专业技术技能创新平台。依托土木建筑专业群实训基地，开展装配式建筑施工图深化设计技术、部品（部件）工厂生产技术、现场装配施工技术、装配连接和装备技术的创新，进行预制装配整体式混凝土结构施工技术及工程质量控制与验收研究；开展 BIM 技术创新，研究"互联网 + BIM"、装配式建筑 BIM 应用、被动式建筑 BIM 应用和无人机测绘建模、BIM + 3D 模型打印等新技术；建立一套标准的建筑施工技术、规范体系，推进建筑产业现代化技术在当地建筑业中的实际应用。力争每年承担市级及以上纵向课题 5 项，与企业联合开展横向课题 5 项，开展社会培训达 1 000 人次以上。

（3）深化"双元育人、书证融通"人才培养模式改革。在"1 + X"证书制度试点背景下，依托滨州建筑产业现代化技术应用联盟开展"双元育人、书证融通"人才培养模式改革。将"装配式建筑构件制作与安装职业技能等级证书"和"BIM 职业技能等级证书"职业技能等级标准内容融入专业课程体系，基于工作过程对课程进行模块化分解，依托企业在建的实际工程，将"装配式 + BIM"贯穿所有专业课程的教学过程，借助"装配式 + BIM"技术实现项目教学法、任务驱动法等教学改革。

3. 成立滨州市学前教育职教联盟

依托教育专业群，成立以学院为龙头，以滨州技术学院、滨州市中等职业学校、鲁中中等职业学校、惠民县职业中等专业学校等 4 家中等职业学校和滨州市实验幼儿园、滨城区教育实验幼儿园等 11 家大型幼教机构为基础，成立滨州市学前教育职教联盟，打造政府主导、行业指导、企业参与的职业教育"政、行、研、校、企"五位一体办学联合体。

（1）建设学前教育综合实训基地。继续提升学前教育综合实训能力，进一步完善由学前教育专业技能训练机房、手工工艺实训室、幼儿卫生保健室、幼儿科学教育实训室、幼儿园智慧模拟实训室、奥尔夫音乐实训室、蒙台梭利实训室、数码钢琴教室、声乐实训室等组成的实训室，满足幼儿园课程、幼儿园环境创设、幼儿园教育评价、幼儿教育政策法规、幼儿教育与活动指南等五大领域实训需要。

(2) 建设技能大师工作室。在提升赵先闻和刘培安大师工作室基础上，新建幼儿园玩教具类大师工作室，邀请玩教具制作与研发大师带动师生参与活动，实施幼儿自制玩教具的制作、研发、培训等。新建儿童剧技能大师工作室，邀请儿童剧编导大师带动师生参与，共同编排儿童剧、制作研发儿童剧剧本、培训儿童剧编导人员等活动。

(3) 建设全市幼儿教师培训中心。依托滨州市教育局，承担全市幼儿园教师继续教育工作，组织幼儿园园长岗位培训。承接人力资源与社会保障局保育员、家庭教育指导师等资格证培训认证及培训工作。建设适合幼儿园需求的培训课程，对培训模式创新等方面进行积极探索。力争每年培训幼儿教师500人次，开展各类资格认证500人次。

(4) 实施"院园融通、分层递进"人才培养模式。依托学前教育专业职教联盟，在名园引领下，共同制定幼儿园发展标准、幼教师资培训标准、学前教育专业人才培养标准，确立培养"德能并蓄、道技融通"的"成长型大国花匠"人才培养目标，建立与实施"院园融通、分层递进"的学前教育人才培养模式，开发与实施"双层多向"课程体系、"四段一体"的实践教学体系、"学业评价+成长评价"的学生发展评价体系。

4. 提升黄河三角洲（滨州）职业教育集团水平

(1) 完善黄河三角洲（滨州）职业教育集团。发挥市教育局、工业与信息化局主导作用，学院主导，联合行业协会、大型企业集团、职业院校等，完善理事会体制，进一步完善定期会议机制、活动机制，针对高端铝、高端化工、医养健康等全产业链，建立对接全市新旧动能转换十大产业的技术技能人才培养培训、技术研发及服务机制，服务全市渤海科创城和渤海技术研究院、魏桥国科（滨州）研究院"一城两院"建设。

(2) 建设学院第二实训基地。投资8 500万元，新建3栋4层的实训楼，总建筑面积26 176平方米，其中1号楼9 899平方米、2号楼6 378平方米、3号楼9 899平方米，道路面积5 208.77平方米，绿化面积6 613.77平方米，购置实训基地所需相关设备，打造成黄河三角洲地区高标准产教融合综合社会培训基地。

（三）深化混合所有制改革，共建3个产业学院

1. 共建ICT产业学院

依托电子信息专业群，以现有的ICT研发中心和"云计算"产学研合作平台为基础，与中兴教育共建ICT产业学院。产业学院由滨州职业学院和中兴教育合作建设，设滨州职业学院ICT产业学院产教融合委员会、ICT产业人才培养基地、ICT产业生产性实习实训基地、山东省技术转移联盟协同创新中心、ICT产业产教融合服务平台。

(1) 建设新一代信息技术实习实训基地。构建功能集约、资源共享、开放充分、运作高效的专业类或跨专业类公共实训基地，建设包括ICT综合实训中心、ICT新技术研究中心、智慧教育产品展示中心、"1+X"考试中心、ICT创业孵化中心以及嵌入通信实验室、物联网实验室、人工智能大数据等实验室在内的23个实验室,每年承接社会培训1 500人次。

(2) 建设滨州新一代信息技术研发中心。与产业学院所服务的行业企业开展横向课题研究,承接政府科技研发项目,紧密结合产业需求每年承接各类研发课题项目6项以上,实现成果转化及产业化产值不低于1 500万元。校企双方紧密合作持续进行专业群建设与产业动态接轨并不断迭代,打造全国示范性ICT产业学院和全国示范性产教基地。

(3) 开展现代学徒制培养。与合作企业共同组建现代学徒制试点合作联盟,探索实施"校企双元育人、能力递进"人才培养模式,利用合作联盟和信息工程学院实现校企双元育人,课程标准与企业标准全面对接,落实"双导师"制,发挥校企双主体作用,共建学校教师和企业师傅两个队伍。学生能力梯次按照"实施或制作(基础能力)—运维管理或创作能力(专业核心能力)—工程(方案)设计或软件开发能力(专业拓展能力)"的培养路径,层次推进、逐步提升。电子信息专业群现代学徒制培养模式如附图2-2所示。

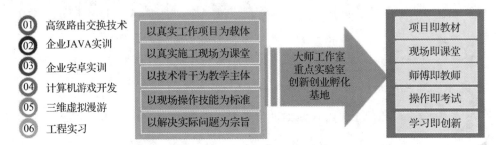

附图2-2 电子信息专业群现代学徒制培养模式图

2. 共建中裕商学院

依托财经商贸专业群,与中裕集团共建中裕商学院,校企双方设立管理委员会共同管理产业学院的运作,根据产业发展构建与产业链对接的人才培养体系,配备互兼的师资队伍。提升知识产权学院,共建财经商贸综合实训基地,成立中小企业管理咨询中心,实施现代学徒制培养,提升学生财税服务、物流服务、企业管理、市场营销等综合技能。

(1) 建设财经商贸智能(仿真)实习实训基地。实训基地包含综合物流实训基地1个、工商管理实训室1个、模拟商店1个、礼仪形体室1个、纳税服务实训大厅1个、社会共享财税服务实训中心1个、财税科研教学中心1个。物流实训基地可满足物流专业课程、物流技能大赛、"1+X"物流管理职业能力等级考试等一系列实训项目需求,工商管理实训室可满足沙盘模拟、商务谈判等实训需求。模拟商店可满足市场营销、消费者服务等实训需求,形体礼仪室与北京中航天使教育集团合作建立,可实现形体训练、空乘服务模拟、酒店管理等功能。

(2) 建设财税综合实训中心。建设纳税服务实训大厅1个、社会共享财税服务实训中心1个、财税科研教学中心1个。纳税服务实训大厅与国家税务总局滨州市滨城区税务局合作建立,可实现企业的税务登记服务到企业的纳税申报等一系列相关政务服务。社会共享财税服务实训中心与滨州人和财税咨询有限公司、滨州中为软件有限公司合作建立。财税科研教学中心与用友集团、滨州东诺软件有限公司合作建立，可实现企业财税软件的个性化配置研发，财税职业资格等级证书的教学培训等功能。

（3）成立中小企业管理咨询中心。重点为中小企业提供现场管理、质量管理、素质测评、绩效管理等专业培训与咨询服务，构建公共服务、知识产权服务、管理咨询服务等多方面、多层次的社会化服务体系。每年为企业提供咨询达到20次，培训人数超过500人。

（4）开展现代学徒制。与京博物流公司等企业合作，根据财经商贸技能人才成长规律和企业工作岗位的实际需要，共同研制人才培养方案，确定人才所需的知识、能力、素质培养规格，计划将3年6个学期分为"综合学习期""技能提升期""专业提升期""能力提升期""混合成熟期"5个阶段，设置"基本技能实训、校内综合实训、跟岗实训、顶岗实训"实训环节，实施往复循环，将课堂学习、校内实训、岗位实习有机结合起来，培养企业需要的人才。财经商贸专业群物流管理专业现代学徒制培养模式如附图2-3所示。

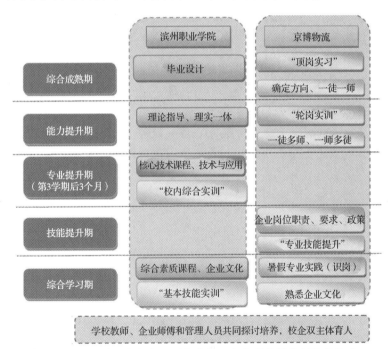

附图2-3 财经商贸专业群物流管理专业现代学徒制培养模式

3. 建设兴洋海事产业学院

依托海洋运输专业群，与上海兴洋船务有限公司共建混合所有制属性产业学院——滨州职业学院兴洋海事学院的创新组织、运营机构和实体平台。兴洋海事产业学院依托航海综合实训基地和航海NVR研发中心，开展社会培训和社会技术服务。

（1）建设航海智能（仿真）实习实训基地。按照船舶航行功能需求和中华人民共和国海船船员实训评估标准的要求进行合理布局，采用虚实结合的方式，将真实设备用虚拟技术有机集合在一起，建设具备航海虚拟仿真综合实训基地能够实现船舶航行、船舶操纵与避碰、航路资料的查取和设计、航行安全导航等;船舶结构与设备认知、熟悉、操作、保养;电子海图显示与信息系统、雷达与 ARPA 模拟操作、罗经、计程仪、测深仪、GPS、AIS 等航海仪器的真实设备操作和模拟维护保养;海图及航海图书资料的操作演示;GMDSS 系统中 Inmarsat-C、Inmarsat-B、Inmarsat-F、NBDP、VHF、HF/MF、SART、EPIRB 等设备的操作、维护与保养等功能集于一体的海船船员培养的航海综合实训基地。

（2）依托航海 NVR 研发中心，建设"良好船艺"传承创新平台。航海 NVR 研发中心将采用自主研发的核心平台，包括分布式技术、三维图形图像模型、视景生成技术、数学模型和运动学模型五大核心技术建设具有示范及研究意义的航海、轮机 VR 实验室。甲类高级船长"良好船艺"的与 VR 新技术相结合，依托 VR 实训中心，创建"良好船艺"传承创新平台，开发 VR 新课程，实施"师带徒"新模式，开辟师徒传承和合作研发新途径，促进绝招绝技代际传承，提升师生创新创造能力，提高现代化航海类人才培养质量。每年企业提供技术服务 20 次，技术服务收入 1 000 万元。

（3）实施"三明治"人才培养模式改革。校企双方共同制定人才培养方案，学生通过学习综合素质模块课程和部分专业核心模块课程，考取专业培训合格证和值班水手（机工）适任证书。以"师带徒"培养方式，学生在船上完成值班水手（机工）见习，且在船舶培训师和随船"教练型"专业教师的指导下，完成船舶航行值班、航海仪器使用、货物积载与系固、船舶航线设计、船上对外交流（船舶航行值班、防污染设备管理、应急设备管理、机电设备检查维修、船上对外交流）等模块的学习认知，并完成相关船上一站式考核项目。学生完成综合素质模块课程、专业核心模块课程、专业拓展模块课程学习，掌握船舶安全航行能力与营运基本知识，通过中华人民共和国海事局海船船员适任证书理论考试和实操评估，并取得三副（三管轮）适任证书。航海类专业群"三明治"人才培养模式如附图 2-4 所示。

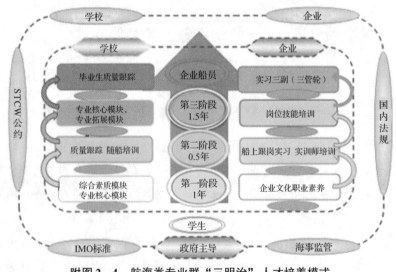

附图 2-4　航海类专业群"三明治"人才培养模式

任务七：引领高端、辐射带动，提升服务发展水平

一、思路与目标

紧扣国家和区域重大战略，服务产业创新驱动发展需求，实施"高素质技术技能人才培育计划"，培育一批坚定走技能成才、技能报国之路的优秀青年，打造全国高层次、高素质技术技能人才标杆培养基地；构建科技成果研发转化、技术创新转移生态系统，建设应用技术协同创新联合体、应用技术服务工作站，建强滨州应用科技研究院，以高水平科技创新支撑服务高质量发展；聚合全民终身教育优质服务集群，开展引领性职业培训，拓展全员性社区教育，打造全民未来学习中心；开展"东西协作"精准扶贫行动，引领提升中西部院校育人质量。

——实施"高素质技术技能人才培育计划"，每年为社会培养输送高层次、高素质技术技能人才6 000人，毕业生半年后就业率95%以上；每年获省级以上创新创业大赛奖项2项、孵化创新创业型企业5个、培育创新创业项目10个。

——打造科技成果研发转化、技术创新转移生态系统，面向企业开展技术服务400次，将滨州应用科技研究院打造成为促进区域产业转型升级的重要公共创新服务平台和支撑政府与企业战略决策的重要智库。

——聚合全民终身教育优质服务集群，每年开展社会培训2万人次，其中培训行业精英、技术骨干500人，年均社会培训到款2 000万元；共建社区学院6所；建成国家级标准化继续教育（职业培训）基地、培训实训基地各1个，培育国家级重点领域（人群）典型培训项目2个。

——开展"东西协作"精准扶贫行动，每年面向中西部招生200人；对口支援2所中西部职业学校，选派6批次职教专家、管理团队现场指导，培训提升100名专任教师、20名管理人员。

二、任务与举措

（一）高效耦合人才需求侧与供给侧，实施"高素质技术技能人才培育计划"

1. 突出"高精尖缺"导向，培养"产业工匠"

依据区域重点产业、新兴产业发展需要，优化形成"2+8"专业群体系，拓展传统产业相关专业方向，建强老年护理等紧缺型产业对口专业，开设云计算、大数据、物联网技术等新兴专业；加强"3+2"对口贯通分段培养，开展职业教育本科专业试点和专业硕士培养。依托专业群、产业学院，针对企业个性化人才需求，开展人才订单一站式服务，培养一线技术及管理人才；针对产业链关键岗位，形成产学研一体化的育人共同体，培养紧缺型技术技能人才。

2. 坚持"质量扩招"路径，培育优质人才资源

落实"百万扩招"任务，采取"职业能力+综合素质"考查模式，实施分类招考，每

年面向农民工、退役军人、下岗职工、新型职业农民招生1 000人。严格落实"标准不降、模式多元、学制灵活"要求,分类制定培养方案,采用"非集中学习时段+慕课""集中学习时段+理论和实训"培养模式,严格培养过程,改革评价方式,组织实施竞赛活动、技能抽查、学业水平测试、综合素质评价和毕业生质量跟踪调查等,严把人才培养质量关口。

3. 聚焦"能力素养"本位,提升就业创业能力

探索构建"全链全融式"技术技能人才创新创业教育体系、项目培育体系和转化服务体系。成立创新创业学院,吸引一批业界机构和大师参与,形成"专业+"小班化、项目化创新创业教育培养模式。围绕"一带一路"建设、京津冀协同发展及新旧动能转换等重大战略开拓就业市场,引导毕业生到先进制造业、现代服务业和现代农业等领域就业。常态化举办"专业–行业""专业–企业"供需见面会等精准招聘活动,为毕业生提供更多优质、匹配度高的就业岗位。

(二)精准对接创新链和产业链,构建科技成果研发转化、技术创新转移生态系统

1. 共建应用技术协同创新联合体,攻关关键核心技术

以解决产业转型升级和企业发展中的实际问题为导向,依托中科院、魏桥国科研究院、渤海科技大学、愉悦家纺等科研院所、知名高校、行业龙头企业,面向智能制造、医养健康、生物化工等重点研究方向,打造多专业融合、多团队协同、多技术集成的协同创新平台,联合开展攻关,攻克一批制约行业、产业发展的共性关键技术,开发一批拥有广阔市场前景的前沿技术研究项目,为增强产业核心竞争力提供高端科技支撑和核心技术服务。

2. 延伸应用技术服务工作站,高质量服务中小企业

针对中小企业技术研发和产品升级中的难题,整合提升专业群、重点实验室、大师工作室、博士团队等现有科技创新载体和人力资源优势,与区域内中小企业共建一批应用技术服务工作站,组建派驻科技服务团队,开放共享实训基地、实验室、仪器设备,根据企业个性需求精准开展新技术、新产品定制研发、检验检测、推广应用、标准制定等服务。

3. 建强滨州应用科技研究院,增强成果转化、技术转移功能

提升滨州应用科技研究院创新能力,构建具有高职特色的科技成果研发转化、技术创新转移体系,增强科技决策咨询、产业规划研究、人才培养培训等功能,打造促进区域产业转型升级的重要公共创新服务平台和支撑政府与企业战略决策的重要智库。面向产业源头精准创新,每年编制面向专业群、高层次人才、科研团队招标的项目指南,开展有明确技术指标要求和转化转移时间表的定向研发,形成一批具有较高价值的创新成果。积极对接国家、省市科技成果转化、技术转移平台,参与线上线下推介会、交易会、路演会等活动。鼓励教师离岗、兼职创新创业,明确偏重科技成果转化、技术转移认定的社会服务业绩评定导向,完善以增加知识价值为导向的利益分配制度。

(三) 深度融合教育链和服务链，聚合全民终身教育优质服务集群

1. 做优新型职业农民培训，满足乡村振兴技术技能人才需求

按照"以需求定培训"原则，形成适合农民的"订单培训、定岗培养""就近培训、就地转移""农学结合、工学交替""理论引领、实践为主"等特色培训模式，全面提升农民综合素质和自我发展能力。依托省级现代农业培训基地，开展分类分层培训，以转岗技能培训为主，培养技能型农民；以实用技术培训为主，培育技术型农民；以岗位任职培训为主，培养管理服务型农民。

2. 做好劳动者高质量职业培训，满足职业生涯发展需求

打造全民未来学习中心，坚持"育训结合、长短结合、内外结合"，形成学历教育提升、技术技能培训、职业资格证书认证互为补充的职业培训"滨职范式"。培育"技能菁英"高端培训品牌，面向在职职工、在校学生等群体开展新产业、新工种、新技术的职业技能提升培训；叫响"技能星光"职业培训品牌，面向"两后生"、退役军人、农民工、下岗职工、去产能分流职工、建档立卡贫困劳动力、残疾人等群体开展职业技能专题培训。

3. 做大社区学院，满足居民终身学习需求

拓展社区教育，与地方共建一批社区学院，开发一批涵盖文创研发、艺术修养、家风家教、社区治理、法律咨询、体育健身以及新经济、新业态、新动能等领域教育项目，形成全时段、全空间、全生命周期的特色社区教育模式，服务社区居民文化素养、职业技能和生活品质提升。建成全国高职高专院校第三年龄教育规范化示范性学校。引进成人学历教育管理平台，开发线上教学资源，稳步扩大学历函授教育招生规模。

(四) 全面聚焦自身优势和西部职教短板，开展"东西协作"精准扶贫行动

开拓中西部优质生源基地，上门开展政策宣讲、高考辅导、技能展示等教育服务，安排专项招生计划，稳步扩大招生规模，鼓励中西部生源地毕业生参加职业培训、返乡创业或留鲁就业。针对地区差别、生源实际等，因材施教，分层教学，强化技能训练，拓展社会实践，提升职业核心能力。实行"一对一"全方位帮扶，按照国家政策减免相关费用、发放生活补助、安排勤工俭学岗位。

任务八：依法治校、内外交融，打造职教多元共治办学格局

一、思路与目标

坚持"党委领导、校长负责、民主管理"的管理体制，以章程为核心形成现代职业学校制度体系，以理事会为平台构建多元办学格局，以委员会为抓手探索民主治校新途径，以"放管服"为推力深化院部两级治理体系，以教学诊改为保障提升育人水平，实现治理体系和治理能力现代化。

——以学院章程为核心，构建立体化规章制度框架体系，实施"八大流程再造"，依法治校成效显著，"最多跑一次"改革大步推进。

——以理事会为平台，汇集社会资源，校政、校企、校军、校校、校友多主体项目化办学格局日益完善。

——完善学术委员会和"双代会"制度，组建校级专业建设委员会和教材选用委员会，民主管理机制进一步健全，教职工创业激情得到充分激发。

——以群建院，以专业群为依托，重构建设14个二级学院；实施扁平化管理，明晰二级学院的办学主体地位，激发办学活力，提高管理效率与办学效益。

——优化"五纵五横"网络化联动结构，建立"8字形质量改进螺旋"运行机制，构建"全员"参与、"全境"熏陶、"全程"渗透的内部质量保证体系。

二、任务与举措

（一）依法治校，科学管理，以章程为核心构建现代职业学校制度体系

1. 构建现代大学制度

修订完善《滨州职业学院章程》，健全党委领导下的校长负责制，细化党委、院长、教代会、理事会、学术委员会、学代会等内部治理主体责任分工，明确权力界限；调整学院内设机构，明确部门职责，细化权力清单和负面清单，通过"制度理性"不断完善学院治理体系、提升治理能力。

2. 完善管理制度体系

构建"学校章程—基本制度—部门规章"三个层级的立体化规章制度框架体系，实现学校治理的制度化、规范化、程序化。

3. 规范工作标准流程

推行校务"最多跑一次"改革，依托信息化建设，实施行政服务、公文流转、组织人事、财务管理、资产审批、学生工作、教学工作、后勤保障等"八大流程再造"，实现政务事务"网上流转"，公共服务"一键办理"。

（二）政府统筹，八方参与，以理事会为平台构建多元办学格局

1. 构建决策协调机制，助推学院融入区域发展

按照滨州"一城两院八校"总体布局，深度融入区域经济发展，与"富强滨州"同发展、共奋进。由市政府牵头，建立部门联席会议制度，实现政府部门规划与学院需求的直接对接。建立学院发展智库，成立专家咨询委员会、专业建设委员会，确保学院发展目标、战略规划、专业设置、人才培养与区域发展同频共振。

2. 完善多元治理体系，鼓励社会融入学院办学

一是推进校政合作。与省海洋局、市委宣传部、市委党校、市市场监督管理局合作，建设好海洋学院、马克思主义学院、知识产权学院；建立县区联系长效机制，与滨州六县三区全面签署战略合作协议。二是推进校企合作。深化二级学院混合所有制改革，到2023年，校企共建三个混合所有制属性产业学院和三个省级备案职业教育集团，争创全国混合

所有制二级学院和职教联盟试点。三是推进校军合作。与军队共建士官学院，提升士官培养质量；与省教育厅和省退役军人事务厅合作，设立"山东省军民融合协同育人创新中心"，开展涉及退役军人和待退役的现役军人职业教育培训。四是推进校校合作。与青岛科技大学、山东科技大学、阳信职业中专等院校合作办学，推进现代职业教育体系"纵向贯通"。五是推进校友合作。建设母校与校友发展共同体，进一步加强校友联络，实现母校与校友互为助力、共同发展。

3. 创新校企合作方式，引导企业融入人才培养

完善学院产教融合、校企合作治理体系和治理结构，在学院层面建立党委书记、校长为组长的产教融合、校企合作委员会，强化实习实训管理处产教融合、校企合作管理职能，在各二级学院设立专门负责产教融合、校企合作的管理岗位，建立统一领导、分级管理的产教融合、校企合作管理架构。建设完善学院理事会组织机构，设立秘书处及专业建设、社会培训、成果转化、社会服务等专业委员会，实现理事会各项职能落地，构建校企命运共同体。出台学院《校企合作办法》，鼓励各二级学院引入行业企业、科研院所、社会组织等多方力量，完善教学过程与企业生产过程一体化人才培养模式。

（三）尊重学术，尊重专业，以委员会为抓手探索专家治校新途径

1. 完善专家治校工作机制

支持学术委员会自主完善运行规则，探索学术委员会席位分配制度和选举制度，实行任期制度和定期更替制度。组建校级专业建设委员会，充分发挥委员会咨询、指导作用，负责对学院专业发展五年规划、年度建设及专业人才培养方案进行论证。建立教材建设委员会，研究制定学院教材建设规划，推进教材研究和管理，促进教学改革和教学质量不断提高。

2. 完善"双代会"运行机制

落实《滨州职业学院教职工代表大会制度实施细则》，实现教职工参与学院管理制度化；完善代表考核制度，规范代表调研活动，提高提案质量。探索部门工作汇报和质询新机制，提高办理效率和答复满意度。完善校务公开制度，保障广大教职工的知情权；健全教师、学生申诉制度，探索建立教育调解、教育仲裁制度，维护教职工合法权益。深化"师生面对面"、离退休干部通报会、党外人士座谈会等形式，实现各项决策的民主化、科学化。

（四）简政放权，重心下移，以"放管服"为推力深化院部两级治理体系

1. 重构教学组织体系

以群建院，整合专业群，增强专业与产业的针对性和契合度，服务国际化和培训体系建设，优化形成4个基础教学部门（继续教育学院、国际学院、人文学院、马克思主义学院）+10个二级学院，并以此为基础，与企业建设3个产业学院。根据专业群发展和人才培养需求，搭建跨二级学院、跨部门、跨专业合作平台，成立跨学科、跨专业教学组织，加强培育跨专业、跨领域、跨产业的创新团队。组建多元化、交叉型的课程委员会，建设可供社会人员学习、与社会大型开放式网络学习平台相链接的专业教学资

源库和网络教学平台,促进校外教学资源共建共享,推动专业交叉和跨界知识融合,推进复合型人才培养模式试点。建立跨专业协调机制,实现跨专业团队、课程、教学标准深度融合。

2. 实施两级管理体制改革

实施两级管理体制改革,推进管理重心下移。下放部分人事管理权和中级以下职称评聘权,实现二级学院人权自主;允许二级学院在经费预算方案内自主支配各类办学经费,实现二级学院财权自主;推进教学资源使用权、专业建设和人才培养自主权、学生管理权改革,实现二级学院事权自主,鼓励二级学院实现差异化发展,逐步实现从教学主体到办学主体的转变。

3. 强化目标考核和绩效管理

规范完善管理目标和绩效考核办法;与二级学院签订"目标责任书",明确考核内容、考核标准、考核程序、考核周期和奖惩办法,根据考核结果进行奖惩。深化绩效工资分配制度改革,突出任务导向、成果导向、效益导向,鼓励教师积极承担教学任务、开展技术研发、从事社会服务,充分调动每个人的积极性。学院二级管理关系如附图2-5所示。

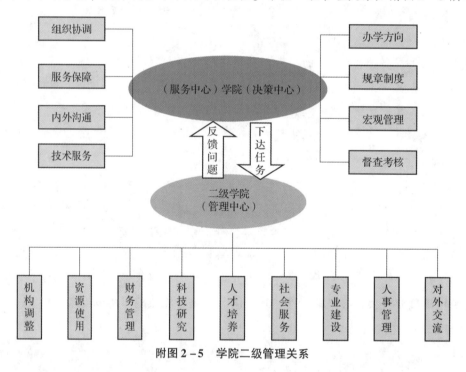

附图2-5 学院二级管理关系

(五)多方评价,自我改进,以"零缺陷"为目标构建内部质量保障体系

1. 培育现代质量管理文化

树立"零缺陷"和"自主保证"的现代质量理念,使质量观、质量理念、质量意识内化为师生的价值观和自觉行为,不断提高师生员工的满意度和获得感。

2. 构建内部质量保证体系

以高素质技术技能人才培养为主线,建立管理服务工作标准、专业(课程)标准、教师发展标准和学生发展标准,形成上下衔接、相互映衬的标准链。按照"建机制、立标准、定程序、强自保"的管理流程,在"学校、专业、课程、教师、学生"五层面构建"8字形质量改进螺旋"。完善校情分析与决策支持平台,开展与事实相符的诊断与改进,形成自我诊改常态化机制。

3. 建立质量保证长效机制

按照教育部现场审核意见,继续深化诊改制度建设,完善内部质量保证体系,进入新一轮自主诊改,持续提升办学水平和综合竞争力。

任务九:全域赋能、流程再造,提升信息化水平

一、思路与目标

以推进学校治理体系和教育教学现代化为根本目标,以数据共享和智能教学服务聚合为工作主线,着眼学院大发展确定信息化工作演进路径,全域赋能学校管理实现业务应用全覆盖;积极探索基于人工智能、大数据、物联网、虚拟仿真的新教学模式,重构教学流程,并运用大数据平台开展教学过程监测、学情分析、学业水平诊断和学习资源供给,做"人工智能+教学"的实践先行者,将学院建设成为省级职业教育信息化创新与改革试点校并在国内处于先进水平。

——升级网络基础设施,构建高可用、智能化校园网,完成各场所高速有线无线网络无死角全覆盖;实现全网 IPv6 的覆盖和应用;加强内网安全管控;高起点建设新核心机房并完成第二实训广场网络设施部署。

——扩展云资源使用范围,部署实现混合云,指定应用上云率达到80%,云桌面覆盖率达到60%。

——实现人脸识别、扫码识别等方式在各应用场景的身份识别聚合使用,重点部署会议考勤、宿管、校园安防等场景的人脸识别智能化应用,实现校园一脸通;部署自助服务终端和聚合支付终端,服务师生。

——建成"支撑有力、响应快捷"的信息化管理体制;打造师生"易用、愿用"的集数据治理、数据共享、分析展现和监控预警为一体的数据生态圈;升级优化数据中心,完善数据治理体制。

——优化服务门户,构建一体化应用服务集群,实现业务流程全覆盖;优化校情综合分析平台,实现智能决策支持管理;建设和升级各类急需的应用系统。

——构建课堂教学工具、内容、管理和评价"全链条"智能教学服务支撑体系,线上线下混合教学实现率达到90%;50%以上课程实现教学过程智能化监控、学情分析和教学绩效评价。

——建成黄河三角洲信息化教学能力与素养提升培训基地，通过开展信息化教学能力提升计划全面提升教师信息化素养。建设期内，获全省职业院校技能大赛教学能力比赛奖项30项；获全国职业院校技能大赛教学能力比赛奖项6项。

二、任务与举措

（一）固本强基，全方位建设和优化校园信息化服务支撑环境

1. 升级网络基础设施，构建技术与运维服务一流、高可用、智能化、电信级校园承载网络

对校园网络基础架构进行升级，可引入SDN（软件定义网络）等新技术对校园网整体网络架构进行升级，重点对教学楼、实训楼、图书馆等楼宇进行网络改造升级，提升运维管理水平和带宽速度；对中心机房进行搬迁，新建高标准校园网核心机房，优化线路和设备布置，优化和新建本地私有云服务；升级城市热点认证服务，部署地址反向代理设备，全网实现IPv6覆盖和应用；优化实现各场所高速有线无线网络无死角全覆盖；高起点部署第二实训广场网络设施。

2. 有效利用云资源和云技术，构建扩容灵活、运维便捷的混合云资源中心

优化云网融合的计算资源中心，以购买服务方式逐步扩容电信专属云，与本地私有云配合建成混合云，逐步扩大云资源的使用范围，指定应用上云率达到80%；建设推广使用云桌面，提升办公效率和终端安全性，全院云桌面覆盖率达到60%。

3. 创新线下服务方式，打造场景融合、体验良好的校园学习生活"E站"服务体系

实现人脸识别、扫码识别、虚拟校园卡等方式在各应用场景的身份识别聚合使用，并搭建消费聚合支付生活服务平台。

重点部署会议考勤、宿管、校园安防等场景的人脸识别智能化应用，实现校园一脸通；在教学楼、实训楼门厅部署线下自助服务终端，实现学生在读证明、毕业证明、学生成绩单等的自助查询打印服务；在教工餐厅、学生餐厅部署聚合支付终端，实现市场流行的各种支付方式，方便师生生活。

（二）全域赋能，构建管理规范、治理精准、服务快捷的智慧校园新生态

1. 加强信息化领导力建设和数据治理体系建设

加强学院信息化领导力建设，把信息化作为学院发展的战略引擎，不断迭代优化规划和目标，实行"首席信息官"制度和"智库"机制，紧抓"顶层设计"牛鼻子，打造专业化信息化技术团队，确保信息化工作支撑有力、响应快捷。

加强数据治理体系建设，构建包括身份认证标准、数据共享标准、API调用标准在内的信息化标准体系，实现数据共享机制顺畅运行，保障各应用系统数据共享使用的有效性和安全性；优化校本共享数据中心功能，完善数据清洗转换工具，打造师生"易用、愿用"集监控、预警、分析为一体的数据生态圈。

2. 优化服务门户，构建一体化应用及信息服务集群，实现业务流程全覆盖

持续优化智慧校园服务门户和微信端服务门户，优化门户的信息、通知、待办和流程等功能的集成，优化界面显示，逐步实现与学院网站群管理系统、官方微信公众号、官方微博、舆情分析系统等的融合贯通，为师生打造方便快捷的融媒体信息服务。

持续完善管理业务流程，增强跨部门重点应用建设，实现业务应用全覆盖和互联互通，数据实现开放共享，数据和流程无缝对接。做好信息化二期工程的建设工作，完成智慧财务综合服务平台、智慧后勤、智慧安保、智慧图书管理、合同管理系统、档案管理系统的建设工作。学校信息化建设基本框架如附图2-6所示。

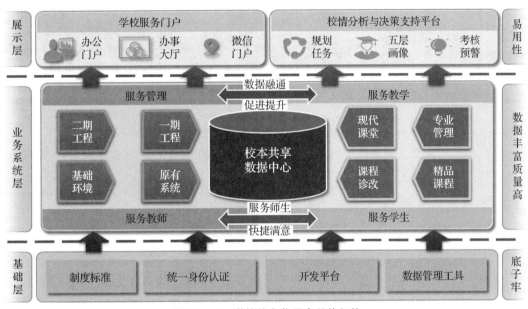

附图2-6 学校信息化平台总体架构

3. 优化校情平台，提升数据分析能力，实现智能决策管理

持续优化校情分析与决策支持平台，优化校情监测、指标统计、趋势预警、诊断改进管理等一系列功能，构建五层面数据分析模型，动态呈现发展状况，有效支持学院的科学决策；优化完善校情平台任务管理和绩效考核管理功能，推进学院管理方式变革，提升管理精细化水平，提高决策的科学化、高效化；继续推进实现各业务系统数据的及时采集分析，实现与山东省职教高地职业教育大数据平台的对接，做好数据的挖掘、关联分析和展现。校情分析与决策支持平台总体架构如附图2-7所示。

（三）以"人工智能+教学"为引领，打造智能化教育教学生态体系

1. 优化在线开放课程平台和学习资源的供给体系

优化完善大规模在线开放课程平台，对上实现与"智慧职教""爱课程网"等国家教学资源平台的连接，开发移动端学习平台，提高云教材编辑器在各个专业应用的覆盖面，构建开放、联通的"互联网+"学习环境，实现分布式学习、碎片化学习、移动学习和点

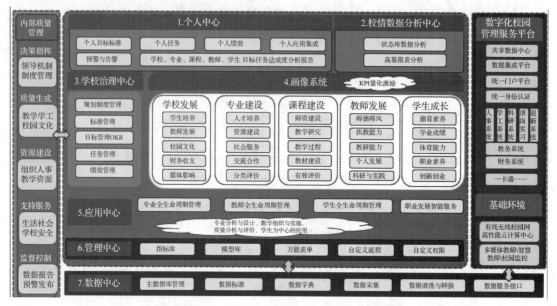

附图 2-7 校情分析与决策支持平台总体架构

对点的互动学习。变革教学传播的表达方式,充分利用多媒体、虚拟现实和增强现实等新技术,推行场景式、体验式、沉浸式学习资源的建设。

2. 构建全链条智能云课堂教学服务支撑体系

构建课堂教学工具、内容、管理和评价"全链条"智能教学服务支撑体系。推行使用云班课智能化教学工具和云教材富媒体新型教学资源,实施线上线下混合式教学,实现教学过程数据全程自动记录和教学结果的自动生成,线上线下混合教学实现率达到90%;建设云教学大数据管理平台,通过采集到的教学过程数据和自动生成的教学管理数据,实现日常教学监控自动化、智能化;建设教学质量智能评价系统,通过建立科学的课程实施的评价模型与反馈机制,运用大数据平台进行学情分析、学业水平诊断,探索基于大数据的多维度综合性智能评价,精准评估教学绩效,50%以上课程实现教学过程智能化监控、学情分析和教学绩效评价。

3. 以"信息技术+"支撑专业提档升级

适应大数据、云计算、人工智能等新兴信息化技术对传统产业产生的变革影响,调整优化专业设置,以"人工智能+""信息技术+"等推动专业转型升级;以信息化手段做好专业管理和人才培养方案管理,依托专业管理平台的大数据分析,建立市场需求和毕业生跟踪信息快速采集渠道,指导专业课程设置,提升教学内容与岗位实际需求的契合度;通过教学诊断与改进预警体系,动态监控调整专业设置,实现专业管理水平提升。

(四) 实施教师信息技术能力发展计划,全面提升教师信息化素养水平

建成黄河三角洲信息化教学能力与素养提升培训基地,通过开展信息化教学能力发展

计划全面提升教师信息化素养；定期举办有针对性的信息化技能培训，增强教师信息化应用能力，帮助教师熟练掌握相关信息操作技能；以教改项目为牵引，大力支持"人工智能+教学"教育教学改革。

将信息技术应用能力纳入教师评聘考核，将在线开放精品课程建设、信息化教学设计大赛、教学资源库建设纳入职称评聘赋分；建设期内，获全省职业院校技能大赛教学能力比赛奖项30项，获全国职业院校技能大赛教学能力比赛奖项6项。

任务十：全面推动、立体合作，打造国际技术技能人才培养高地

一、思路与目标

响应国家"一带一路"倡议，对接重点产业搭建国际平台，拓展国际合作办学渠道，扩大双向交流规模，打造国际人才培养基地；开展中外合作办学项目，引进、转化与利用国（境）外优质职教资源；接轨国际人才需求重构教学标准，形成专业层面与世界的交流沟通机制；积极参与国际产能合作和职教援外，创新合作模式，建设鲁班工坊或海外分校，在"走出去办学、共建教育命运共同体"上走在全国前列。

——与国（境）外合作机构搭建国际平台4个，聘用外国文教专家7人，短期来院外国专家150人次；举办国际（或海峡两岸）学术研讨会2次；

——中外合作办学专业达到4个，引进国外教学标准10种、优质课程资源6个。

——开展国际职业资格认证4个，开发符合国际规范的教学标准6个，输出教学标准2个；

——建成鲁班工坊或海外分校1个，开展涉外培训2 000人次；

——累计招收留学生300人，其中学历留学生占留学生总数40%以上。

二、任务与举措

（一）链接国（境）外机构，形成区域产能合作中心

1. 完善体制机制，整体提升国际化水平

成立国际学院。按照国家教育对外开放要求，整合资源成立国际学院，立足培养具有国际视野的高素质应用型人才，加强基础设施，组建外事队伍，更新办学理念，重塑教学体系，再造管理流程，完善学院外事制度及留学生招生、培养工作体系，不断提升多元化、国际化办学水平。

建设混合所有制国际交流学院。与长春合心机械制造有限公司、上海新南洋股份有限公司共建中德合心国际交流学院，按照德国企业标准重构机械制造与自动化专业课程体系；探索成立中德智能制造学院和西门子工程技术中心，采用西门子先进的科学技术和管理理念，共同投资建设"示范实训基地"。

2. 共建国际平台，增强组团发展能力

共建中日智慧康养国际人才培养基地。与北京诺浩国际科技有限公司合作，以中国及

国际健康和老年服务行业市场供需为导向，开展各类康养国际人才培养和培训认证项目，建成引领改革、具有辐射作用的高水平健康和老年服务与管理创新型产教融合基地、国际康养专业骨干教师培训基地、全国知名康养企业国际人才培养和输送基地。

共建"一带一路"国际人才培养基地。发挥国家外专局"一带一路"国际人才培养基地和欧美亚教育联盟作用，设立国际交流与合作项目库，开展欧美亚联盟校区的学分互认及国际学生交流互换，创设合作共赢的国际人才立体交流通道，培养具有国际视野的技术技能人才。

共建中欧语言中心。通过中欧语言中心，密切与"一带一路"沿线欧洲各国关系，全面开展文化交流，师生互换，学生赴德升学、实习、就业、经贸合作等项目。面向学院及社会人员提供德语、法语、西语等语言培训，逐步面向全院开设选修课程，打造区域欧洲语言教育和文化中心。

3. 促进滨台合作，打造职教对台交流样板

完善滨台产学交流工作机制。发挥滨台产学交流中心和滨台青少年文化交流中心作用，打造职业院校与台湾交流合作的样板。推动两岸教师教学、研发、学术专业交流合作，举办两岸产学论坛、交流、参访，组织两岸学生交换学习、职场见习活动，开展台湾文化创意产业及其他先进产业培训活动，促进滨州及周边地区传统产业转型升级。

培育海峡两岸护理高峰论坛品牌。海峡两岸护理高峰论坛是国台办立项的对台交流项目，通过学术论坛、经济交流、技能观摩赛、文化体验、联谊活动等多种形式，促进海峡两岸护理研究机构、教育机构、企业、社会团体的医养精英、专家学者、青年学生等人员之间的交流合作，交流护理专业办学经验、先进护理理念、护理研究前沿等，增强海峡两岸青年对中华优秀文化和中华民族的认同感，推动两岸护理人才常态化交流。

(二) 重构教学标准，打造国际技术技能人才培养高地

1. 引进国（境）外优质职教资源

通过与加拿大诺奎斯特学院举办护理专业等中外合作项目，引进、推广与应用高水平外教及先进教育理念、教学模式、教学方法、教学手段。全面学习借鉴德国"双元制"职业教育发展模式，深化机电专业与西门子公司的合作，引进、转化与利用德国智能制造类优质教育教学资源。结合现代学徒制的试点经验推广，引进先进技术与理念。与国（境）外院校共同举办中外合作办学项目4个，引进国外教学标准10种、国外课程资源6个。柔性引进高水平外教7人，短期来院外国专家150人次。

2. 参与制定或引进职业教育国际标准

在"一带一路"合作框架下，鼓励专任教师在境外团体或国际机构中从事专职或兼职工作，深入了解国际技能人才培养的国际规则；结合国际学生培养和走出去办学项目，在重点专业群开展国际背景下的行业调研和国际标准分析，全面制定高质量教学标准、课程标准；参照悉尼协议、华盛顿协议，将国际认证标准和国际工业企业对技术人员的要求融

入培养标准;与魏桥创业等国际领先的跨国企业合作,共同制定适应国际人才培养需求的标准6个;满足学生多样化就业需求,开展4种国际职业资格证书培训认证。

3. 对接跨国企业需求更新教学内容

与跨国企业开展合作,把握企业海外用人需求和人才规格,对接岗位能力要求,优化相关课程体系和内容,培养具有国际视野、通晓国际规则的技术技能人才。围绕"一带一路"倡议,将国际化知识融入专业人才培养方案,增设跨文化交际课程;将中兴、西门子、长春合心等跨国企业先进工艺流程、产品标准、技术标准、服务标准、管理方法等引入教学内容;充分利用现代教育技术,建设开放共享的泛在学习、智能学习资源,开发面向国际的专业教学包4个;开展与国外院校的远程教学试点2项;针对国际人才培养需求,形成双语版本课程2个。

(三)汇聚"一带一路"国际资源,形成区域国际交流与合作中心

1. 立足滨州实际开展国际合作

充分利用中欧语言中心、中德合心国际交流学院及西门子研究中心,加大与德国合作力度,开展智能制造技术研发;利用滨州友城资源,加强与发达国家国际组织、跨国企业合作,推动教科研、商贸及人文交流。结合"5+5"产业需求,配合高端铝、高端纺织等企业国际化需求,面向"一带一路"沿线国家,合作招收国际学生300人,开展汉语教学和学历教育;挖掘孙子文化、杜氏文化等滨州地方文化,每年开展1次面向国(境)外合作院校的学生短期交流活动。

2. 拓宽学生赴海外发展渠道

发挥中欧语言中心作用,加强学生的语言教学,开展常态化语言培训;拓展优质海外合作院校,服务学生海外专升本(硕),为学生赴海外升学疏通渠道;合作开拓海外实习就业市场,开展海外就业订单培养,推动护理专业涉外护理、养老护理以及康复护理分方向培养,推动学生赴日、赴欧美实习就业,为滨州储备国际化人才。组织学生交流研修、海外专升本(硕)、实习就业等各类出国(境)达300人次。

3. 促进中外人文交流

鼓励专任教师在专业性国际团体或国际机构中任职,开展与国(境)外合作机构的常态化交流,每年组织国内外双向人员交流80人次;加强教科研人员国际学术互动,落实好国家鼓励教科研人员因公临时出国的各项政策,每年组织教科研人员因公临时出国20人次以上;与国(境)外友好机构合作,利用寒暑假共同开展短期文化交流活动;申报外专培训项目,鼓励教师申报国家、省资助的国外访学项目,与国(境)外合作机构合作,开展教师中短期培训或研修,项目建设期内完成教师出国(境)培训200人次。

(四)携手企业开展国际职教服务,走出国门建设海外基地

1. 开展国际职业教育服务

外派教师到合作院校开展专业建设、课程建设及科技合作,开展国际职业教育服务;

与友好学校或国际组织合作，举办或承办国际性或海峡两岸技能大赛2次，通过大赛交流技术技能人才培养经验；与巴基斯坦、柬埔寨以及非洲等国家合作，培训职业院校教师100人次，输出教学标准2个。

2. 建设海外分校或鲁班工坊

按照边建设边申报的原则，参照鲁班工坊建设标准和要求，以装备制造为重点，由企业采购设备，学院投入标准和教师，共同在非洲建设鲁班工坊或培训基地1个。与再制造（滨州）国际贸易有限公司合作，面向非洲加纳等国家，开展"智能特种工程机械+鲁班工坊产业化"项目，在非洲联合成立"机械基地超市+鲁班工坊"，形成"文化教育+中国方案+产能融合"新业态模式，招收订单留学生80人。与来西亚斯特雅大学合作建设孙子学院，开设孙子文化论坛，促进孙子文化传播与交流，开展技术技能培训、汉语培训，组织来华交流、研学、留学。

3. 推动"走出去"企业用人"本土化"

发挥滨州"一带一路"国际人才培养基地、国家外专局"一带一路"国际人才专项基金滨州工作站作用，促进"一带一路"国家技术技能人才在国际校区间流动；与积极拓展国际业务的大型企业联合办学，共建国际化人才培养基地或员工培训基地，"走出去"为企业开展海外员工教育培训，与大型国企合作，到非洲开展医疗护理、机械制造方面的员工培训；与魏桥、京博、愉悦等滨州当地企业一起走出去，结合企业海外产业布局，开展当地员工培养、培训2 000人次。

任务十一：先行先试、改革攻坚，服务职业教育创新发展高地建设

一、思路与目标

深入贯彻落实《国家职业教育改革实施方案》《教育部 山东省人民政府关于整省推进提质培优建设职业教育创新发展高地的意见》，以解决省部共建职业教育创新发展高地重大理论问题为核心，以研制职业教育本科学校和专业设置基本要求、"职教高考"测试标准、职业教育办学质量评价体系、《山东职业教育条例》为重点，在技职融合、职业教育办学层次及人才培养等13个领域，积极承担高地建设与研究任务，夯实类型特征，促进中高本衔接，培育质量特色，每年立项高地专项课题15项，力争研制一批职业教育办学标准和制度体系，形成一批高水平职业教育教学研究成果，获立项山东省职业教育教改研究项目30项，获职业教育教学成果国家级奖项2项、省级奖项10项。

二、任务与举措

（一）研制山东省职业教育本科制度框架和教学体系文件

1. 研究分析专科职业教育、本科职业教育、应用型本科教育、普通本科教育人才培养模式

从职业教育类型要求出发，系统研究本科职业教育人才培养模式，比较分析4类教育

在培养目标定位、课程体系、实践教学模式、师资队伍建设、实践基地建设等5个方面的差异，明确本科职业教育办学模式、人才培养模式、教学模式，夯实职业教育本科类型特征。

2. 比较研究德国双元制大学、澳大利亚TAFE学院和中国台湾科技大学等职业教育本科办学模式

综合分析职业教育发达国家和地区举办本科层次职业教育情况，对德国、澳大利亚、中国台湾等发达国家和地区比较典型的本科层次职业教育，在培养目标定位、人才培养模式、课程体系、职业资格框架制度与学位学历、教师队伍、质量管理等6个方面进行比较研究，明确本科职业教育的办学规律。

3. 研究借鉴职教本科试点经验及专家研究成果

参照《普通本科学校设置暂行规定》《教育部办公厅关于做好本科层次职业教育试点学校完善提高和测评指导工作的通知》以及教育部关于职业教育本科学校和专业设置的有关要求，结合《山东省本科层次职业教育试点学校完善提高相关指标标准（试行稿）》，调研分析省内外职业教育本科层次学校试点经验，查阅国内外专家关于本科职业教育的研究成果，为职业教育本科学校和专业基本要求提供借鉴。

4. 调研访谈有关院校及有关专家

选择专科职业教育、本科职业教育、应用型本科教育、普通本科教育办学典型院校进行调研访谈和问卷调查，了解各学校办学办学模式和人才培养模式。选择国内知名职业教育专家进行访谈，征求对职业教育基本制度框架和教学体系文件的有关意见和建议。

5. 研制山东省职业教育本科学校和专业设置基本要求等有关文件

在教育部指导下，结合山东实际，开发形成《山东省职业教育本科学校设置基本要求》《山东省职业教育本科专业设置基本要求》。制定职业教育本科专业设置报告和人才培养方案规范，探索形成职业教育本科学校和专业建设范式，建立本科职业教育制度框架和教学体系文件。积极主持或参与开发职业教育本科专业人才培养方案。

（二）研制"职教高考"测试标准

1. 研究职教高考内涵和要求

梳理职业高考有关文件，明确"文化素质＋职业技能"内涵及要求，对职业教育本科、应用型本科通过"文化素质＋职业技能"招收中、高职院校毕业生，以及中高职与本科衔接培养进行研究，明确有关招考办法和有关标准要求，为学生依照兴趣和禀赋多样化选择、多路径成才搭建成长渠道。

2. 研制"职教高考"专业测试标准

落实职业技能考试成绩在录取中所占权重达到50%要求，在护理、机械、电气、生物、化工等专业领域，明确专科高职、职业教育本科、应用型本科等不同类型层次的技

技能难易程度、复杂程度,以及达到该类标准需要的操作规范和训练时间,建立中职、高职、职业教育本科、应用型本科专业技术技能的训练标准。在此基础上,开发形成不同专业的技术技能高考标准。研制10个专业领域的"职教高考"专业测试标准。

(三)系统研究职业教育办学质量评价体系

1. 研究中职学校和专业办学质量评价体系

系统开展中职学校和专业办学质量考核评价体系研究,在学生成长、产教融合、师资队伍、社会服务、发展能力、特色创新等不同维度进行学校考核评价,在专业定位、课程与教学、师资队伍、产教融合、社会服务、学生成长、发展能力、特色创新等不同维度进行专业考核评价,形成办学质量考核结果运用长效机制,促进中职学校深化办学体制改革和育人机制改革。

2. 研究高职院校和专业办学质量评价体系

系统开展高等职业院校和专业办学质量考核评价体系研究,在学生成长、产教融合、师资队伍、技术研发及社会服务、国际合作与交流、发展能力、特色创新等不同维度进行学校考核评价,在专业定位、课程与教学、师资队伍、产教融合、技术研发与社会服务、学生成长、发展能力、特色创新等不同维度进行专业考核评价,形成办学质量考核结果运用长效机制,促进高职学校全面提高人才培养质量和专业建设水平。

3. 研究职业教育本科学校和专业办学质量评价体系

系统开展职业教育本科学校和专业办学质量考核评价体系研究,在办学定位与办学特色、教师队伍、实训课程与办学条件、人才培养与教学体系、技术研发与社会服务等不同维度进行学校考核评价,在专业定位、师资队伍、课程与教材、实践教学、校企合作、技术研发与社会服务、人才培养质量等不同维度进行专业考核评价,形成办学质量考核结果运用长效机制,促进本科职业学校和专业夯实职业教育类型特征,不断提升高层次技术技能人才的水平。

4. 调研访谈有关院校及有关专家

选择办学水平较高的中职学校、高职学校、职业教育本科学校进行调研访谈和问卷调查,了解各学校人才培养质量特色。选择国内知名职业教育专家进行访谈,征求对职业教育评价体系文件的有关意见和建议。

(四)修订研制《山东职业教育条例》

1. 比较研究职业教育发达国家职教立法

通过网络资料评阅的方法,在对中国相关法律法规研究分析的基础上,选择美国和德国职业教育为研究对象,以德国2005年《联邦职业教育法》和美国2018年《加强21世纪的生涯与技术教育法》为重点,对美国和德国职业教育法律法规进行研究,为《山东省职业教育条例》修订提供借鉴。

2. 研究分析《中华人民共和国职业教育法》以及广东、上海两地职业教育条例

根据职业教育新时代发展要求，围绕"职业教育与普通教育是两种不同类型的教育"定位，明确职业教育办学规律和技术技能人才培养规律，针对职业教育管理职权交叉、吸引力不足、贴近市场不够、学生上升通道狭窄等突出问题，在对原有法律进行对照分析的基础上，系统研究《中华人民共和国职业教育法》修订。以《广东省职业教育条例》和《上海市职业教育条例》为比较对象，分别与《职业教育法》和原有《山东省职业教育条例》进行比较研究，明确两个条例特色和优势，为《山东省职业教育条例》修订提供借鉴。

3. 调研访谈有关省份及有关专家

选择广东、上海两地教育部门，进行考察访谈，了解和把握本省《职业教育条例》修订的有关要求、经验。选择参与国家及部分省份条例修订的知名专家进行访谈，征求对《山东省职业教育条例》修订的有关意见和建议。

4. 形成高质量的研究报告和条例文本

在调研基本情况、美国德国等发达国家职业教育法比较研究、我国职业教育法及部分省份职业教育条例修订比较研究、修订建议、《职业教育条例》基本内容等5个方面，撰写研究报告。按照国家及山东省有关要求，结合有关部门及专家意见建议，完成《山东省职业教育条例》，报送省教育厅领导审定后，征求社会各界意见修改定稿上报。

（五）开展职业教育相关领域课题研究

结合教育部、省教育厅高地建设重大课题安排，拟在技职融合、职业教育办学层次及人才培养、培训体系建设、"职教高考"制度建设、新型教材建设、"1+X"证书制度和资历框架制度建设、技能大赛开放性普及性机制建设、职业院校"双师型"教师队伍建设、职业教育产教融合校企合作、大型智能（仿真）实习实训基地建设、职业教育国际化、技术技能人才成长环境建设、职业教育法律制度体系建设等13个领域，每年立项高地专项课题15项，组织团队进行系统研究和实践探索，形成一批高水平职业教育教学研究成果。力争获立项山东省职业教育教改研究项目30项，获职业教育教学成果国家级奖项2项、省级奖项10项。

第三部分 护理专业群建设方案

一、建设基础

对接"健康中国"战略，服务区域医养健康产业发展，以护理专业为核心，集合康复治疗技术、助产、老年服务与管理、健康管理（专业方向）等骨干专业组建护理专业群。护理专业创建于1958年，康复治疗技术专业创建于2006年，助产专业创建于2017年，均为优势专业。加强老年服务与管理专业、健康管理专业方向建设。

专业群先后被确定为国家骨干校重点建设专业群、山东省首批优质校重点建设专业群、山东省首批高水平专业群；被授予全国教育系统先进集体、国家技能人才培育突出贡

献奖、全国职业院校技能大赛突出贡献奖等荣誉称号，办学水平高、服务能力佳、专业特色鲜明、行业优势明显、建设成果突出，教学改革始终走在全国前列，取得了丰硕的建设成果。

近5年共荣获3项国家级教学成果奖；主持国家级精品资源共享课程1门，国家精品课程1门；荣获全国职业院校护理专业教师教学能力大赛一等奖4项；牵头制定国家教学标准1项；获全国职业院校技能大赛一等奖6项、二等奖6项、三等奖4项；教学团队是全省首批省级教学团队，拥有黄炎培职业教育杰出教师奖获得者1人；拥有中央财政支持职业教育实训基地建设项目1个。

（一）专业群优势特色

1. 强大的产业背景为专业群提供了广阔的发展前景

山东省以打造万亿级医养健康产业为目标，以创建全国医养结合示范省和建设国家健康医疗大数据北方中心为抓手，大力发展医养健康产业。滨州位于山东省蓝色海洋健康产业带，具有宜居的黄河三角洲湿地生态环境，依托国家健康医疗大数据北方中心，开展健康医疗大数据应用，促进医养健康产业高端化、专业化和智慧化发展，打造高端医养健康产业集群和创新创业孵化基地；全市以沾化区、阳信县、邹平县被确定为"全省医养结合示范先行县（区）"为契机，大力打造"全省医养结合市"，加快推进医养健康产业发展，为学院人才培养、技术研发、社会服务提供了广阔空间。

2. 雄厚的教学实力为专业群奠定了坚实的发展基础

61年的办学历史为鲁北地区（含滨州、东营、淄博、德州等）培养数十万名优秀人才，逐步形成了"关爱生命，呵护健康"的仁爱文化。群内专业均为山东省首批优质校重点建设专业、山东省首批高水平专业群重点建设专业，护理专业、康复治疗技术专业为国家骨干高职院校重点建设专业，康复治疗技术专业2019年被确定为省级现代学徒制专业，长期与中国人民解放军总医院、北京协和医院、滨州医学院附属医院等45家三级甲等医院开展合作，并提供优秀实习生和毕业生。护理专业群教学团队是全省首批省级教学团队，拥有全国第五届黄炎培职业教育杰出教师奖获得者1人，省优秀教师1人，山东省有突出贡献的中青年专家1人，山东省教学名师1人。专任教师均为"双师型"教师。护理实训基地为中央财政支持职业教育实训基地建设项目，护理技艺技能传承创新平台为"山东省职业教育技艺技能传承创新平台"建设项目，护理名师工作室为"山东省职业教育名师工作室"。2011年承办"天堰杯"首届全国护士（英语）执业水平技能竞赛；2016年和2017年承办全国职业院校技能大赛高职组护理技能赛项；2013—2017年承办山东省职业院校护理技能大赛；2016年承办山东省职业院校护理技能大赛（教师组）；2017年和2018年承办全国职业院校护理专业教师教学能力大赛。

3. 丰硕的建设成果为专业群提供了持续的发展动力

以第一完成单位获得国家级教学成果二等奖2项，以第二完成单位获得国家级教学成果一等奖1项，获得省级教学成果特（一）等奖4项；护理专业群建有国家精品课程1门、国家精品资源共享课程1门、省级精品课程10门；学生获得国赛一等奖6项、二等奖5项、三等奖3项，囊括历年省赛一等奖；4名教师参加两届全国职业院校护理专业教师教学能力大赛，均获一等奖的优异成绩。牵头开发山东省高职护理专业教学指导方案。与中国标准化病人实践教学指导委员会（CSPC）共同牵头制定《标准化病人实践教学标准》。联合制定全国护理专业教学标准和《护理专业仪器设备配置标准》。参与"1+X"证书——老年照护、产后康复服务技能规范的开发工作。连续6年参与山东省春季高考护理技能考试命题并承办山东省春季高考护理技能考试。

4. 鲜明的育人特色为专业群提供了独特的发展优势

注重搭建校企命运共同体和国际合作与交流，深化产教融合，牵头成立"政、校、行、企、研"护理职业教育联盟，联合组建滨州市中医康复医疗联盟、滨州杏林医养健康管理中心，与95家医院签订实习协议，与山东京博控股股份有限公司、滨州愉悦家纺有限公司签订康复人才培养协议。坚持军民融合、为军服务，为中国人民解放军空军、中国人民解放军战略支援部队联合定向培养直招士官。坚持国际合作，成功举办首届海峡两岸护理高峰论坛，与菲律宾、韩国、加拿大等院校开展合作办学，向国外输送学生67名；引进9门国际优质护理教育课程，开发国际认可的中国护理教育评估标准，教师赴海外研修21人次。

（二）面临形势与挑战

1. "健康中国"战略深入实施开启新业态

党和国家高度重视全民健康工作，党的十八届五中全会将"健康中国"上升为国家战略，党的十九大进一步明确提出实施"健康中国"战略，推动形成健康产业新业态、新模式。随着生活水平的大幅提高和生活理念的迅速转变，居民消费结构加速向发展型和享受型升级，医养健康产业正从"生存型"向"品质型"迈进，大众健康意识整体增强，健康需求由单一的医疗服务向疾病预防、健康促进、保健康复等多元服务转变，人民群众对健康产品和服务的需求日益旺盛。同时，产业变革加速，生命科学技术不断取得突破，远程医疗、移动医疗、精准医疗、智慧医疗等技术加速发展，推动健康管理、健康养老、健康旅游、休闲养生、"互联网+健康"等新业态、新模式层出不穷，医养健康产业迎来蓬勃发展的战略机遇期。

2. 多元化多层次健康消费转型带来新挑战

山东省将医养健康产业作为新旧动能转换"十强"产业中的五大新兴产业之一，明确提出到2022年打造万亿级医养健康产业的发展目标。《滨州市新旧动能转换重大工程实施规划》将医养健康产业作为五大新兴产业之一进行重点培育发展，积极推动产业扩容增效、加速崛起。省、市对医养健康产业的支持力度持续加大。伴随经济社会发展和生活水平持续提高，全民健康意识不断增强，由重治疗向重预防、健康管理、健康干预、健康促进转变，健康消费结构由传统的医疗服务向疾病预防、健康促进、保健康复等多元化、多层次健康消费转型。健康体检、体育健身、健康咨询、健康休闲旅游等新兴服务需求快速增加。

3. 医养健康人才巨大需求亟需专业新布局

人口老龄化持续加剧，到2050年，中国将有35%的人口超过60岁，成为世界上老龄化最严重的国家；同时，随着国家全面二孩政策的实施，孕、产、婴、童数量将大量增加，促使妇婴健康需求持续攀升。医养健康产业健康服务岗位高素质技术技能人才短缺，倒逼专业群打破传统专业定位，重构专业发展大格局。专业群在专业结构调整、专业定位精准度、专业与产业对应性等方面面临新挑战，与中国特色高水平专业建设要求相比，专业群在人才培养和技术研发、创新能力、高层次人才支撑引领作用等方面存在差距；亦存在人才培养体系构建不够完善、国际交流与合作有待加强、科研水平有待提高等问题。为有效对接医养健康产业布局，学院将通过全力创建中国特色高水平护理专业群，主动对接"一带一路"倡议，承接京津冀医养健康产业转移，拓展医养健康产业办学空间，与区域经济同频发展，打造医养健康产业高素质技术技能人才培养高地。

二、组群逻辑

（一）专业群契合全方位全周期医养健康战略和产业发展

组群专业对接医养健康产业健康服务领域的典型岗位群。作为全省新旧动能转换"十强"产业之一，医养健康产业包括医疗服务、健康教育与管理、健康养老、生物医药、医疗器械与装备、中医中药、体育健身、健康旅游、健康食品、健康大数据十大重点领域。根据产业业态划分，可统分为生产制造与维护（生物医药、医疗器械与设备制造等）和健康服务（医疗服务、养生养老、健康教育与管理等）两大产业领域。面向健康服务产业领域，以现有护理、康复治疗技术、助产、老年服务与管理、健康管理（专业方向）为基础组建专业群，对接医疗服务、养生养老、健康教育与管理等典型岗位，可有效满足人民群众全方位全周期的健康服务需求。因此，专业群定位契合医养健康产业健康服务领域岗位需求。

（二）专业群契合医养健康人才培养新定位

专业群主要面向黄河三角洲地区医养健康产业，培养拥护党的基本路线，具有扎实理论知识、精通医养健康服务技能、熟练进行健康宣教管理、具备信息技术素养、具有良好职业道德和职业生涯发展基础的，在医疗服务、健康教育与管理、健康养老、健康大数据等医养健康产业服务领域，从事医疗服务、养生养老、健康管理等工作，掌握丰富的健康知识、技术技能等全面发展的"创新型、发展型、复合型"高素质技术技能人才。

（三）专业群内各专业技术技能相通，教学资源共享

1. 专业群服务领域相同、技术技能相互支撑

专业群主要面向医养健康产业的健康服务类岗位，3个专业均培养医疗服务、健康教

育与管理、养生养老等领域的高素质技术技能人才，服务领域相同。护理、助产、康复治疗技术、老年服务与管理、健康管理（专业方向）的健康照护、健康恢复、养生保健等技术技能相互融通。5个专业（含专业方向）服务领域相近、技术技能相互支撑，共同促进医养健康产业发展。

2. 专业群职业通用能力相同、教学资源共享

专业群5个专业（含专业方向）同属于医药卫生大类，服务于医养健康产业一线岗位，培养的人才需具备应急救护、健康评估、健康教育与指导、心理疏导与咨询、研究创新能力等相同的行业通用能力。5个专业的专业基础课程、专业核心课程教学资源以及师资、实习实训等保障条件均可共享。

三、建设目标

服务国家健康战略，助力区域产业转型升级，成立健康学院，创新校企合作机制，链接医养健康优质社会资源，打造"产学研训创"深度融合智慧康养综合体；创新"产教融合·校企耦合"双主体、分层次人才培养模式，提升人才培养质量；深化"1+X"证书制度试点，推进"双元"教材建设，实施多元化教法改革；基于人才培养目标及岗位标准，构建专业群新型育人体系，构建"四位一体"专业群培养体系，开发集教学、培训、评价于一体的教学资源，深化"五化相融"教学模式改革；内培外引，跨界整合，打造高水平、结构化教师教学创新团队；多元办学，开放共享，推进专业群实践教学基地提质建设；打造"三室三中心一平台"，共建黄河三角洲医养健康技术技能创新平台；靶向发力，精准对接，定向带动，提升社会服务；服务医养健康产业发展，推进国（境）外交流与合作水平；多方协同，环形闭合，建立健全专业群可持续发展体制机制和保障措施，建成引领改革、支撑发展、中国特色、世界水平的"地方离不开、业内都认可、国际可交流"中国特色高水平护理专业群。

——2023年，形成成熟完善的可借鉴可推广的专业教学标准和教学模式，为社会输送一批优秀的技术技能拔尖人才，率先建成国内领先、国际有影响的高水平专业群。

——2035年，培养一批在业内具有影响力的高端人才，综合实力处于全国同类专业群领军地位，为医养健康事业发展提供优质人才资源支撑。

四、建设内容

（一）链接医养健康优质社会资源，打造"产学研训创"深度融合智慧康养综合体

践行"共享共建，全民健康"思想，政、校、企、行合力同心探索命运共同体体制，致力于打造"产学研训创"深度融合的智慧康养综合体国家样板工程。

1. 建设全国护理职教联盟、全国高端生活服务业职业教育集团

组建全国高端生活服务业职业教育集团。服务家政服务业提质扩容，中国服务贸易协会、全国电子商务职业教育教学指导委员会、滨州职业学院牵头，联合全国开设家政服务相关专业的职业院校、行业、企业、社会组织等，组建全国高端生活服务业职业教育集

团。依托护理专业群，积极拓展相关专业，成立家政服务职业技能证书开发相关组织，开展"1+X"证书制度试点，开发家政服务职业技能等级标准及职业培训教材和培训包。依托智慧康养实习实训基地，建设家政服务实训中心，建设技能大师工作室，开展母婴护理师、育婴师、养老护理师、婴幼推拿师等家政服务类职业资格培训。

提升全国护理职教联盟。依托护理专业群，持续提升全国护理职教联盟实体化运作能力，发挥中国"标准化病人"（SP）实践教学指导委员会以及全国25个省市自治区的106家单位作用，发挥秘书处作用，完善定期会议、活动机制，依托学院智慧康养实习实训基地，建设标准化病人（SP）实训中心，继续组织开展护理专业建设、改革和发展研究，实施职业教育教学能力培训、标准化病人（SP）教学能力培训等专业技能培养，合作开展护理国际交流与合作项目，完善全国职业院校护理专业教师教学能力大赛定期举办机制。

2. 高标准建设滨州职业学院智慧康养服务中心

学院通过土地融资，争取政府支持、企业注资，围绕"智慧康养"的现代生活理念进行规划，建设滨州职业学院智慧康养服务中心，采取混合所有制模式进行科学运营，设立专门特色医疗服务、康复理疗、健康养老、养生保健、健康管理、运动调理等机构，将健康、养生、养老、休闲、教学科研等多元化功能融为一体，并以此中心为基地，辐射滨州市社区智慧康养服务，为专业群人才引进、人才培养、科学研究、社会服务、学生就业等方面提供平台。

3. 与优质企业合作共建3个颐养型高端生产性医养机构

与国昌控股集团有限公司合作，投资5亿元共建以"生态养心、科技养身、智慧养性"为目标，具备高端养老服务、应急救护等能力的国昌怡心园，服务地方养老产业发展，同时与学院实施订单培养计划；与愉悦家纺有限责任公司合作，遵循"以产品为主导"和"以服务为主导"的预防保健产业主线，投资10亿元共建滨州欣悦康复医院，服务区域人群保健康复需求，同时开展健康服务及教学、实习、科研等业务；与滨州市妇幼保健院共筹共建共享滨州母婴保健促进中心，服务滨州地区母婴保健需求，完善教学、实习、培训、母婴照护等功能，实行教学资源、校企师资共享，打造"医、康、养、学、研"五位一体的"医养结合智慧康养"集团。

4. 招资引智共建创新型"康养技术技能研发中心"

联合愉悦家纺有限责任公司，共建"康养技术技能研发中心"。开展保健预防、人体机能衰老研究、康养器械研发等科技创新，开发医养健康教育等系列资源，将技术成果与资源应用于人才培养和"智能化康养服务中心"，同时与相关企业开展技术联合与项目合作，实现技术成果转换和推广应用。

5. 赛教融通，建设共享型"智慧康护实训中心"

由学校为主体投资，根据医养健康人才培养要求，结合先进的虚拟仿真技术，融入SP教学管理理念，建设"智慧康护实训中心"。承担本校、区域院校及社会人员的实训教学任务，承接各级医养健康技能大赛和考试任务，打造技能大赛国家样板。

6. 深入开展国际交流与合作，建设"智慧康养国际人才培养基地"

联合北京诺浩国际科技有限公司合作建立"智慧康养国际人才培养基地"，借鉴日本等国在健康和老年服务与管理人才培养方面的理念和经验，合作开展"中日医养结合中高端康养国际人才合作办学项目"和"中日医养结合中高端康养国际人才合作培训项目"，进行康养专业骨干教师培训、"1+X"职业技能等级证书培训及中日合作办学等，将基地建设成为中国特色、世界水平、具有辐射作用的创新型产教融合基地，为中国健康和老年服务领域培养具有国际视野、先进服务理念和各项专门技能的中高级管理人才及各类专门人才。

7. 探索"产学研训创"一体化发展的产教命运共同体体制机制

由学校和民政局、卫计委等政府相关部门牵头，联合国昌控股集团有限公司、山东京博控股股份有限公司、愉悦家纺有限公司、北京诺浩国际科技有限公司、华录出版传媒有限公司等行业优势企业和中国人民解放军总医院、滨州医学院附属医院等三级甲等医院，共同成立综合体"智慧康养产教融合理事会"，由政校企三方主要领导担任理事长与副理事长，制定理事会章程以及《综合体人事管理制度》《综合体绩效考核办法》《综合体人才培养质量评价管理办法》《综合体实践教学管理办法》等系列制度，形成产教融合服务管理平台。引入社会资本，创新合作机制，通过实体化运营，建立"产学研训创"的一体化运行机制。

（二）创新"产教融合·校企耦合"双主体、分层次人才培养模式

1. 完善校企"双主体"育人模式，提升协同培养质量

学校和医养健康企业同为人才培养的主体，根据企业岗位需求，融合"1+X"证书标准，明确专业群人才培养目标，针对不同生源及培养层次实施各具特色、相互联系和衔接的教学模式与育人方式，通过课堂教学、校内实训教学、校外实践教学三段式培养，实现校企共育，提高人才培养质量。

2. 分层次推进实施，落实高质量人才培养计划

（1）实施"高质量高职培养计划"。按照"人才链对接岗位链"的要求，结合医养健康产业转型升级，推动职业技能证书与人才培养方案、职业培训、学分银行相融通，完善师资及实训基地建设等人才培养条件保障，培养知识范围广、专业技能扎实、技术应用能力强的高素质技术技能人才。

（2）实施"职教本科专业试点计划"。扎实推动职业教育本科专业试点，重点实施目标定位、培养模式、课程体系、教师队伍、实验实训、技术研发、质量管理等"七项升级"，完善人才培养保障条件，培养具备扎实理论基础、跨岗位复合能力、技术应用能力的高层次技术技能人才，与中职、专科高职的技术技能人才有机衔接，形成支撑产业转型升级的人才链。制定职业教育本科专业教学标准2个。

（3）实施专业硕士教育试点。加快推进研究生导师培养，同时积极聘任滨州医学院等本科高校及滨州市人民医院等机构专家担任硕士研究生导师，开展护理专业硕士试点培养，以职业需求为导向，以应用技术研究及技术创新为培养重点，以产学研结合为途径，着力培养在护理职业领域具有较强解决实际问题的能力、能够承担专业技术或管理工作的高层次应用型专门人才。制定护理专业硕士教学标准。

（4）探索实施职业技术师范本科专业试点。以护理专业为依托，探索开办职业技术师范本科专业，从具有3年以上企业工作经历并具有研究生以上学历的人员选拔组建教学团队；完善人才培养保障条件，把教师职业资格证书获取与教师在职培养结合起来，创新教学方式和内容，制定教学方案，定向培养医养健康方向职业教育师资。

3. 探索"长学制"贯通培养模式，多渠道助力学生学历提升

按照"一体化"培养要求，积极探索"3+2"（3年高职、2年本科）人才培养模式，服务区域医养健康产业发展，对接医疗服务、养生养老、健康教育与管理等典型岗位，培养具有扎实理论功底，技能操作规范熟练，能够满足医养健康产业岗位需求发展的创新型、复合型、发展型高层次技术技能人才。

（三）基于人才培养目标及岗位标准，构建专业群新型育人体系

1. 构建"四位一体"专业群培养体系

（1）构建"全课融入、实践培育"立德树人体系。

深化课程思政改革，将德育典范融入通识课程和职业教育、职业道德和专业伦理融入专业课程、习近平新时代中国特色社会主义思想和社会主义核心价值观以及"关爱生命呵护健康"理念融入第二课堂，在教育教学中贯穿思政教育，建成"全课融入、实践培育"立德树人体系，培养德才兼备的高素质技术技能人才。"全课融入、实践培育"立德树人体系如附图2-8所示。

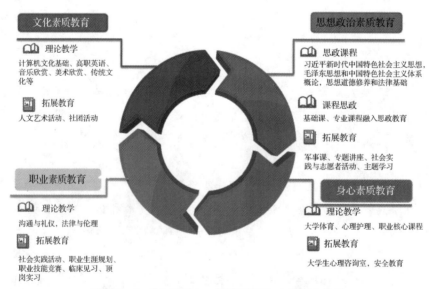

附图2-8 "全课融入、实践培育"立德树人体系

（2）构建"专业基础共享、专业能力相融、专业方向分立、职业技能延伸"专业群课程体系。

①专业基础共享。针对医养健康产业健康服务领域的岗位共性要求，明确专业群共同的专业基础知识、基本技能，设置通用共享的公共基础平台课程和专业基础平台课程。公共基础平台课程设置思想道德修养与法律基础、高职英语、计算机文化基础、创新创业概论等课程，培养学生文化素养和基本职业素养。专业基础平台课程设置人体解剖学、生理学、病理学、药理学和健康评估等课程，培养学生行业通用能力和可持续发展能力。

②专业能力相融。设置疾病学概论、急救护理、健康照护及健康教育与管理等专业能力融合课程，以满足医养健康产业内医疗服务、健康教育与管理、健康养老、健康大数据等领域的相近岗位需求，培养学生的应急救护、健康评估、健康教育与指导、心理疏导与咨询、研究创新能力等相融职业能力。

③专业方向分立。针对专业群学生自身发展需求和能力偏向，设置分方向核心能力课程，培养学生不同岗位所需的专业知识及技术技能。

④职业技能延伸。对接"X"证书能力培养标准，细化职业能力培训知识点，将"X"证书融入人才培养方案和课程标准，完成相关"X"证书基本知识与操作能力培养后，利用业余时间，集中进行强化训练，实现"课证融合、教辅互补"，全面提升人才培养质量。同时，将"X"证书培训与国家学分银行充分对接，逐步实现以证代考。"专业基础共享、专业能力相融、专业方向分立、职业技能延伸"专业群课程体系如附图2-9所示。

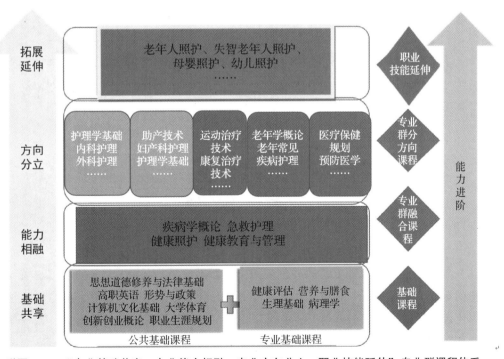

附图2-9 "专业基础共享、专业能力相融、专业方向分立、职业技能延伸"专业群课程体系

(3) 构建"智能化模型实训+SP实训+岗位实践"实践教学体系。

①智能化模型实训——虚实结合仿真实训。借助VR技术及模型,学生反复练习,熟悉操作步骤、技巧和规范,练习沟通交流,初步培养学生的基本操作技术和团队协作能力,为SP实训奠定基础。

②SP实训——双向互动模拟。SP按照真实的临床案例进行表演,模拟出可能出现的各种情况。学生在SP身上开展真实操作,与SP进行双向沟通交流,学习处置各种常见问题,培养应急处理能力和发现问题、解决问题的能力,提升学生的实践操作技能、沟通能力、"以人为本"的职业素养和爱伤观念。通过以上两个阶段的训练,使学生具备良好的沟通技巧和专业实践操作技能。

③岗位实践——综合岗位实训。学生进入真实岗位环境开展工作,进一步强化临场处置能力、沟通技巧和健康教育能力,培养职业素养和职业情感,培养学生的岗位适任力,使学生一毕业就能顶岗,实现学校教育与企业岗位的"无缝对接"。"模型实训+SP实训+岗位实践"实践教学体系如附图2-10所示。

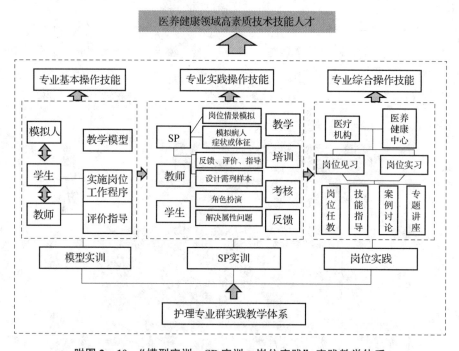

附图2-10 "模型实训+SP实训+岗位实践"实践教学体系

(4) 依托康养技术技能研发中心,构建"产教融合、四层递进"创新创业体系。

把创新创业教育融入专业群人才培养过程,构建意识、知识、素质、能力四层递进的创新创业体系。通过设置创新创业通识课程和在专业课程加强创新创业教育,培养学生创新创业意识和知识。在实践和实战中培养学生创新创业素质和能力,将技能大赛项目、科研课题、创业实例融入课程内容与教学环节。举办创新创业大赛,成立"赢青春"等创新创业社团，开展健康保健模拟实战和实体运营，实施健康保健项目和"互联网+"平台项目。依托康养技术技能研发中心，师生共同参与，创新康复医疗器械研发和康养设备研发；结合"1+X"培训，推进开展"X"职业技能创业项目。"产教融合、四层递进"创新创业体系如附图2-11所示。

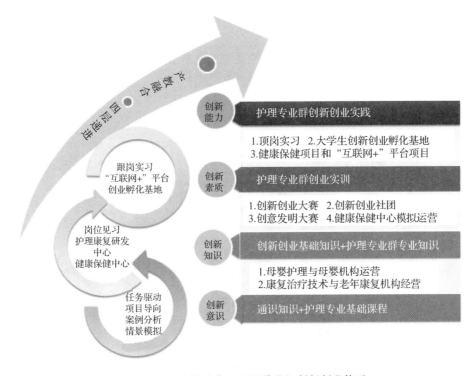

图2-11 "产教融合、四层递进"创新创业体系

2. 深化"五化相融"教学模式改革

（1）教学内容模块化。基于知识特征、认知规律及专业群岗位需求，模块化设置课程，将课程划分若干模块。以"健康照护"为例，共划分为日常照护、疾病照护、功能障碍康复锻炼等几大模块，模块由若干子模块支撑，每个子模块包含教学目标、教学策略、教学内容、教学资源等完整教学要素，采用情境模拟、项目导向、任务驱动等多种教学方法开展"教、学、做"一体化教学。

（2）教学过程协作化。基于教学内容模块构建专兼结合、分工协作的多个结构化教学团队，依据专业特长分工，聚焦模块，深入探讨、分析、研究教学内容与方法，共同制定教学实施方案并开展教学活动。采用集中备课及相互听课的方式，清空知识死角，打通重难点最后阻碍。

（3）教学评价过程化。打破期末"终审"评价机制，每个模块讲授结束，任课教师从知识与技能、过程与方法、认识感受和实践方面共同参与完成该阶段评价。同时在教学过程中教师在教师诊改平台及时完成教学诊改活动，学期末形成教学整改报告，从而进一步提升教师教育教学水平。

（4）学生考核综合化。在评价过程中强调质性评价，全面、深入、真实地再现学生的特点和发展趋势。强调参与互动、自评与他评相结合，增进了解和理解，实现评价主体的多元。通过云班课平台监察学生及课前、课后作业完成情况，每个模块学习结束，对学生进行学习过程与学习成效的综合性评定，平时成绩、模块化学习成绩与期末成绩按比例组成总评成绩。

（3）教学模式混合化。积极开发模块化课程线上资源，全面实施线上线下混合式教学模式（见附图2-12），进一步完善教学过程4个环节，即课前线上学习、课中线上线下教学、课中检验再学习、课后拓展学习再检测。

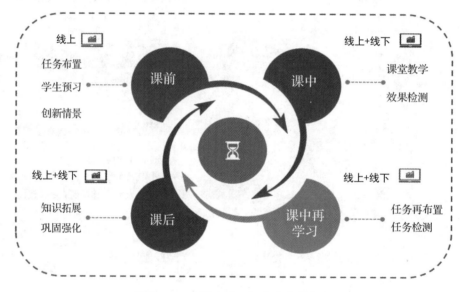

附图2-12　线上线下混合式教学模式

3. 开发集教学、培训、评价于一体的教学资源

将"X"证书标准融入课程，结合健康服务岗位需求和技能大赛项目，模块化设置课程，联合行业企业，联合开发一批面向学生、教师、社会成员，集教学、培训、评价于一体的具有鲜明医养健康产业特色教学资源。优先建设老年照护、失智老年人照护、母婴护理、幼儿照护4门一体化课程资源，将课程标准、课程设计、技能标准以及教学视频、动画、课件等教学资源建成课程包，全面应用于教学及培训，同时采用任务式学习方法，对每一部分内容考核评价后进入下一部分内容的学习（见附图2-13）。

推进教学资源信息化建设，不断完善和提升教学资源质量，力争建成国家在线开放精品课程2门、省级在线开放精品课程10门，国家级共享型专业群教学资源库1个（见附表2-1）。

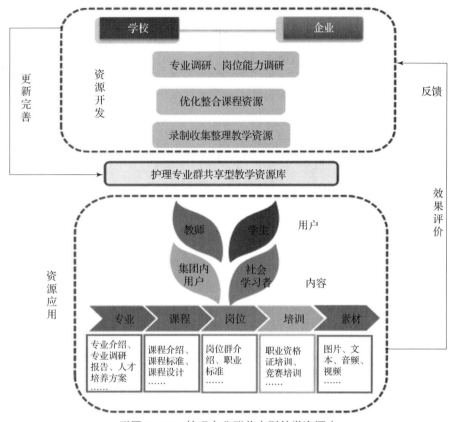

附图 2-13　护理专业群共享型教学资源库

附表 2-1　课程建设规划

序号	课程名称	级别	课程负责人	合作单位	建议学时
1	人体解剖学	国家在线开放精品课程	孙佳	滨州市人民医院 滨州医学院附属医院	2021
2	病理学	国家在线开放精品课程	舒文环	滨州市人民医院 滨州医学院附属医院	2021
3	生理学	国家在线开放精品课程	韩玉霞	滨州市人民医院 滨州医学院附属医院	2021
4	健康评估	省级在线开放精品课程	张文霞	滨州市人民医院 滨州医学院附属医院	2021
5	病理生理学	省级在线开放精品课程	郭红丽	滨州市人民医院 滨州医学院附属医院	2021
6	急救护理	省级在线开放精品课程	孙慧静	滨州市人民医院 滨州医学院附属医院	2021

续表

序号	课程名称	级别	课程负责人	合作单位	建议学时
7	护理心理	省级在线开放精品课程	荆波	滨州市人民医院 滨州医学院附属医院	2021
8	社区护理	省级在线开放精品课程	王兆红	滨州市人民医院 滨州医学院附属医院	2021
9	护理人际沟通	省级在线开放精品课程	李红梅	滨州市人民医院 滨州医学院附属医院	2021
10	母婴保健	省级在线开放精品课程	秦清荣	滨州市人民医院 滨州医学院附属医院	2021
11	老年健康照护	省级在线开放精品课程	刘福青	滨州市人民医院 滨州医学院附属医院	2021
12	儿童护理	省级在线开放精品课程	李彦丽	滨州市人民医院 滨州医学院附属医院	2021
13	内科护理	省级在线开放精品课程	李速婷	滨州市人民医院 滨州医学院附属医院	2021
14	外科护理	省级在线开放精品课程	王海英	滨州市人民医院 滨州医学院附属医院	2021

（四）深化"1+X"证书制度试点，推进"双元"教材建设，实施多元化教法改革，提升人才培养质量

1. 打造"课证融合、赛教融通"教学内容体系——联合行业企业参与医养健康领域"X"证书标准开发

根据教育部"1+X"证书制度试点要求，与北京传统推拿治疗研究学会联合申报推拿按摩职业技能等级证书试点，制定等级证书、课程、师资培训、证书考核等标准。依托校企融合行企资源，联合中国社会福利与养老服务协会、北京中福长者文化科技有限公司、北京中民福祉教育科技有限责任公司及济南阳光大姐服务有限责任公司等行业企业，制定老年照护、失智老年人照护、母婴护理、幼儿照护等多个职业技能等级证书相关标准，推进"1+X"证书制度试点顺利开展。贯通学分互认通道，参与国家"学分银行"建设，开展学历证书和职业技能等级证书所体现的学习成果认定、积累和转换。

（1）对接X证书，实现课证融合。根据"X"证书培养要求，将"X"证书培养标准融入专业课程，设置模块化专业课程，实现专业课程的交叉融合；在岗位核心能力培养上，设置分方向课程群，打造"1+X"证书制度试点实施专业教师队伍，完成配套教材、教学标准开发工作，教学模式与教学方法灵活调整，实现教学内容有机融入日常教学实

践,全面提升教学质量。如将"老年照护"职业技能等级证书的生活照护、急救技术等内容融入"护理学基础""急救护理"等课程,真正实现课证融合。

(2)大力办赛,实现赛教融通。以国内大赛为平台,面向国际舞台,积极参赛办赛,主动承办各级医养健康技能大赛,继续举办护理技能大赛、现场救护技能大赛等赛事。通过大赛与行业前沿紧密对接、与教育教学改革紧密对接,大赛举办过程中不断提升专业建设水平、协调运作水平、组织管理能力,实现"以赛促改,以赛促建"。联合民政局等政府机构,积极创设技能竞赛平台,开发对接职业技能证书的竞赛项目,积极将竞赛成果转化成教学资源,并广泛应用于教育教学的全过程,提高教育教学水平,真正实现赛教融通。

2. 推进"1+X"试点,共建动态调整"双元"教材

严格教材选用标准,加强优秀教材的选用。依托健康学院,与中国人民解放军总医院、山东京博控股股份有限公司等企业联合开发"双元"教材。学院教师和产业导师共同组成教材编写团队,以"模块化"教材设计为基础,将行业发展前沿、产业实际需求、真实案例、技术技能标准等融入教材,配套开发信息化资源、案例和教学项目等,提高教材内容的"技术跟随度",建设共享型立体化教材,教材开发融入对学生职业精神和自主学习能力培养的内容,推动适应"X"证书制度建设的教材改革创新。编写《急救技术》等活页式、手册式校企"双元"教材20种,建成国家规划教材3种。

3. 以行动为导向,推动教法改革,提升教师教学能力和教学质量

(1)基于虚拟仿真等信息化模拟系统的案例教学和情境教学法。依据专业群岗位典型案例和工作任务为依据进行设计,与来自医院和医养健康产业企业的专家共同开发教学案例,基于虚拟仿真等信息化技术模拟真实情境,教师依据案例需求,借助计算机输入相应程序,使高仿真模拟人表现出相应的症状和体征,学生以团队形式对模拟人进行专业处理,教师依据学生操作及处理实时调整模拟人的反应,强化学生的评判性思维,提升应急处理能力,培养学生人文素养和团队合作精神,通过现场直播实现参与学生自我点评、观摩学生点评及指导教师总结。课后教师进行教学反思与提升,学生进行回顾与反思。整个过程体现学生主体、教师主导作用。情境教学法如附图2-14所示。

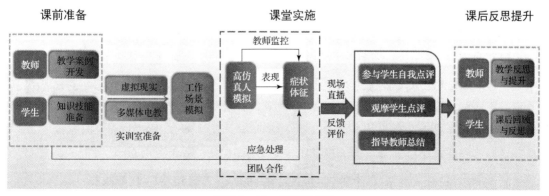

附图2-14 情境教学法

(2) 基于工作过程的"项目导向、任务驱动"教学法。护理专业群课程的教学设计以真实工作任务及工作过程为依据整合、序化教学内容，科学设计学习性工作任务，建立项目化教学内容。以"言语治疗技术"课程为例：以常见言语障碍实例为依据，设计构音障碍、失语症、语言发育迟缓、口吃、吞咽障碍5个工作项目，根据教学要求每个项目进一步构建多个典型工作任务，再依据工作任务开展教学。任务驱动贯穿在所有项目中，学生通过参与任务学习，其完成任务后评价指标达良好之上，该任务教与学过程结束。

(3) 强化学生综合能力培养，实施标准化病人（SP）教学法。在基础操作、康复理疗、健康评估等实践教学中开展SP教学法。课前，教师依据教学标准设置脚本、培训SP并共同制定评价标准，教学过程中SP病人按照脚本内容模拟病人症状、临床突发事件，学生对SP进行病史询问、体格检查、实践操作等，SP对学生灵活提问、咨询并全面评估，实现"医患"之间交流。教师全程监控评估教学过程。SP作为模拟者、评估者与指导者参与整个教学过程，全面提升学生临场反应、解决问题、表达沟通、人文素养等综合能力，增强教学效果。

（五）内培外引，跨界整合，打造高水平、结构化教师教学创新团队

1. 引进与培养并举，培育专业群带头人、骨干教师及技术技能大师

(1) 培育高水平专业群带头人。完善专业群带头人选拔机制，创新培养模式，通过名校访学与领军企业研修相结合、名师引领与专家指导相结合、专题研修与教学实践相结合、课题引领与研究学习相结合等方式，培养具有国际化职教视野、产业战略眼光、把握专业群建设总体规划的领军性专业群带头人1人，或从引进高层次人才中选拔专业群带头人1人。

(2) 骨干教师培养。根据学院骨干教师"攀登计划"，落实《滨州职业学院青年骨干教师选拔管理办法》，每年通过选派教师参加国内外研修、实践锻炼、企业挂职、参与企业生产与技术研发等，有计划地开展分层次、递进式、有针对性的培养培训，提升教师教学业务水平。根据教师发展阶段层次，对青年骨干教师、专业带头人和"教练型"教学名师实行定期考核、动态管理。鼓励教师攻读博士学位，提升学历学位层次。建设期内，培养"教练型"教学名师5人、专业带头人5人、青年骨干教师20人。培养省级教学名师1人。

(3) 培育国内具有一定影响力的技术技能大师。贯彻实施学院技能大师"名匠计划"，依托"康养技术技能研发中心""智慧康养国际人才培养基地"及滨州医学院附属医院等区域龙头医养机构等平台，校企合力培育具有绝技绝艺的技术技能大师。建设期内，力争省级职业教育青年技能名师2人。建成省技能大师工作室1个，国家级"双师型"名师工作室1个。参加各类大赛获国家级奖项10项、省级奖项20项。

2. 实施"校企互聘互兼计划"，建设专兼结合的"双师型"教师队伍

建立健全学院兼职教师聘任制度，推动高技能人才和院校教师双向流动，落实《滨州职业学院兼职教师聘任与管理办法》，深化校企合作体制机制，完善兼职教师培训体系，选派专业教师到企业锻炼提升，实现校企岗位互通、人员互聘和双向流动。聘任5名以上行业企业一流人才和具有创新实践经验的科技人才、技能人才等担任产业教授。引进海外高层次人才1人，柔性引进港澳台博士3人，聘请行业企业专家和"技术能手"120人，担任产业导师。

3. 实施教学创新团队引领工程，促进教学团队建设

适应"1+X"证书实施和模块化课程建设，跨专业组建专兼结合、分工协作的结构化教师教学创新团队，教师分工协作负责教授学生职业技能模块，形成团队合作的教学组织新形式。实施教师企业研修与轮训制度，教师每年至少在医养健康产业相关单位参加不低于1个月的研修锻炼，落实教师5年一周期的全员轮训制度，形成"双师素质"和"双师结构"专业教学团队建设的长效机制，提升教学团队模块化课程开发能力和面向职业岗位的教学能力。在产业教授与行业一线专家支持下，落实"三教"改革要求，加强课程、教学、评价等方面的衔接研究与创新，推动教师参加结构化课程和行动导向教学法的国内外培训。建设院级教师教学创新团队5个，建成省级教师教学创新团队2个、国家级职业院校教师教学创新团队1个。

（六）多元办学，开放共享，推进专业群实践教学基地提质建设

1. 以大健康战略为依托，共建综合性附属医院，全面提升教学质量

联合滨州市人民医院、滨城区人民医院等共建集医疗、教学、科研、预防、保健、康复为一体的综合性附属医院。校企双方共同制定《学生见习实习管理办法》《学生实习实践管理办法》《学生实习质量评价管理办法》等系列制度，医院定期接受学校相关管理评估，设置专职教学科研管理办公室，负责学生的见习、实习管理与教学工作，学校定期对医院带教教师进行培训考核，打造"临床+教学金团队"，确保人才培养质量。

2. 依托智慧康养综合体平台，建设开放共享型校内实践基地

由学校为主体投资，根据医养健康人才培养要求、结合先进的虚拟仿真技术、融入SP教学管理理念，建设融"教学、培训、社会服务、科研创新、技能大赛"多功能于一体的综合性校内实践教学基地。

（1）以"诠释生命、捍卫健康"为主旨打造生命科学馆。对内承担生理学、解剖学等相关课程的教学实践任务及科学研究，对外承接全民科普教学、健康教育及对外学习交流。通过展出各种珍贵医学标本、模型、影像资料等，利用VR、全息投影等现代化手段从宏观与微观等方面展示生命奥秘、人类演进和人体构造等，整个过程中融入医学人文教育理念和健康教育理念，打造全国科普教育示范基地。

（2）完善标准化病人（SP）实训中心建设。设立标准化病人培训、实践操作、脚本编辑等功能区。主要开展理论实践一体化教学，开展师资培训、承办SP教指委组织的各项国内外医学会议、SP教学培训活动或赛事，培养一批高素质的标准化病人，建立标准

化病人人才库。

(3) 专业实训室升级改造。全面论证规划专业群发展方向,在现有实训室基础上,根据医学基础、基础技能、创新创业等功能需求构建专业实训功能区,建设专业群基础实训中心、专业群核心技能实训中心、护理实训中心、助产技术实训中心、医疗技术实训中心、专业群人文素养与心理实训室和创新创业实训中心,采用VR技术等现代化信息技术和先进的实训设备,全面升级专业实训室,满足实训教学需求。

(4) 新建医养健康赛训一体化实训中心。对接"1+X"证书培训和医养健康技能大赛,学校投资新建集社会培训、技能大赛于一体的综合性赛训实训中心。面向学生及社会承接举办护理、康复等春季高考培训及考试,老年照护、母婴护理等"X"证书培训,护理技能大赛、现场救护技能大赛等各级各类医养健康技能大赛,同时面向退役军人、下岗职工、在职员工、社会成员等开展月嫂培训、家政服务等社会培训活动,服务社会。

3. 探索"院中校"建设模式,打造紧密型校外实践基地

(1) 试点院中校建设。与滨州市妇幼保健院、愉悦家纺有限公司等试点开展"院中校"人才培养项目。学校与校外实践基地紧密合作,助产、健康管理(专业方向)和老年服务与管理专业学生自第四学期开始进入医院进行专业课程的学习,采用专任教师驻点及临床带教老师互补的管理教学模式,学生在校外实践基地医院完成专业学习,做到理论学习与临床实践无缝连接,双方共建教学方案、教学过程,采用过程性评价和终结性评价两种模式,培养高质量人才。

(2) 高质量扩增校外实践基地。根据专业群人才培养目标及医疗服务、健康养老、健康教育与管理等领域企业岗位要求,与三级甲等医院、滨州杏林医养健康管理中心等医养健康领军企业深度合作,共同制定人才培养方案及《学生实践管理办法》,建设紧密合作型校外实践基地。新增20家校外实践基地。

(七) 打造"三室三中心一平台",共建黄河三角洲医养健康技术技能创新平台

1. 针对医养健康产业技术难题和技能人才培养瓶颈,开展"三室"建设

引进中医药非物质文化遗产、龟息按摩技法第四代传人吕东升主持筹建推拿按摩技能大师工作室,以推拿按摩、养生保健等绝技绝艺传承为重点,传承中国传统医学。发挥护理大师工作室的人才优势和技术优势,开展护理、康复技术攻关和护理技能提升工程,开发优质教学资源,推动专业群发展及护理技能大赛实现新突破。发挥山东省名师工作室引领作用,组建结构化教学团队,开展教研教改研究,深化专业群模块化课程改革,探索专业群人才培养新模式,形成具有辐射带动作用的团队,实施教材教法研究,开发信息化教学资源。建设期内申报推拿按摩"X"证书标准1个,立项市级以上教科研项目5项,获国家专利10项。

2. 实施健康促进计划,共建"三中心"

与中国人民解放军总医院、滨州市社会养老服务中心、滨城区社会养老服务中心等机

构共建抗衰老研究中心，开展认知康复、音乐疗法、回忆疗法、环境疗法等非药物疗法对阿尔茨海默病的防治研究，并将科研成果推广应用。与中国康复中心、中国导乐工具研究中心、北京医模科技股份有限公司、天津天偎科技股份公司、滨州医学院附属医院等机构成立康复医疗器械研发中心，开展可穿戴监测设备、职能养老监护设备、智能化可穿戴康复器械、智能轮椅、残疾人辅助器具等健康器械的研发，满足医疗、保健、养老需求，通过"互联网+"模式，促进信息技术与医养健康产业深度融合，助推智慧医疗、远程医疗更好地服务医养健康产业新业态。与愉悦家纺有限公司共建健康睡眠研究中心，开展人体健康体征数据库、睡眠大数据中心的建设和睡眠健康技术研发攻关，定制《居家健康睡眠环境标准》。建设期内创办市级创新平台1个，立项市级以上教科研项目10项，获得国家专利20项，市级以上科技进步奖2项。

3. 强化专业技能培养，发挥"一平台"传承与创新作用

发挥山东省护理技艺技能传承创新平台作用，加强护理技能研究和传承创新，通过有计划地安排青年教师下企业实践，通过专任教师与企业兼职教师的岗位互换，通过专任教师和兼职教师共同承担或参与教改科研项目、专任教师参与横向科研项目等途径，提高教师的业务素养和实践教学能力、行业服务能力和行业影响力，并将护理绝技绝艺和创新技能操作法及时总结推广，形成教学科研成果，并在全省高校、企业和社会相关领域中推广。建设期内立项市级以上科研项目2项，获国家专利5项。

（八）靶向发力，精准对接，定向带动，提升社会服务能力

1. 优化护理士官生培养体制机制，打造服务国防建设医疗救护品牌

坚持"军民融合、为军服务"发展理念，结合军队人才需求，不断优化护理士官生培养体制机制，不断为中国人民解放军空军、中国人民解放军战略支援部队等部队定向培养优秀士官，服务军队医疗救护，打造国防建设医疗救护人才培养标杆。

2. 对口帮扶西部院校，服务乡村振兴和脱贫攻坚战略

一是服务脱贫攻坚战略，对接怒江州民族中等专业学校、延安职业技术学院等西部院校，派出8名教师，结合当地实际，在专业建设、课程建设、师资队伍建设、实践教学体系建设、技能大赛指导、教学研究、科技研发等方面实行全方位精准帮扶。

二是服务乡村振兴战略，组织8名相关专业教师成立健康教育团队，开发适用于农村农民健康教育的图册式、画本式教材10种，开展职教扶贫；为农村、贫困偏远地区提供健康咨询、康复养老、医疗卫生等服务；组织老年照护、失智老年照护、母婴护理、幼儿照护教师团队20人，面向农民工开展家政服务、养老照护、育婴师、推拿按摩师等工种培训，引导农民走上致富路。年均服务1 000人次。

3. 对接"X"证书，实施技能培训，提升学员就业竞争力

对接"X"证书，面向在校学生和社会成员开展技能培训，促进优质就业。开展学历教育和技能培训，提升学历层次和技能水平，年均培训2 000人；依托大规模在线课程平台，

与企业联合开发培训包、技能包，为企业量体裁衣，试点"互联网+职业培训"模式，年均培训1 000人；积极承担省级、国家级职业院校教师培训项目，年均培训100人次；依托全国标准化病人（SP）示范实训基地，开展SP师资及SP培训，年均培训500人次。

4. 面向社区开放资源，提高居民健康水平

实行"定点服务社区"计划，发挥场地、设施、师资、网络及教育资源优势，面向社区、企业、机关及学校，开展应急救护培训、老年健康教育、养生保健讲堂、心理健康咨询、中国公民健康素养66条培训工程，提升居民卫生健康意识和保健水平。年均培训2 000人次。社会服务（培训）团队情况如附表2-2所示。

附表2-2 社会服务（培训）团队情况

序号	名称	负责人	服务项目	备注
1	西部院校援建团队	朱建宏	专业建设	
2	乡村振兴服务团队	仝丙昌	健康教育、技能培训	
3	职业资格技能证书培训团队	刘福青	养老护理员、育婴师等	
4	职业技能等级证书培训团队	李玲	老年照护、母婴护理等	
5	标准化病人（SP）培训团队	李速婷	SP项目	
6	护理技能大赛指导团队	孙慧静	各级护理技能大赛指导	
7	应急救护培训团队	刘希杰	应急救护培训	
8	中国公民健康素养66条培训团队	孙东明	健康素养培训	
9	心理健康服务团队	田翠英	心理健康指导	

（九）服务医养健康产业发展，提升与国（境）外交流合作水平

1. 引进国际优质职业教育资源，开发国际认可的中国特色课程标准

加强与国（境）外职业教育发达国家的交流合作，通过"引进来，走出去"，吸取国外职业教育的先进办学理念，优化国际合作办学方案。依托光华国际教育联合会，加强与国际领先学校的合作，继续开展学分互认机制，在引进9门国际课程的基础上，再引进2门课程和1个专业教学资源库，柔性引进7名专业外教，提升国际化办学水平，培育高素质国际化技术技能人才。在借鉴国外优质教育资源的同时，结合自己的学生与教学实际，联合开发"以病人为中心的护理概论""国际护理"等课程标准并运用于合作办学。

2. 推进国际交流与合作，开发国际认可的中国特色职教标准

与加拿大诺奎斯特学院等国际知名学院合作，综合分析合作办学生源情况和海外就业岗位需求，积极探索研发具有中国职教特色的涉外护理教学标准和教学方法，形成可输出

的中国标准；推进医养健康产业的国际交流与合作，与日本合作共建"智慧康养国际人才培养基地"和"中国智慧康养国际教育联盟"，开展智慧康养骨干师资培训，召开中日智慧康养高端论坛，提升医养健康师资水平和教学能力，拓宽学生海外升学、实习、就业途径。

3. 加快推进中外合作办学，提升国际办学影响力

与日本鹿儿岛医疗福祉专门学校友好协商，合作举办康养服务与管理专业（专业名称暂定）高等专科教育，引进借鉴日本"介护福祉士"等职业资格证书的教材、课件与软件及培养方式，将日本"介护福祉士"等职业资格证书的课程体系与中国养老服务相关专业进行嵌入式套读，结合中国实际，培养掌握康养服务新技术、专业技能熟练、具有国际化服务视野和职业标准的中国特色的高端医养结合康养管理人才和应用技能型人才。

联合中航国际等"走出去"的大型企业，开发适合日本、韩国、菲律宾、埃塞俄比亚等"一带一路"沿线国家职业院校教师和企业员工的培训方案和教学标准，输出中国职教新理念、新技术、新标准，为当地培养高素质医养健康服务行业的金牌教师和能工巧匠，提升当地职业教育教学质量和医养健康行业服务水平，增进当地人民福祉。年均培训200人次。

4. 定期举办海峡两岸（滨州）护理高峰论坛，搭建两岸师生交流平台

举办两届海峡两岸（滨州）护理高峰论坛，国务院台湾事务办公室交流局、山东省人民政府台湾事务办公室指导，滨州职业学院、滨州市人民政府台湾事务办公室主办。论坛围绕护理文化，以"弘扬南丁格尔精神 彰显白衣天使风采"为主题，遵循"务实、节俭、高效"原则，开展学术论坛、经济交流、护理技能观摩赛、文化体验、联谊活动等多种形式，促进海峡两岸护理研究机构、教育机构、企业、社会团体的医养精英、专家学者、青年学生等人员之间的交流合作，推动两岸护理人才常态化交流。

5. 深入开展国际交流与合作，扩大招收外国留学生规模

开展国际交流，通过出国（境）访学、学术交流、岗位研修锻炼等，培养能够适应国际化发展需求、具有国际视野、国际职业素养和人文精神的医养健康产业的高水平、结构化师资队伍。每年招收100名涉外学生进行联合培养；选派8名教师进行国外访学、学术交流；输送50名学生赴国（境）外升学、就业。

与"一带一路"沿线国家开展学历教育合作，量身定做适合当地国情的人才培养方案和课程标准并推广应用，高规格培养，满足当地人民医养健康需求，发挥中国作用，打造中国职教品牌，造福合作国家人民。计划招收国（境）外留学生60人和短期培训学生100人。

（十）多方协同，环形闭合，建立健全专业群可持续发展体制机制和保障措施

1. 加强党的领导，成立专业群党支部，为专业群建设提供强有力支撑

加强党的领导，落实党建带动作用。由学院领导牵头，由专业群建设相关学院相关党

员组成专业群党支部，整合形成党组织战斗力，协同推进专业群建设。积极发挥党建工作的引领示范作用，明确办学方向，凝聚办学向心力。组织实施党组织"三进"工作模式，即党组织进课堂、进宿舍，贴近学生，靠前管理，实现班级管理的整体提升；党组织进实习基地、就业单位，增强学生的归属感，拓宽就业视野，助推学生发展；党组织进帮扶院校，发挥专业和教学优势，发挥辐射带动作用，帮扶贫困地区教育。

2. 完善专业群管理机制，助力专业群持续发展

依托智慧康养综合体，政校行企多元协同，建立和完善护理专业群可持续发展保障机制。从卫生健康行业、医疗机构聘请护理专业群建设团队带头人，成立护理专业群建设专家指导委员会，完善定期会议机制、联系沟通机制和工作机制，制定《学生顶岗实习管理办法》《校企产学研合作实施细则》《实习实训基地建设与管理办法》《企业教学管理办法》《校企合作项目经费使用管理办法》《护理专业群工作考核制度》等规章制度，规定合作各方的权利与义务；成立"护理专业群建设管理办公室"，组建"护理专业群建设领导小组"和"护理专业群5个专业建设组"，各机构责任明确，成员具体到人，以《护理专业群建设任务书》和学校相关管理制度为依据而编写护理专业群《建设规划》《护理专业群课程建设验收标准》《责任人考核办法》等规定，规范和指导护理专业群各项建设任务。

充分发挥健康学院产教融合作用，实现区域内行业企业各方资源共建共享，与滨州市中医康复医疗联盟等机构深度合作、推进现代学徒制，校企共同开展一体育人；与解放军总医院等企业合作深度融合开展"订单班"，为企业培养"三型"人才；与企业共建校外多功能实训基地，开展实习就业。

3. 完善专业群内部质量保证体系

完善"三环节、四层面"组成的专业群内部质量保证体系，注重输入质量、过程质量和输出质量三个环节，围绕专业群、课程、教师、学生4个层面建立完整且相对独立的自我质量保证机制。开展行业调研，分析岗位需求，制定人才培养标准和课程标准，输入教育教学过程；注重过程质量，加强监督管理，从专业群、课程、教师、学生4个层面进行诊改并反馈，提高过程质量；通过学生毕业考试、职业技能等级考试等检验输出质量。校企协作的"三环节、四层面"内部质量保证体系如附图2-15所示。

4. 建立资金保障机制和监督体系

合理规划和统筹使用中央、省和市财政项目建设专项资金，严格遵守学校各项财务制度，对项目建设经费实行专项管理，专款专用。积极争取行业企业的资金支持，建立项目资金预算年报制和预算执行预警机制，实行绩效评价和风险预警机制，接受审计检查小组全过程全方位监督。

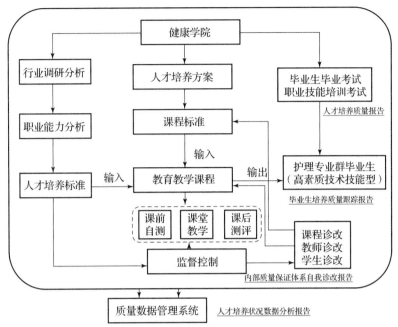

附图 2-15 校企协作的"三环节、四层面"内部质量保证体系

参 考 文 献

[1] 刘民钢. 从《国家职业教育改革实施方案》看高等职业教育评估方案的改进趋向[J]. 上海教育评估研究, 2021, 10 (3): 11-15.

[2] 徐丽. 高等职业教育评价中的逻辑嬗变与实践进路[J]. 中国职业技术教育, 2021, 4 (16): 70-74.

[3] 王红. 治理视域下大学分类和高等教育评估嬗变[J]. 国家教育行政学院学报, 2021, 4 (5): 80-86.

[4] 陈廷柱, 蒋凯, 胡钦晓, 等. 高等教育评价体系创新（笔会）[J]. 苏州大学学报（教育科学版）, 2021, 9 (2): 1-26.

[5] 方芳. 法治视野下教育评价主体建设及评价方式改革[J]. 天津市教科院学报, 2021, 4 (2): 18-22, 49.

[6] 赵亮. 高等教育第三方评估机制研究进展与反思[J]. 天津市教科院学报, 2021, 4 (2): 37-42.

[7] 任雯. 我国高等教育第三方评估机制困境及其应对[J]. 黑龙江高教研究, 2021, 39 (4): 49-54.

[8] 袁双, 陈伟, 薛亚涛, 等. 省域高职专业建设评估的政策分析与优化[J]. 职业技术教育, 2021, 42 (10): 37-43.

[9] 孙阳春, 徐安琪. 我国第三方教育评估机构的公信力水平研究[J]. 中国高教研究, 2021, 4 (3): 22-29.

[10] 王凤秋, 崔曼秋. 比较视域下我国高等教育第三方评估机制的构建策略[J]. 黑龙江高教研究, 2021, 39 (3): 41-46.

[11] 刘振天. 现代高等教育评价体系建设: 成效、经验及完善之路[J]. 社会科学战线, 2021, 4 (3): 223-232.

[12] 孙科技. 英国高等教育第三方评估及其启示: 以高等教育质量保障署为例[J]. 外国教育研究, 2020, 47 (6): 42-54.

[13] 赵淼. 国际高等教育评估研究特征、热点与启示: 基于WOS数据库SSCI文献 (1947—2019年) 的共词可视化分析[J]. 中国成人教育, 2020, 4 (10): 54-58.

[14] 王璐, 王世赟, 尤铮. 国际视野下第三方教育评价机构的规范、认证与行业自律行为研究[J]. 现代教育管理, 2020, 4 (5): 36-45.

[15] 汪雅霜, 付玉媛. 近十年国际高等教育评估研究的现状、热点及趋势[J]. 黑龙江

高教研究，2020，38（3）：6-11.

[16] 葛孝亿，张春美."政社合作"视角下高等教育评估制度的重构［J］. 教育学术月刊，2019，4（12）：44-48，87.

[17] 严萍，李欣婷. 第三方评估如何落地：省级教育评估机构转型发展探究［J］. 研究生教育研究，2019，4（6）：66-72.

[18] 徐安琪，孙阳春. 第三方教育评估体系的建构与运行：基于帕森斯结构功能主义的分析［J］. 教育现代化，2019，6（87）：141-144.

[19] 李来原，戴从容，魏海峰. 我国高等职业教育第三方评估制度的完善思考［J］. 新西部，2019，4（26）：152-153.

[20] 马艳，王淙，郭炜. 陕西省高等教育国际化：绩效评估与指标体系构建［J］. 教育现代化，2019，6（75）：147-151.

[21] 钟远绩. 全日制体育硕士专业学位研究生培养质量评价与提升策略研究［D］. 北京：北京体育大学，2019.

[22] 崔育宝. 我国"世界一流大学"建设评价研究［D］. 合肥：中国科学技术大学，2018.

[23] 郭文富. 现代治理视角的高等职业教育质量保障研究［D］. 上海：上海师范大学，2018.

[24] 赵利堂. 高等职业教育质量第三方评估研究［D］. 重庆：西南大学，2018.

[25] 龚冷西. 高职教育经费投入改革研究［D］. 重庆：西南大学，2017.

[26] 马燕. 我国本科层次职业教育发展研究［D］. 天津：天津大学，2015.

[27] 王永林. 我国高职教育评估的价值取向研究［D］. 上海：上海交通大学，2014.

[28] 杨彩菊. 高等职业教育学生学习质量评估研究［D］. 天津：天津大学，2014.

[29] 黄继东. 基于CIPP模型的军队学历教育院校教学评价指标体系的研究［D］. 重庆：第三军医大学，2013.

[30] 张会敏. 基于指数的高等教育质量管理方法研究［D］. 上海：华东师范大学，2012.

[31] 漆玲玲. 我国高等教育质量第三方评估模式研究［D］. 武汉：武汉大学，2011.

[32] 石磊. 研究生教育质量评价与质量保障体系研究［D］. 合肥：中国科学技术大学，2010.

[33] 杨若凡. 技术本科院校评估指标体系研究［D］. 上海：华东师范大学，2008.

[34] 宋彦军. 高职教育服务质量评价研究［D］. 天津：天津大学，2009.

[35] 祝士明. 高职教育专业质量保障体系的研究［D］. 天津：天津大学，2006.

[36] 潘武玲. 我国研究生教育质量评价体系研究［D］. 上海：华东师范大学，2004.

[37] 朱泓. 高等学校教学质量评估体系的研究［D］. 大连：大连理工大学，2004.

[38] 张远增. 高等教育评价方法研究［D］. 上海：华东师范大学，2001.

[39] 孔志华. 基于顾客满意的高职教育评估模式研究 [D]. 杭州: 浙江工业大学, 2007.

[40] 王永林, 王战军. 高等职业教育评估的价值取向研究: 基于评估方案的文本分析 [J]. 教育研究, 2014 (2): 104–111.

[41] 王向红. 浙江省区域高职教育发展路径战略选择 [J]. 中国高教研究, 2011 (11): 81–83.

[42] 盛亚男. 高等职业教育教学质量评估若干问题研究 [D]. 天津: 天津大学, 2004.

[43] 孙翠香, 庞学光. 我国高等职业教育评估: 现状、问题及改进策略 [J]. 河北师范大学学报 (教育科学版), 2014, 16 (5): 57–63.

[44] 蔡正涛. 高等教育质量社会评价体系重构 [J]. 中国成人教育, 2015 (8): 42–44.

[45] 梁卿. 职业教育质量第三方评价的概念探析 [J]. 职业技术教育, 2014 (13): 47–50.

[46] 陆春阳. 让第三方参与职业教育人才培养质量评价 [J]. 职业技术教育, 2011 (30): 64–65.

[47] 耿金岭. 对构建高职办学第三方评价体系的思考 [J]. 中国职业技术教育, 2012 (33): 22–24.

[48] 张宏亮. 企业行业参与职业教育质量评价研究: 指标体系实施路径及保障机制 [J]. 中国职业技术教育, 2015 (33): 6–9.

[49] 吕中华. 基于网络实现的专业第三方评价的探索与实践 [J]. 合肥师范学院学报, 2014 (3): 30–32.

[50] 张志坚. 第三方参与高职教育质量保障体系建设研究 [J]. 长江大学学报 (社科版), 2013 (4): 166–167.

[51] 陈智述, 马芜茗. 职业教育第三方人才培养质量评价体系研究 [J]. 职教论坛, 2014 (14): 19–22.

[52] 杨广俊. 探析欧盟职业教育同行评估: 以社会性别主流化为视角 [J]. 中国职业技术教育, 2018 (27): 26–28.

[53] 侯新华, 闫志利. 欧盟职业教育质量评估制度及其借鉴意义 [J]. 教育与职业, 2014 (15): 20–22.

[54] 韩秋莹, 牛金成. 澳大利亚职业教育与培训评估: 经验、特点 [J]. 职教论坛, 2014 (1): 93–96.

[55] 崔瑞锋, 田东平. 美国能力本位职业教育评估模式探析 [J]. 成人教育, 2008 (2): 91–93.

[56] 杨文明. 英国职业教育的评估体系与借鉴 [J]. 外国教育研究, 2003 (12): 58–61.

[57] DONALD R, BRANNON. Issues in vocational education evaluation [DB/OL]. (2012-03-26) [2021-03-08]. http://fil-es.eric.ed.gov/fulltext/ED130096.pdf.

[58] BETTINA L B. Quality improvement awards and vocational education assessment [DB/OL]. (2013-01-28) [2021-03-08]. http://www.eric.ed.gov/PDFS/ED407574.pdf.

[59] RODNEY L C, JOHN W S, ALISTER B M, et al. Using authentic assessment in vocational education [DB/OL]. (2012-11-13) [2021-03-08]. http://www.eric.ed.gov/pdfs ED440293.pdf.

[60] IDA M H. Evaluation strategies for vocational program redesign [DB/OL]. (2013-03-15) [2021-03-08]. http://www.eric.edu.gov/PDFS/ED305497.pdf.

[61] GRUBB W N, PAUL R. The roles of evaluation for vocational education and training: plain talk on the field of dreams [EB/OL]. (2012-11-20) [2021-03-08]. http://findarticles.com/p/articles/mi_hb3024/is_3_11/ai_n28838692/.

[62] CHARLES O H. Data sources for vocational education evaluation [R]. Columbus: Ohio State University, 1979: 3-21.

[63] WANG Y L, WANG Z J. The value orientation of higher vocational education evaluation: a textual analysis of an evaluation program [J]. Chinese education & society, 2016, 49 (1-2): 60-71.

[64] LIU Z T. Three cognitive issues related to evaluation of institutions of higher education [J]. Chinese education & society, 2009, 42 (2): 58-62.

[65] GAO S P. Teaching evaluation of higher education institutions [J]. Chinese education & society, 2009.

[66] THEODOR L. Impact evaluation of quality management in higher education: a contribution to sustainable quality development in knowledge societies [J]. European journal of higher education, 2018: 1-14.

[67] 刘献君, 于杨, 张俊超, 等. 高等学校本科教学评估的成效、问题与改进对策 [J]. 国内高等教育教学研究动态, 2012 (21): 11.

[68] HARRIS-HUEMMERT S. Evaluators of higher education in Germany: are they fit for purpose [J]. Quality in higher education, 2008, 14 (1): 55-65.

[69] VLIMAA J, MOLLIS M. The social functions of evaluation in argentine and finnish higher education [J]. Higher education in Europe, 2004, 29 (1): 67-86.

[70] 王战军, 乔伟峰, 李江波. 数据密集型评估: 高等教育监测评估的内涵、方法与展望 [J]. 教育研究, 2015 (6): 29-36.

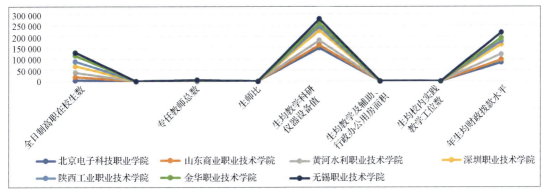

图 3-1　7 所高职院校学校条件

（注：数据来源于 2021 年高等职业教育质量年度报告）

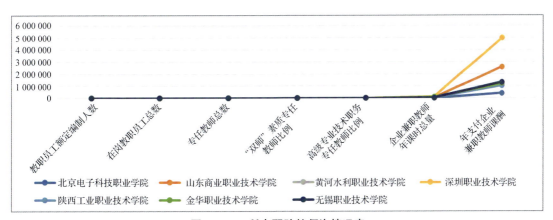

图 3-2　7 所高职院校师资情况表

（注：数据来源于 2021 年高等职业教育质量年度报告）

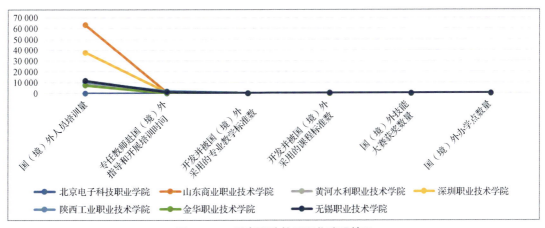

图 3-3　7 所高职院校国际化建设情况

（注：数据来源于 2021 年高等职业教育质量年度报告）

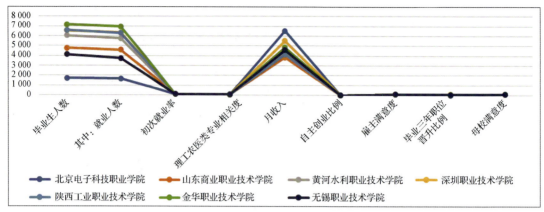

图 3-4 7 所高职院校学生发展情况

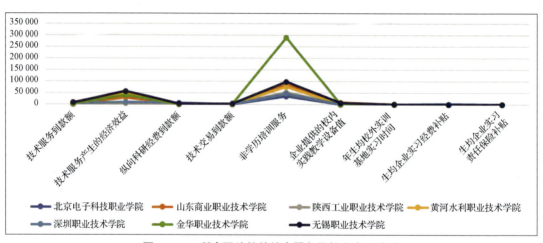

图 3-5 7 所高职院校的社会服务及校企合作统计

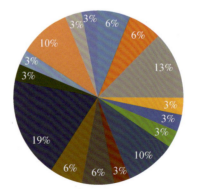

图 4-4 32 所优质高职院校各市入选情况